U0905887

黑龙江省高校基本科研业务费黑龙江大学专项资金项目
（HDYJW201907）

高端装备制造企业组织创新与技术创新匹配决策研究

王成刚 著

中国财经出版传媒集团
经济科学出版社
Economic Science Press

图书在版编目（CIP）数据

高端装备制造企业组织创新与技术创新匹配决策研究/王成刚著．—北京：经济科学出版社，2021.2
ISBN 978 -7 -5218 -2341 -7

Ⅰ.①高…　Ⅱ.①王…　Ⅲ.①装备制造业－工业企业－企业创新－研究－中国　Ⅳ.①F426.4

中国版本图书馆 CIP 数据核字（2021）第 021906 号

责任编辑：程辛宁
责任校对：刘　昕
责任印制：王世伟

高端装备制造企业组织创新与技术创新匹配决策研究
王成刚　著
经济科学出版社出版、发行　新华书店经销
社址：北京市海淀区阜成路甲 28 号　邮编：100142
总编部电话：010 -88191217　发行部电话：010 -88191522
网址：www.esp.com.cn
电子邮箱：esp@esp.com.cn
天猫网店：经济科学出版社旗舰店
网址：http://jjkxcbs.tmall.com
北京季蜂印刷有限公司印装
710×1000　16 开　12.5 印张　2 插页　220000 字
2021 年 2 月第 1 版　2021 年 2 月第 1 次印刷
ISBN 978 -7 -5218 -2341 -7　定价：68.00 元
（图书出现印装问题，本社负责调换。电话：010 -88191510）

前　言

随着我国工业化水平的不断提升，高端装备制造产业占据重要地位，并已发展成为我国重点制造产业。作为我国重要战略性新兴产业之一的高端装备制造产业通过生产制造高端装备产品，为航空装备、轨道交通装备、卫星应用、海洋工程装备、智能制造装备等领域高端装备产品的强力生产，提供了巨大的支撑，同时也为我国工业化进程的加速起到了助推作用。而且我国高端装备制造产业的整体发展水平状态，也能在一定程度上反映出我国制造产业的基本发展状况。

在高端装备制造产业的发展过程中，创新已然成为其发展的关键因素。企业整体创新状况在很大程度上决定着高端装备制造企业生产出来的装备产品是否高端。而在高端装备制造企业的所有创新活动中，组织创新（organizational innovation，简写为“OI”）与技术创新（technological innovation，简写为“TI”）对企业绩效的促进作用日益凸显。特别是在企业的不同发展阶段中，高端装备制造企业OI与TI各自发展状态及其双边匹配决策状况，均对高端装备制造企业的可持续发展起到了重要的影响作用。然而在当前部分高端装备制造企业中仍然存在着“高投入、低产出”，OI 与 TI 不匹配，双边匹配决策不合理等方面的问题和状况，亟待解决。

在全面梳理了相关理论基础，OI 与 TI 双边匹配决策理论，以及 OI 与 TI 双边匹配决策机理和路径等相关研究文献基础上，结合匹配理论、企业发展阶段理论、创新理论、决策理论等管理学相关理论，使用文献梳理法、系统分析法、归纳法、问卷调研法、因子分析法、演绎推理法、专家访谈法、系统仿真法、案例法等分析方法。针对高端装备制造企业在 OI 与 TI 匹配决策方面所存在的主要问题，分别结合高端装备制造企业在 OI 和 TI 匹配决策方面的相关基础理论，针对企业的 OI 与 TI 一般性匹配决策机理，以及不同发展阶段企业 OI 与 TI 匹配决策路径展开全面研究，并最终结合具体案例展开高端装备制造企业 OI 与 TI 匹配决策路径的实际运用。具体研究内容如下：

（1）从理论层面研究了高端装备制造企业 OI 与 TI 匹配决策的相关理论内容，确定了高端装备制造企业 OI 与 TI 匹配决策理论路径。在界定高端装备制造企业内涵及其特征基础上，分别确定了高端装备制造企业 OI 与 TI 的基本构成与特征，明确双边匹配决策的研究方法，并分别对 OI 和 TI 量表进行因子分析。而后界定了企业 OI 与 TI 匹配内涵，进而明确高端装备制造企业的 OI 与 TI 匹配决策的基本内涵、特征与理论研究模型。最终，确定高端装备制造企业 OI 与 TI 匹配决策的理论研究路径，并设计出本研究的整体研究框架。

（2）研究高端装备制造企业 OI 与 TI 一般性匹配决策影响因素，构建出高端装备制造企业 OI 与 TI 匹配决策路径模型，揭示出其双边匹配决策机理。在分别明晰高端装备制造企业 OI 决策子系统与企业 TI 决策子系统的基础上，确定企业 OI 与 TI 综合匹配决策系统的内容基础上，揭示出综合匹配决策系统中的关键要素。在确定了 OI 与 TI 匹配决策影响因素的基础上，分别从 OI 与 TI 匹配决策的管理者视角、组织视角以及外部环境视角阐述了相关影响因素的影响机理，为后文的相关研究，特别是相关管理对策的提出奠定了重要的研究基础。而后使用匹配性评价矩阵研究了高端装备制造企业 OI 与 TI 的匹配决策过程，进一步揭示出了高端装备制造企业 OI 与 TI 一般性匹配决策机理。

（3）运用系统模拟仿真方法研究了不同发展阶段高端装备制造企业 OI 与 TI 匹配决策路径。在明确了不同发展阶段中高端装备制造企业 OI 与 TI 匹配的基本特征基础上，运用系统动力学理论画出企业 OI 与 TI 匹配决策的系统流图，并确定出企业 OI 与 TI 匹配决策的系统仿真方程，进而对系统仿真模型进行有效性检验，包括运行检验、历史检验和灵敏度检验。分别针对初创阶段、成长阶段、成熟阶段以及全面发展阶段的高端装备制造企业 OI 与 TI 动态匹配决策仿真的结果进行分析研究，从而分别得出不同发展阶段下的 OI 与 TI 匹配决策路径，同时构建出全发展阶段下的企业 OI 与 TI 匹配决策路径，揭示出不同发展阶段高端装备制造企业 OI 与 TI 匹配决策路径。

（4）结合案例企业——高端装备制造企业 M 企业的 OI 与 TI 匹配决策状况，运用案例分析法进行应用性研究。在介绍了 M 企业基本概况及 OI 与 TI 状态、梳理其内外部创新环境的基础上，分别对处于不同阶段的 M 企业 OI 与 TI 的匹配决策状况，指出了处于不同发展阶段的 M 企业 OI 与 TI 匹配决策过程。并针对正处于成熟阶段发展阶段的 M 企业 OI 与 TI 匹配决策状况以及相关的影响因素，提出 M 企业 OI 与 TI 匹配决策实施的对策建议，包括影响因素视角和创新管理视角的决策实施建议。

目　　录

| 第 1 章 |

绪　　论

1.1　研究背景与问题提出

1.1.1　研究背景

随着全球工业化发展步伐的加快，从当前世界各国企业的发展现状来看，科技的进步速度也在日益加快[1]。企业创新对于企业提升综合竞争实力而言作用日益突出。而且在面对当前传统型企业生产效率低下、资源浪费情况严重、技术支撑不足等方面的现实问题，为了能够进一步地强化企业整体竞争实力，提高企业整体生产效率，提升企业绩效，优化企业整体创新能力已经发展成为全球各大企业重点发展方向。在经济全球化的背景下，世界各国市场开放度逐渐扩大，全球市场成熟度陡升，使得世界各国企业在全球市场上的竞争变得日趋激烈。在此背景下，我国企业也要积极面对国际市场的激烈竞争，提升企业综合竞争实力。为此我国政府也陆续出台了一系列的发展政策与指导方针，如《关于加快培育和发展战略性新兴产业的决定》《“十二五”国家战略性新兴产业发展规划》等。这些指导方针与规划都在不同程度上明确了我国战略性新兴产业的主要发展方向，并且进一步地强化了企业创新的重要作用，特别是突出了政府对企业创新的重视、鼓励与支持。而且还继续明确了高端装备制造产业将是我国未来重点发展的产业之一。

高端装备制造业的发展方向为高新技术，而且是当前产业价值链的核心环节，在很大程度上影响着产业链综合发展竞争力的一类战略新兴性质的产业，同时也是当代社会产业体系重要支柱与推动工业不断升级的重大引擎。因此，积极培育与全面推动高端装备制造业的可持续发展，是我国全面提升国民产业综合竞争力的重要举措，是占据世界未来经济与全球科技进步领头地位的重要战略行为。而且高端装备制造产业的发展，能够促进我国经济发展方式转变速度的提升，也是推动我国从制造业大国向制造业强国不断转变的重大动力。基于高端装备制造产业的涵盖领域来看，主要有航空装备制造业、轨道交通装备制造业、卫星及应用设备制造业、海洋工程装备制造业以及智能制造装备制造业。2016 年《中国统计年鉴》数据显示，按行业的整体分布规模以上工业企业主要指标的统计数据显示，2015 年我国在铁路、船舶、航空航天和其他运输设备制造业企业数量共计有 5054 个，这些企业主营业务收入为 19088 亿元，资产总计 22417 亿元，利润总额为 1107 亿元。通过这些数据可以看出，以上这些高端装备制造产业发展势头强劲，对促进我国国内生产总值的进步，起到了巨大的推动作用，成为当前我国工业化进程中不可忽视的一股重要推动力量。我国战略性新兴产业发展目标为，截至 2020 年，我国的所有战略新兴产业的增加值要争取能够占到国内生产总值的 15% 左右，而且还能够在一定程度上起到吸纳与带动劳动力就业的重要作用。

高端装备制造企业是处于装备制造产业中的高端制造阶段的企业，在其整体发展过程中对企业的技术、组织、产品等领域的创新能力要求相对较高。且高端装备制造企业中各类的创新实践活动之间的复杂关联关系以及相关的影响因素也都会在不同程度上影响着高端装备制造企业创新能力的提升。特别是在社会环境快速变化的状况下，高端装备制造企业的 OI 与 TI 的频率也在不断加大，这些状况也都给高端装备制造企业的发展和管理决策提出了更多的严峻挑战。在此背景下，高端装备制造企业OI与TI的战略意义，企业对外部环境的适应意义以及企业在激烈市场竞争中的生存意义日益突出。结合我国国内具体的相关高端装备制造企业创新管理实践发展情况来看，高端装备制造企业的OI与TI的关系问题日益凸显。例如，奇瑞汽车公司重视OI而忽视TI的结果，导致企业技术进步缓慢；华为集团在充分重视企业OI与TI的并行发展的前提下，推动了企业创新的快速进步等。这些实践中的高端装备制造企业创新管理经验，都在不同程度上表明了高端装备制造企业OI与TI的复杂关联以及匹配关系，非常值得管理者给予充分地重视。在此背景下，本书针对我国高端装备制造企业的创新决策问题展开相应地研究，结合不同的实证分析方法，深入剖析高端装备制造企业的多种创新活动间的复杂关联作用关系，从而为我国高端装备制造企业的综合创新决策能力的提升提供重要的借鉴和参考。

1.1.2　问题提出

创新理论认为创新是在生产过程中内部产生的，且经济活动中的创新行为并不是源自外部，而是源自其内部的各种变化。这也就说明了创新中应用的本源驱动和核心地位。因此，在企业管理中企业的创新行为要更多地依靠企业的自主发展与企业自身发展的能动性。在企业的所有创新实践活动中，企业的OI和TI的影响作用愈发显著，而且这两种创新行为也都在不同程度上对企业的整体创新活动起着重要的影响作用。作为我国未来重点发展的高端装备制造产业，高端装备制造企业的综合竞争实力在很大程度上受到企业整体创新能力的影响。

如图1-1所示，在企业OI与TI关系研究逻辑顺序图中，企业的创新活动包括OI、TI等创新活动。国内外的很多学者都在企业创新管理方面做出了较多的研究内容，成果丰硕。在企业创新研究方面，穆达比（Mudambi）[2]、熊彼特和伯金肖（Schumpeter and Birkinshaw）[3]、谢章澎和许庆瑞[4]、基姆（Kim）[5]、阿伯纳西和厄特巴克（Abernathy and Utterback）[6]、维瑟等（Visser et al.）[7]等国内外学者针对企业的创新活动研究时，认为企业的创新活动包括有组织管理领域的创新、技术领域的创新等多种创新形式。在企业的TI研究方面，豪威尔和希金斯（Howell and Higgins）[8]、布伦德尔等（Blundell et al.）[9]、毕克新等[10]、宋东风[11]等国内外学者针对企业的TI展开研究时，主要研究了TI的体系、路径、条件、目标、构成、影响因素、测度、评价以及TI对企业绩效的作用等内容。

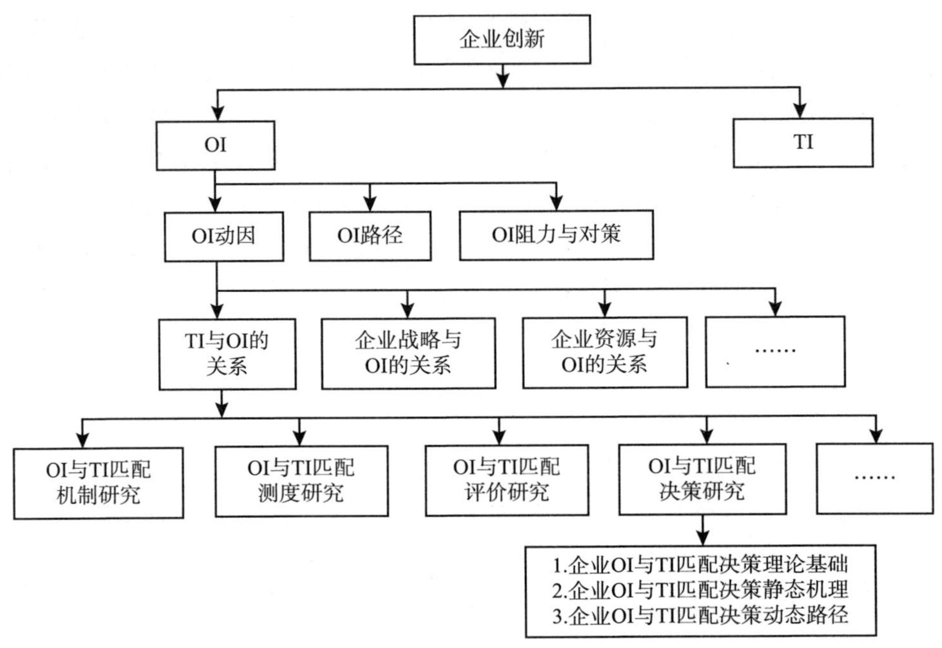

图1-1　企业OI与TI关系研究逻辑顺序

在企业的OI研究方面，达曼普尔等（Damanpour et al.）[12]、扎赫拉（Zahra）[13]、苏敬勤和林海芬[14]、房泓旭[15]、陶洪和林海芬[16]、李靖等[17]、张美丽等[18]、吴际和石春生[19]等学者对企业的OI展开研究时，主要针对企业OI的基础、与其他创新活动的关系、创新气氛、构成要素、演化机理、影响因素、测度、评价及其对企业绩效作用等方面的内容进行了研究。归纳起来，前人学者对OI的研究主要有OI的动因、OI的路径、OI的阻力和对策等方面。其中，针对OI的动因部分，学者们的主要研究内容包括TI与OI的关系、企业战略与OI的关系、企业资源与OI的关系、企业变迁与OI的关系等内容。而其中在企业OI与TI关系方面的研究，学者们重点研究了以下几个方面。例如，张美丽等[18]、吴际和石春生[19]、汉尼德等（Haned et al.）[20]等学者研究了企业 OI 与 TI 的匹配机理和制度问题；李靖、石春生和刘微微[17]、何乔和温菁[21]、苏敬勤[22]等学者企业 OI 与 TI 的匹配测度问题；奥尔特加－希门尼斯等（Ortega-Jimenez et al.）[23]、黄（Huang）[24]、巴蒂斯蒂和斯通曼（Battisti and Stoneman）[25]等学者主要研究了企业 OI 与 TI 的匹配评价问题。然而，针对企业 OI 与 TI 匹配决策问题的研究，在现有的研究中，较为少见。因而本书将会选择研究企业 OI 与 TI 匹配决策问题，以此来完善前人学者们的研究成果。主要研究的问题包括有：企业 OI 与 TI 匹配决策理论基础、企业 OI 与 TI 匹配决策静态机理以及企业 OI 与 TI 匹配决策动态路径等。

结合当前高端装备制造企业创新发展实践情况来看，绝大部分的高端装备制造企业都是比较重视 TI，忽视企业 OI 的发展。长此以往，则会出现由于组织发展与创新水平的可持续性不足，从而在一定程度上抑制了高端装备制造企业 TI 的进步速度，最终导致 TI 能力减弱的情况。例如，中国航天科技集团某研究院，在发展中将绝大部分的资金和企业资源都投入到了 TI 领域，但是却忽视了研究院本身组织方面存在着的问题，没有积极开展 OI 活动。在此背景下，组织的低效率沟通、运行成本较高等问题都在不同程度上抑制了该研究院的 TI 能力提升。这说明高端装备制造企业的 OI 会在组织结构、文化、制度、战略等方面不同程度上限制高端装备制造企业的 TI 实践与创新水平的提升。与此同时，也存在着部分的企业只重视 OI，却忽视 TI 的情况，从而无法可持续推动企业技术水平的提升。例如，奇瑞汽车公司在创立初期，集结全公司的资源投入到组织结构的建设，而忽视了企业技术研发方面的发展，从而导致公司起步发展速度缓慢，甚至由于 TI 能力不足，导致该公司在国内汽车市场上的综合竞争力明显不足。当然，也存在着部分企业是同时重视发展 OI 和 TI，实现二者的科学结合，从而推动企业的综合创新能力的不断提升。例如，华为集团在公司创新管理过程中，十分重视公司 TI 和 OI 的同时发展，并且力促 OI 和 TI 相互之间的密切配合，从而推动集团综合创新能力不断地提升。由此可见，在高端装备制造企业的创新发展中，OI 和 TI 都是非常重要的组成部分，而且二者之间还需要协调发展，具有一定的共存性，而且单独只是发展其中的一个创新活动，都无法全面地支撑企业创新能力的提升，而且也无法确保企业创新水平提升的可持续性。此外，在我国“十二五”规划纲要中也重点明确了创新的基本要素，要向企业管理的内部转移，企业的 OI 与 TI 已经发展成为高端装备制造企业的核心创新内容，促成 OI 与 TI 的匹配关系也已经发展成为高端装备制造企业管理优化资源配置的核心目标之一。然而当前理论界对高端装备制造企业的 OI 与 TI 的复杂关系方面的研究中，仍然存在着较大的进步空间，所以研究 OI 与 TI 的复杂关系成为当前学者们研究的重点内容。例如，达曼普尔等（Damanpour et al.）[12]、苏敬勤和林海芬[14]、李靖等[17]、张美丽等[18]、吴际和石春生[19]等学者，都普遍认为 OI 与 TI 之间存在着的众多复杂关系中，匹配关系是其中最为重要的关联关系，值得深入探讨和研究。

1.2 研究目的与意义

1.2.1 研究目的

本书主要以我国高端装备制造产业整体发展概况为基础，对高端装备制造企业整体创新中的 OI 与 TI 匹配决策状况，展开全面的研究与分析。在此过程中，主要结合复杂系统理论、演化理论、匹配理论、企业发展阶段理论、创新理论、决策理论、系统动力学理论等管理学相关理论，使用文献梳理法、系统分析法、归纳法、问卷调研法、因子分析法、演绎推理法、专家访谈法、系统仿真法、案例法等分析方法，意在构建出企业 OI 与 TI 的综合匹配决策路径模型，并从企业不同发展阶段视阈入手，构建出不同发展阶段下的高端装备制造企业 OI 与 TI 的动态匹配决策路径模型，并以此为高端装备制造企业创新管理实践提供重要参考与借鉴。本书研究的主要目的主要有以下三个：

1.2.1.1 基于双边匹配决策理论，明确高端装备制造企业 OI 与 TI 匹配决策的理论基础

通过文献梳理法可以知道，前辈学者们对企业的 OI、TI、OI 与 TI 匹配方面的研究相对较多，但是对于企业 OI 与 TI 匹配决策方面的研究并不多。因此，为了能够进一步地明确本书的研究概念，笔者通过结合创新理论、决策理论等管理学理论，在总结了高端装备制造企业的内涵，双边匹配决策内

涵以及双边匹配决策方法的基础上，进一步地分析了企业 OI 与 TI 的基本构成要素，从而明确了高端装备制造企业 OI 与 TI 二者匹配决策的具体内涵、特征以及 OI 与 TI 双边匹配理论基础，为后文的相关研究奠定了重要的理论基础。

1.2.1.2　揭示高端装备制造企业 OI 与 TI 匹配决策规律

研究高端装备制造企业开展 OI 与 TI 匹配决策的现状，结合高端装备制造产业的实际创新发展概况，使用匹配性评价矩阵展开高端装备制造企业 OI 与 TI 匹配决策管理过程，从而探究清楚静态视角下高端装备制造企业的 OI 与 TI 匹配决策中的关键问题，并全面结合当前高端装备制造企业创新发展需求，最终形成并构建出高端装备制造企业的 OI 与 TI 匹配决策路径规律，并为丰富高端装备制造企业 OI 与 TI 匹配决策方法做出重要贡献。

1.2.1.3　揭示不同发展阶段下高端装备制造企业 OI 与 TI 匹配决策规律

为了能够更加全面地揭示出高端装备制造企业 OI 与 TI 匹配决策的过程，本研究从企业所处不同的发展阶段出发，基于不同发展阶段高端装备制造企业创新中的 OI 与 TI 基本匹配的特征，从而进一步地使用系统动力学模拟仿真方法，研究出不同发展阶段下的高端装备制造企业 OI 与 TI 匹配决策路径。通过动态研究，能够使得本书针对高端装备制造企业 OI 与 TI 匹配决策的研究更加全面，应用性更强。

1.2.2　研究意义

本书以高端装备制造企业的 OI 与 TI 匹配决策为研究对象，从复杂系统理论角度，深入研究高端装备制造企业 OI 与 TI 匹配决策管理过程、影响因素，并从动态的角度分析了不同发展阶段中企业 OI 与 TI 匹配决策的路径，具有重要的理论意义和现实意义。

1.2.2.1　理论意义

（1）进一步丰富了高端装备制造企业创新决策管理方面的研究内容。本书针对高端装备制造企业的 OI 与 TI 匹配决策问题，提出了企业 OI 决策，TI

决策及 OI 与 TI 的匹配决策概念，研究了 OI 与 TI 匹配决策系统构成及其系统因子关系，验证了基于高端装备制造企业为实证研究对象的 OI 决策、TI 决策以及 OI 与 TI 的匹配决策问题，构建了高端装备制造企业 OI 与 TI 综合匹配决策的理论和实证模型，并从个体层次、组织视角以及环境视角分析了高端装备制造企业 OI 与 TI 匹配决策的影响因素。这些研究内容都是从理论上同时也是在不同程度上丰富了高端装备制造企业创新决策方面的相关管理理论研究内容，为后辈相关学者在该领域的研究奠定了重要的理论研究基础，在一定程度上体现出了本书研究的理论价值。

（2）深化并拓展了高端装备制造企业 OI 与 TI 的匹配关系方面的相关研究内容。基于前辈学者们在高端装备制造企业 OI 与 TI 匹配关系方面的相关研究方法和研究结论，本书针对高端装备制造企业 OI 与 TI 匹配决策方面的研究能够给进一步地深化和拓展高端装备制造企业 OI 与 TI 匹配关系方面的研究内容。本研究是从单纯地研究高端装备制造企业的 OI 与 TI 匹配测度、机制的层面，进一步地升华到了研究高端装备制造企业 OI 与 TI 匹配决策层面，研究的更加深入，内容更为丰富。从而使得本书的研究能够进一步地深化和拓展高端装备制造企业 OI 与 TI 匹配关系方面的全面理论研究内容，在一定程度上体现出了本书研究的重要学术价值和理论意义。

（3）科学研究了处于不同发展阶段的高端装备制造企业在 OI 与 TI 匹配决策路径。基于企业的发展阶段理论，本书从动态角度分析了处于不同发展阶段的高端装备制造企业 OI 与 TI 的创新匹配决策过程，并且在此过程中结合使用了系统动力学的模拟仿真方法，使得本书的研究更加科学，实用性更强。本书从动态的角度研究了处于不同发展阶段的高端装备制造企业的 OI 与 TI 的匹配决策问题，结合使用系统动力学方法。这也是本书在研究方法上的一个创新。因为在以往的文献研究中，针对高端装备制造企业的 OI 与 TI 匹配决策问题，使用系统动力学方法的研究文献并不多见。此外，本书还针对本书所研究的问题，创新性地使用了匹配性评价矩阵的研究方法。可见，本书研究方法的使用，也使得本书的研究丰富了该领域的研究方法，提高了本书理论研究的科学性。

1.2.2.2 现实意义

（1）有利于高端装备制造企业全面认清企业创新决策的基本概况。本研究基于高端装备制造企业中创新决策问题展开相关的深入研究，最终的研究目的还是为了服务于高端装备制造企业的日常创新决策方面的相关管理实践活动，从而能够为创新管理实践中的相关的企业管理者在企业创新决策管理实践过程中提供重要的决策参考与决策依据。而且本书研究的创新决策问题，不仅仅从静态的角度针对企业的创新决策管理展开一系列研究，还从动态的角度全面地分析了高端装备制造企业创新决策问题，从而从多个角度为高端装备制造企业的创新决策管理实践提供了重要的创新决策指导，更加有利于高端装备制造企业的相关创新决策方面的管理者能够了解自身的创新决策状况。这样就可以在很大程度上体现出本研究对于高端装备制造企业管理实践的重要现实指导意义。

（2）为高端装备制造企业开展 OI 与 TI 匹配决策管理实践提供较为重要的参考依据。本研究中高端装备制造企业中的 OI 与 TI 匹配决策问题的过程中，相关的研究对象都是笔者结合对高端装备制造企业实际情况的调研。本研究中使用的相关调研数据，结合使用系统动力学仿真模型，也都是针对高端装备制造企业的 OI 与 TI 匹配决策方面的相关管理现状展开的实证研究，从而能够确保本书的研究是在最大程度上贴近我国高端装备制造企业的创新决策管理实践的。因而本书的研究所得出的高端装备制造企业 OI 与 TI 匹配决策状况与相关的研究结论也就更加贴近实践。这些研究结论的形成对于高端装备制造企业开展 OI 与 TI 匹配决策的实际管理活动提供了重要的参考和管理依据，从而为提升高端装备制造企业在 OI 与 TI 匹配决策方面的管理效率，起到了巨大的推动作用，这也就在很大程度上体现出了本书研究的重要现实意义。

（3）为我国高端装备制造产业的发展提供参考。基于高端装备制造产业在我国工业化发展进程中的重要地位，本书针对高端装备制造产业在 OI 与 TI 匹配决策方面的深入且全面的科学研究，得出一些结论性研究成果。而且在本书的整体研究过程中，所涉及的研究对象方面的相关内容，均能够为提升我国高端装备制造产业的整体企业发展绩效奠定重要的基础，同时也能够为我国高端装备制造产业的全面发展提供重要的参考。由此可见，本书的研究结论是可以为我国高端装备制造产业的发展提供重要的参考。这也在一定程度上体现出了本书研究的现实意义。

1.3 相关研究综述及评述

1.3.1 企业OI与TI匹配决策理论研究

关于企业创新管理问题，很早就有国内外学者展开了相应地研究工作。从创新理论的起源来看，最早的创新理论提出者就是著名管理学家熊彼特。熊彼特认为创新应当是与过去相比较而言，较为新颖的要素组合，这些新的要素组合则会对其所在组织产生较为有利的推动作用和影响。从熊彼特对企业创新的定义来看，企业的创新活动主要可以概括为OI、TI和市场创新这三个方面的创新内容。在熊彼特提出的创新理论之后，相关管理学者针对创新理论的研究基本上可以划分为四个研究发展阶段。其基本发展过渡过程是从较为单一类型的基本创新型管理状态，发展到其群体性的创新管理阶段，第三个创新研究发展阶段即为集成创新的管理发展阶段，最新创新发展阶段为系统性的创新管理发展阶段[3]。发展至今，当前企业创新管理中的研究主题基本上都是以多元化的创新主体为主了。例如，斯诺（Snow）等学者开拓的制度创新领域，更多的是将企业中制度创新与TI更加紧密地结合在了一起，从而通过强化TI与制度创新的相互结合，从整体上推动企业的整体绩效的提高与实现[26]。与此同时，国内也有很多的学者加入了研究企业制度创新的行列，重点突出企业的制度构建以及制度环境对企业基本TI的影响作用[27]。国内在创新管理方面比较有代表性的学者许庆瑞在研究协同创新理论的过程中，结合企业的不同发展阶段分析了企业制度创新与TI的动态演化过程，从而得出的研究结论表明，企业的TI和制度创新的发展与合作过程不是一成不变的，而是时刻在变化过程中的，且是随着企业的特征与状况的变化而变化。另外，许庆瑞等学者还指出了企业不同发展阶段下的不同创新管理活动需要不同的措施对应，特别是在企业的成长阶段和成熟阶段，TI与制度创新的互动模式效果较为突出[28]。此外，在企业的整体创新管理的过程中，不仅有TI对企业绩效促进的重要作用应当受到重视外，管理者还应当进一步地重视其他的创新管理实践活动，如OI、战略创新等[29]。也有越来越多的学者开始逐渐关注非 TI 在企业创新管理实践中的重要作用了。在 OI 研究方面，较早研究 OI 的学者达夫（Daft）则是主要以企业的“社会－技术”系统为主要的研究对象，从而提出了“技术－组织”创新管理的“双核心”创新管理模型[30]。

关于企业组织方面创新活动相关影响因素问题，国内外学者已经都做出相关研究，并得出了相关研究结论。金等（Kim et al.）则是依据企业的整体创新幅度以及其整体的创新结构来将企业的整体创新内容具体的划分成渐进式的产品创新活动、激进式的企业产品创新方面的各类活动、渐进式过程创新、激进式创新和整体管理创新这几类管理的基本核心创新类型[31]。希普顿等（Shipton et al.）学者则提出了企业的人力资源管理问题属于企业整体 TI 过程中的重要衡量表达指标，而且还分析出了企业的人力管理过程中不同的创新要素对企业的整体 TI 方面的各类影响，具体地说明了企业的人力资源管理过程中所有员工的基本培训与全面的感知、团队的整体工作、探索式发展与学习管理、员工激励等方面的相关要素对企业的整体 TI 活动都能够产生相对较为积极的作用，而且不同的管理因素对其 TI 活动各个方面整体性影响之间存在着较为明显的差异性[32]。而吉姆内斯－吉姆内斯和桑兹－瓦莱（Jiménez-Jiménez and Sanz-Valle）等学者则是从人力资源管理的角度展开了企业 TI 方面的研究，并指出企业的创新可以在较大程度上推动企业绩效的实现，而企业在强化人力资源管理的过程中，仍然可以较好地推动企业的创新过程，并揭示出了企业 TI、人力管理以及企业绩效之间所存在着的重要关联关系[33]。洛佩兹－卡布拉莱斯等（Lopez-Cabrales et al.）等学者则是在研究的过程中，将知识作为一个中介变量，放置在了企业的创新活动与企业的人力资源管理活动之间。而且知识变量在其中所能够起到的调节作用非常明显[34]。王和施尤（Wang and Shyu）等学者则是在研究中提出了企业人力资源管理为企业 OI 过程中较为关键的核心要素，并认为人力资源管理有效性和企业创新活动的有效性这两个方面均对企业的组织绩效活动能够产生一定的管理效应[35]。

关于企业技术方面创新活动的相关影响因素问题，不同学者也做出了不同的研究结论。而且大部分的学者都认为企业文化要素对于企业的 OI 活动而言也尤为重要。梅洛和斯坦（Mello and Stank）等学者主要从企业基本文化要素的视角出发，把市场的整体导向分类成顾客基本导向、竞争者基本导向和部门间的相互协调导向之后，仍然有更多的研究人员是围绕着这三方面对组织文化、企业创新的相互关系进行深入研究[36]。韩、金和斯利瓦斯塔瓦（Han，Kim and Srivastava）等学者则是深入地分析市场基本导向中的三个重要因素，即企业 TI、企业 OI 与企业绩效间相互复杂的关联关系，并且还通过实证研究的方法检验出了企业顾客的基本导向、企业竞争者的导向以及企业部门间相互协调的基本导向，对企业整体创新作用的整体路径，最终突出 TI 在其市场的发展导向和绩效间相互的互动作用[37]。瓦伦西亚、瓦莱和吉姆内斯－吉姆内斯（Valencia，Valle and Jiménez-Jiménez）等学者在研究企业创新的过程中，则是更加注重企业文化要素对于企业创新活动的整体影响，并具体地将企业的整体文化划分为企业的偶然性文化、等级文化。并认为偶然性的企业文化在企业产品的整体创新中能够产生一定的积极促进作用，但是等级性的企业文化则会在产品创新的过程中出现一定的消极作用[38]。瓦莱等（Valle et al.）等学者则是在研究中把企业中的组织学习和企业的 TI、企业文化紧密地结合在一起展开深入且全面的研究，从而探析出了这三个要素间的紧密互动关系，而且在企业的组织学习对企业的整体 TI 进行作用的过程中，企业的组织文化也会在组织的学习中能够起着尤为重要的促进作用[39]。杨建君和吴春鹏学者在研究中基于公司制度的研究视角，指出公司治理的结构会通过企业领导者来进一步地作用到企业的 TI 中[40]。

关于双边匹配决策理论方面的具体研究，国内外学者已经都做出相关研究，并得出了相关研究结论。基于现实生活中的发展状况而言，双边匹配决策的问题存在于各类现实活动之中，如男女婚配的问题、实习生与医院匹配的问题、新生与学校匹配的相关问题、人力资源管理方面员工和工作岗位之间双边匹配的基本问题、电子中介来解决买卖的双方匹配方面的基本问题、企业风险的投资商和企业风险投资项目之间双边的匹配性相关问题、企业技术领域的基本供给与企业技术领域基本需求间匹配性的问题等。1962 年，美国学者盖尔和沙普利（Gale and Shapley）最早提出了古典婚配问题，研究了男女双边婚姻匹配问题[41]。至此之后，越来越多的学者逐渐开始探究事物的双边匹配性问题，而且相关研究的各类文献数量也在与日俱增。诸位学者也都在从自身的角度展开相关研究，并且尝试经济学与管理学相关的研究理论对双边匹配决策问题进行不同层面的解释与探讨，进而在理论层次进一步地深化了双边匹配决策研究的相关方法与手段。罗斯（Roth）曾经对美国医院里的各类实习生和医院医疗岗位所需情况之间的双边匹配问题展开了一定程度上的研究[42]。

关于双边匹配关系的确定问题，国内外学者做出了一定的研究成果。所谓的双边匹配问题主要为怎样将两个不同的有限的集合中的各类主体进行匹配，并可以尽可能地促成每个主体均可匹配成相对较为满意的对方集合中的某些或某个主体[43]。双边匹配活动一般情况下为可以透过中介而进行的相关匹配活动，从而实现更大的整体效益，提高双边的满意度[44]。而且这里的中介一般为可以撮合双边的集合中各类主体而进行双边匹配活动的某类个体、某类组织或某个决策系统，如公益性质的非营利中介机构，或是营利性中介机构等。麦克维塔和威尔逊（McVitie and Wilson）给出了基于“拆婚”算法且得到稳定关系婚姻的一种匹配的基本结果[45]。而且特奥、塞图拉曼和谭（Teo，Sethuraman and Tan）等研究了“盖尔－沙普利（Gale-Shapley）”稳定婚姻模型相对最优的一种匹配性的发展策略，从而为后续的相关研究者奠定了重要的研究基础[46]。考克马兹等（Korkmaz et al.）学者使用 AHP 层次分析法，以及使用改进过的“盖尔－沙普利（Gale-Shapley）”算法而将军队活动中军事人员与员工之间存在着的各类工作任务，进行相应匹配的基本工作，并进一步地构建出双边事物的匹配决策支持与相关的管理系统[47]。罗斯布鲁姆（Rothblum）认为相对而言比较稳定性的匹配关联关系，而且还可以当作是某个多面体的顶点方面中各种类型基本特征[48]。特奥和塞图拉曼（Teo and Sethuraman）也是类似地使用多面体的基本研究方法来进一步地分析相对较为稳定婚姻和相对较为稳定室友的双边性匹配多方面几何性质的表征[49]。而埃乐斯（Ehlers）等则是主要研究一对一的稳定性匹配的基本问题所表现出来的各类性质和相关的各类匹配组合基本的结构框架[50]。而科诺布兰奇（Knoblauch）则是研究了一边的主体偏好为随机生成“盖尔－沙普利（Gale-shapley）”算法中的匹配特点。且可以深入针对双边主体基本偏好的信息领域不完全性以及非严格性基本情形的双边婚姻匹配中各类基本问题[51]。而曼拉等（Manlove et al.）学者在研究的过程中，提出了二次逼近的算法，从而为双边的匹配的问题提出了一定的问题解决思路和方法，丰富了该领域的相关研究的基本方法，并将后续相关的各类学者在其领域研究的基础上，进一步地充实了研究的理论基础[52]。

另外，基于前辈学者的相关研究，豪迪尔森等（Halldiorsson et al.）学者则是给出了随机的逼近算法；而且还更进一步地分析了双边匹配问题中的影响因素和应当着重考虑的内容与管理方法[53]。岩本和夫等（Kazuo Iwama et al.）学者则是提出了近似迭代次数更少的逼近算法，从一个相对较为新颖的角度分析了双边匹配决策问题，为管理者的匹配决策提供了重要的参考和依据[54]。陈希和樊治平在研究中针对了不同状况下双边匹配的决策性问题，并且从多个角度展开匹配性决策的基本算法方面的深入研究，如具有语言评价信息的双边匹配决策问题，具有多种形式评价信息的双边匹配决策问题等，最终总结出基于匹配性评价矩阵方法的双边匹配决策研究方式[55]。张莉莉和胡祥培主要是基于人力资本竞优结构，研究了团队与作业对象的双边匹配情况，构建了“团队－作业对象”多目标多指标匹配优化模型[56]。刘潇和马慧敏（Liu and Ma）则是从不确定偏好序列角度研究了双边匹配决策问题，并且引用了实际案例加以论证[57]。

1.3.2 企业 OI 与 TI 匹配机理研究

关于企业 OI 与 TI 之间的非线性关系管理问题，国内外学者也都做出了不同的相关研究。当前大部分的学者研究普遍认为企业的 OI 与企业的 TI 之间存在着相对较为复杂的非线性系统关系[58]。在“双核心”模型的指引下，国内外的很多管理学者开始逐渐结合“双核心”理论，全面研究 TI 与企业的一些非 TI 之间存在着的复杂关联关系，大多数的研究文献都表示只有实现企业的 TI 与非 TI 之间的和谐匹配，才能够从整体上推动企业绩效的不断实现。达曼普尔等（Damanpour et al.）学者则是在研究 OI 管理过程中，更加重视 TI 与管理创新，指出了 OI 与 TI 之间的关联关系对于企业绩效有着较为明显的刺激作用[59]。而加西亚－莫拉莱斯等（Garcia-Morales et al.）学者则是基于 TI 管理实践开始，认为技术对于企业生产实践的重要推动作用，特别是在 TI 实践日益丰富的过程中，对于企业的整体绩效推动更加明显。而且在 TI 与 OI 良性互动的背景下，企业的创新活动以及企业绩效能够得到更好的推动和促进[60]。

关于 OI 与 TI 匹配机理对企业运行的影响问题，国内外学者做出了一定的研究。汉尼德等（Haned et al.）学者则是针对企业 OI 对企业 TI 的作用机理以及影响状况都进行了较为明确的研究与分析，而且指出了 OI 对于企业 TI

的影响有时为正向的影响，有时为负面的影响[20]。这一研究成果也表明了研究 OI 与 TI 关系的重要意义。在国内也有一部分的学者展开了 OI 方面的相关研究，并将 OI 中的文化等内容，结合到了企业的 TI 中，从而在一定程度上分析了企业综合创新的基本发展思路。而且还强调了产品创新、工艺创新，与 OI 之间的协调关联关系[61]。任何一个企业在没有足够的创新能力的背景下，在无法开展全面的 OI、TI 等创新活动的基础上，企业的整体创新活动将会无法全面开展[4]。宋和戴尔（Song and Dyer）则是在研究企业战略发展的过程中，突出了 TI 中的产品创新的重要性，并且指出了 OI 与产品创新之间存在着重要的关联关系，而且二者之间需要较为紧密的相互配合[62]。而且宋和斯温克（Song and Swink）还强调了企业不同创新阶段中，企业的产品生产、组织管理、技术研发等活动都需要不同的发展路径与措施给予配合[63]。这些研究都说明了企业的 OI 与 TI 之间存在着不可忽视的重要关联关系。金（Kim）等学者在研究中主要的研究结论认为企业通过强化企业发展战略与企业的 OI 之间的匹配关系，能够在较大程度上推动企业技术发展与 TI 水平的不断提升，从而能够进一步地有利于企业整体绩效水平的不断提升[5]。

关于 OI 与 TI 匹配维度确定问题，部分国内外学者做出了相应地研究。斯潘约尔等（Spanjol et al.）则是通过识别企业发展战略导向的顾客方面的整体导向、竞争者方面的整体导向以及技术层面的各类导向这三个较为核心的管理创新维度，而且结合运用偏最小回归模型，来验证企业整体战略导向对新产品的整体理念所能够形成的直接或者是间接的管理效应，从而进一步地强调出市场行为能够促成其大量新产品的基本理念，而且技术导向能够对新产品的基本理念形成而产生其相对较为显著的基本作用[64]。且企业还能够通过采取不同类型的发展战略，也将能够对企业的 TI 和各类型创新的整体成果产生不同方面影响。国内学者陈建勋、凌媛媛和王涛则是通过组织学习中介以及各类动态的基本环境调节共同作用之下，使用实证方法全面验证了企业中的各类组织结构创新和企业的 TI 之间所存在着的密切的关系，进而研究结论显示机械式的组织结构和企业整体渐进性的各类 TI 之间是呈现出了正相关的关联关系，而且其有机式的各类组织结构和突破性的 TI 之间存在着重要的正向的关联关系。动态性的基本环境也是在其有机式的组织结构与突破性的企业 TI 之间能够起到正向的整体调节性作用。利用式的企业学习与探索式的各类企业组织的学习在其中均各自能够起到相对较为完全以及部分的中介协调管理作用[65]。此类学者在这一领域的研究，均对企业管理实践人员在 OI 与 TI 管理实践中的管理方针与对策的落实，起到了重要的参考作用。詹森等（Jansen et al.）则是针对 TI 的基本类型，包括渐进式的 TI 和激进式的 TI 展开深入的研究，并且研究结果表明相对较为集权式的企业组织对于企业的探索式创新的整体影响效果是相对较为消极的作用和影响，而其相对较为正规化的企业组织对企业的整体渐进式的发展创新则是相对较为积极性的，且此类学者还强调了动态环境下，企业开展探索式创新更加有利于企业创新效果的实现[66]。黄等（Huang et al.）则是从企业的重组视角出发，全面地研究了企业自主创新和 TI 之间的互动关联关系对其所在企业的整体绩效所能够产生的重要作用和影响，而且企业的重组活动和 TI 之间如果能够更好地协调，也就能够在更高的层面上确保其企业所能够拥有的更好绩效，且两者之间的相互作用也能够进一步地发展成为提升其企业绩效驱动的重要推动力量[24]。

关于企业 OI 与 TI 相互系统性关系影响因素问题，国内外学者也都做出了相关的研究工作。企业的 TI 与 OI 的互动关系，不仅和这两个系统有着密切的关系，还与其他要素有着一定的关联关系。阿博纳西和厄特巴克（Abernathy and Viter back）等学者则是以产业发展为其基本的研究背景，进而提出 A-U 发展模型，并将企业的 TI 在结构层面划分出了企业的产品创新与工艺创新两个方面。而且还在过程中将其划分成相对不稳定的创新活动阶段，产品创新的主导阶段，工艺创新的主导阶段以及无创新这样的四个发展阶段[6]。该模型则是在一定程度上表达了企业的 TI 所包含的产品创新与工艺创新之间交替演化的一个发展过程。但是仍然有部分学者对这一模型的合理性提出了质疑。何乔和温菁在研究中指出了企业的管理创新和企业的 TI 之间应当实现重要的密切匹配性关系，通过强化企业的管理创新与 TI 之间的匹配关系来推动企业绩效的提升。否则在企业的管理创新与 TI 之间出现不匹配的情况下，则会抑制企业绩效的提高[21]。国内学者程源和杨湘玉在分析企业的微电子产品生产规律时，提出了企业产品的创新与企业的工艺创新之间存在着一定的相互促进关系，而且还展现出了同方向变动的发展态势[67]。在知识流耦合的视角下，毕克新、黄平和李婉红则是分析了产品创新和企业的工艺创新相互协调的机理与相互推动促进的关联关系，而且还将两者互动的基本关系视作知识流的一种耦合情况，而且还较为深入地分析出了影响知识流耦合度、知识的基本特点、知识节点的基本特征、知识的传递方法路径以及组织的基本环境等方面的相互影响的各类因素[68]。在企业的所有创新活动中，企业的战略创新是其 OI 中的一个重要表现，而且针对企业战略创新方面的研究也比较多，例如，国内学者张永胜、刘新梅和张蕊莉从管理学的角度，将企业的战略创新分类为企业的市场导向以及企业的技术导向两个方面，而且还将研发和企业的市场接口充分地联系起来展开了进一步地深入研究，进而通过企业的整体实证性研究来发现了企业的技术导向和企业的市场导向，与研发和市场接口的基本管理能力之间都存在着较为明显的正向关联关系[69]。怀特希尔（Whittinghill）在研究中指出了企业文化与企业整体创新氛围对企业组织发展的重要作用，并认为企业文化与创新氛围对企业的综合 OI 起到的推动作用，是其他企业管理内容中的因素无法替代的[70]。而埃斯沃西（Esworthy）则是分析出了团队的基本文化本质及其与扁平化性质的组织结构之间的密切关联关系，而且其社会网络和纽带均会对企业的扁平化组织结构产生一定的重要影响[71]，且这些相关的研究成果也均体现出了企业的组织文化和企业的组织结构间的关联关系，其创新性文化更加容易在其有机式或者是相对较为扁平式的组织结构中产生。

关于企业 OI 与 TI 匹配关系确定问题，国内外学者做出了大量的研究工作。在企业的综合创新实践中可以看出，企业的 TI 与非 TI 之间存在着明显的互动关系，而且企业 TI 方面的不同变化也会在不同程度上引起企业非 TI 方面的变化[72]。当企业在 TI 方面出现较为领先的状况时，企业的非 TI 则会出现落后的状况，从而需要进一步地改进才能够满足企业 TI 的基本需求[73]。而且在企业的创新活动中，企业的 TI 与非 TI 之间存在着密切的关联性，两方面缺一不可，都是企业开展创新活动的重要支撑[74]。特别是企业的 TI 与 OI 之间也均存在着密切的关联关系，无法推动企业管理中 TI 快速进步的 OI 活动是没有意义的，而且无法全面可持续推动企业 OI 积极发展的 TI 管理活动也同样没有意义[75]。由此可见，企业综合创新中的 OI 和 TI 之间一定是存在着密切的互动关系，对于企业的整体创新活动而言意义重大。达曼普尔等（Damanpour et al.）主要是把 OI 与 TI 的匹配状态分成高、低这两种情况，从而分出了不同的匹配状态矩阵，而且还针对不同情况下的匹配状态矩阵所应当表现出来的基本特征进行了定性描述。从而较为有针对性地提出了匹配矩阵的优化对策[12]。奥尔特加－希门尼斯等（Ortega-Jimenez et al.）则是在研究了企业的制造战略以及企业的技术管理间相互匹配的发展效应时，发现了企业制造战略与企业的基本技术管理活动同时会在低与高水平的情况时能够导致企业整体绩效的攀升，而且两者之间的任何一个变数能够处于低状况，另一个变数则是处于高状态的时候都可以导致其相对较低的企业绩效[23]。卡米松和维拉尔－洛佩斯（Camisón and Villar-López）等学者则是在充分运用企业的各类资源的基础理论框架中，深入阐明了企业管理实践中OI与TI间所存在着的相互关系，而且通过相关的实证性研究进一步地指出，企业的OI能够支持企业的整体TI，且当企业的OI和TI的发展水平都为高水平的时候，也就可以导致其更高企业的发展绩效，从而能够全面反映出两种创新最佳的匹配发展状态[76]。苏敬勤和崔淼认为尽管已经有部分学者研究了TI与非TI之间的协同关系，但是仍然缺少对二者之间密切匹配关系方面的研究，所以该研究就从理论层面分析了企业管理创新与TI之间的匹配关系[77]。

关于适配方面各类概念所能体现出的匹配思想，部分的学者则是把适配分成静态性的适配与动态性的适配两种，并分别指出静态时点上的各个变量间互动实现的一个良好的发展状态的基本结果，和变量间相互的作用过程，从而能够进一步地强调变量间关联关系则是其适配发展前提的基本条件[78]。另外，苏敬勤和王鹤春还以物流企业的创新状况当作其研究的重要对象，进而重新构建出了企业创新活动匹配理论模型，也就是物流企业的发展战略和企业的基本管理创新之间所存在着的相互之间的匹配关系[79]。而且企业的产品创新和企业管理创新都会共同的对企业的组织生存以及可持续发展产生不同程度上的影响。苏敬勤、林海芬和李晓昂则是从企业的产品创新以及企业的相关管理创新相互之间的关系为研究基础，基于其产品创新来划分企业整体设计研发、生产和企业的整体推广这三个重要的基本发展阶段，并进一步地分析出了企业的管理创新活动对其每一个产品创新阶段的基本影响状况，从而发现品牌创新以及企业的组织结构方面的相关创新对其产品创新领域的各类的影响均存在于这三个发展阶段，且营销模式方面相关创新也会在企业整体产品推广阶段影响最突出[22]。

关于企业OI与TI的内在构成要素之间的匹配关系，不同的学者也做出了不同的研究工作。布特勒等（Butler et al.）学者则是从企业的整体发展战略以及相关技术的匹配视角出发，深入分析了企业当前存在着的七种技术的发展类型以及五种企业的战略管理类型间差异化的匹配对绩效方面所产生的重要影响。而且其研究结果表明企业在进一步地强调了市场与技术之间发展的各种技术类型以及采取的相关产品创新的发展战略匹配能够促成企业整体绩效的顺利实现，且和企业所能够采取价格的竞争战略匹配也仍然能够促成企业绩效的顺利实现，最终为企业后续的相关研究奠定重要的研究基础[80]。扎齐克等（Zatzick et al.）则是基于企业战略匹配，研究企业组织内部的各类匹配关系中相对较为全面的质量管理要素，从而当其内部的匹配关系发生作用时，能够较为全面地开展质量控制，从而在其组织系统中全面强化其他要素互动作用关系，最终促使企业实现更高的企业绩效水平[81]。周玉良和龚雪梅认为企业的文化对企业的 TI 过程有着密切的影响作用，特别是企业的产品创新与工艺创新的过程中，缺少不了企业整体文化的指引作用[82]。其他的学者针对企业组织文化方面的划分，也存在着不同的划分方式。例如，孙爱英、李恒和任峰则是针对企业的文化划分将其分为官僚型的组织文化、支持型的组织文化、革新型的组织文化以及效率型的组织文化这四种基本类型，并且还进一步地实证检验出不同类型的组织文化以及不同类型的企业 TI 之间存在着的重要关联关系，而且其具备企业管理中不同类型的文化，在企业开展其具体的 TI 活动中所采用的创新方式存在一定差异，而且不同的企业也会依据自身所处不同的文化类别，来进一步地选取和企业自身相互比较匹配的 TI 种类，从而能够进一步地推动企业创新活动，最终提升企业绩效[83]。毕克新、艾明晔和李柏洲则是主要侧重结合理论与实证方法，对企业的产品创新以及工艺创新相互之间的协同发展情况展开研究，并且着重分析企业产品创新与工艺创新之间相互的匹配关联关系，相关管理策略的提出等内容[10]。

关于企业 OI 与 TI 匹配的影响因素问题，不同的学者也都得出了不同的研究结论。索达和扎希尔（Soda and Zaheer）等学者则是在展开相关研究的时候，针对企业的组织结构以及组织的外部环境相互匹配问题时认为，即在其组织要素中匹配或者是一致性的相关管理理念是其企业组织管理与设计理论中的最为关键的要素。但双边匹配相关的研究在较大的程度上全面忽视了有关的非正式的结构因素，而且在其后续匹配的相关研究过程中能够考虑到此类要素[84]。达曼普尔和戈帕拉克里希南（Damanpour and Gopalakrishnan）则是在企业构建组织结构和创新管理之间的相互关系复杂模型过程中，把环境要素引入到了这一模型之中。具体还将其环境变量按照其自身的稳定性以及可预测性来分成四个主要的方格，而且还分析出了在不同的自身环境矩阵中企业的组织结构和企业各类的创新在不同层次的相互匹配，并提出了相关假设在不同环境中，企业的组织结构特征更加适合哪个创新的基本类型，从而通过定性的方式，揭示出了不同的环境条件下，不同的组织特征中，不同的创新类别间相互之间不断匹配的基本状态[85]。瓦卡罗等（Vaccaro et al.）则是更多地集中在企业的组织层面管理创新的研究，并且还将领导的基本行为分成是变革型的领导行为以及交易型的基本领导方式，而且还在其组织规模的基本变量的基础上，分析出不同的领导行为和企业的 OI 相互之间密切关联的关系程度，且这两种领导的基本行为都是有利于企业的基本管理创新活动[86]。石盛林、陈圻和张静针对企业高级管理层面的管理者要素和企业的整体 TI 之间的关联关系，并将企业的高管团队认知风格细分成分析型与创造型的企业维度，其中企业的 TI 包括企业的工艺创新以及企业的产品创新因素，而且还分析出了不同高管团队的基本风格对企业的各类 TI 的类别偏好度[87]。阮（Un）则是在运用其多层次的相关分析法研究了每个系统都能够相互适应的基本创新类别，也就是企业的组织管理的各类活动能够更好实现企业的整体激进式的创新过程，而且还由于这一系统可以为企业的员工提供出更大心理层面上的一个安全感。另外，企业的团队水平基本控制活动能够更好地实现其渐进式的管理创新，这主要是由于这一系统可以在较大程度上提升较高换位的基本思考能力[88]。瓦迪和卡思克（Vadi and Kask）在其研究中，进一步地研究了企业的整体战略决策、创新活动以及企业环境间相互关联关系时，从而将其战略决策能够进一步地划分为积极式与反应式的两种情况，而企业的基本环境则是可以细分成企业的内部环境与外部环境。内部环境是指技术要素，外部环境是指市场要素。而且还进一步地深入到了不同的环境因素调节的整体影响之下，不同的类型战略基本决策对不同的创新类型影响的基本程度，而且其研究的主要结论是在市场因素调节的整体影响中，反应式的企业战略决策过程或者是企业的 OI，在企业的技术因素调节的影响之下，通过主动式的企业战略决策来进一步地影响产品创新和市场的创新[89]。

1.3.3 企业OI与TI匹配路径研究

关于企业OI与TI的匹配路径选择问题，国内外学者也分别从不同的角度展开了相关的研究工作。门古克和奥赫（Menguc and Auh）则是认为企业的组织结构正式与非正式性、产品创新激进性与渐进性的合理组合以及对企业的整体绩效会产生不同程度上的重要影响。而且企业的组织结构越正式，也就越能够提升其渐进式的各类产品创新；相反，组织结构越是非正式的，则就越能够提升企业激进式的各类产品创新。而且正式的结构和渐进式的各类产品创新组合，以及非正式的企业结构和激进式的各类产品创新组合也就更加有利于进一步地提升企业的整体创新绩效水平[90]。维塞等（Visser et al.）在研究新产品的过程中，全面地将组织的基本结构划分成企业的职能型与跨职能型这两种类型，而且企业的产品创新又可以分成激进式与渐进式的这两种创新类别[7]。在研究企业的组织战略管理，企业创新以及企业绩效三者之间关联关系方面，很多学者也都做出了重要的研究与分析。扎赫拉（Zahra）在研究中指出企业的综合创新包括有TI、产品创新以及企业的管理创新。而且企业的发展战略也可以分为多种情况，如分析型的企业发展战略、防守型的企业战略、反应型的企业战略、探索型的企业战略等等。企业的不同创新方式与不同的战略类型也都是相互匹配的，这种匹配的状态与状况都对企业的整体绩效具有重要的影响作用[13]。埃特利、布里奇斯和奥基夫（Ettlie，Bridges and O'Keefe）也对这三个方面展开了一定程度上的研究，并且认为较为独特的发展战略与组织的整体结构更加地适应企业开展激进式的创新活动，然而相对较为传统的战略与结构较为适合渐进式的企业创新管理活动[91]。孙永风、李恒和廖貅武则是基于战略的思维方式和组织性学习角度，对企业战略性导向以及其相关管理控制，企业的创新类型等方面的关系展开全面研究，并且还将企业的战略发展导向分别划分成企业的市场导向以及企业家的整体导向，而且企业的管理控制方面也可以分成财务方面的管理与战略方面的相关管理，其创新的基本类型可以分成渐进式的创新与突破式的创新类别[92]。而庞长伟和李恒则是在研究的过程中，引入了企业的组织学习这一变量用于替换企业的管理控制活动，从而将企业的整体战略发展导向深入划分成企业的技术导向、市场方面的导向以及企业领导者导向，并指出市场方面的导向经过相关的应用性的基本学习能够更加有利企业实施其渐进型的基本创新，而企业家方面的导向、组织领域的学习以及技术方面的相关创新之间都会呈现出其相对较为显著的正相关的关联关系[93]。冯米、路江涌和林道谧则是认为企业相对较为多元化的发展战略和企业的整体组织结构方面的相关匹配程度主要为两者之间的密切关联程度，而且还分析了其外部的多方环境对其两者之间匹配程度方面的各类影响。从而提出了其相对较为多元化的发展战略和分权方面的多部门之间组织结构相互匹配；且相对较为专业化的发展战略可以和集权职能的各类组织结构相互之间的实现其重要的匹配关系[94]。

关于企业 OI 与 TI 的匹配关系对企业绩效影响问题，不同的国内外学者也都得出了相应的研究结论。莫特等（Mothe et al.）通过结合实践调研和相关的数据，对企业的 OI 和 TI 之间的匹配关系展开了一定程度上的研究，其研究结果说明企业的 OI 对企业的 TI 具有重要的影响作用，而企业的 TI 也会对企业的 OI 活动产生一定的影响和作用。而且二者之间的良性互动匹配对于企业的整体及绩效也会产生一定的促进作用，否则就会产生负面的消极影响[95]。佩雷拉和罗梅罗（Pereira and Romero）在研究的过程中，侧重于企业非 TI 对企业的整体绩效方面的研究，而且还指出了非 TI 在企业的整体创新活动中具有重要的动力作用，而且还指出了非 TI 中的 OI、市场创新均和企业的 TI 之间存在着一定的互动关系。因此企业的管理者对企业的 TI 应当给予一定的重视，优化企业的 OI 与 TI 的匹配状况，最终为提高企业绩效做出贡献[96]。卡西曼和维格尔（Cassiman and Veugelers）则是从企业的互补性角度展开研究，进一步地分析出了企业内部研发与外部的各类知识获取这两种创新活动之间的相互补充，而且其内部研发与外部性知识的基本获取也是企业中两种互补创新的基本活动，且其互补程度能够受到其企业发展战略环境中的其他各类因素作用，也就是说企业的 OI 与 TI 匹配状况，直接会影响到企业的最终整体绩效[97]。米拉维特和佩尼亚斯（Miravete and Pernias）在研究中侧重使用了互补模型，展开实证研究，分析了企业的产品创新与过程创新之间所存在着的重要的互动关系，其研究的结论表明企业 TI 中的产品创新与 OI 中的过程创新之间存在着较为显著互补性特征，其中相对较为小型的企业更加优先开展企业的全面性创新，因为这样比较有利于小型企业的绩效实现[98]。巴蒂斯蒂和斯通曼（Battisti and Stoneman）研究不同的基本创新活动在同一个时间截面上相互的基本关系，而且还把企业的几种创新活动划分成企业的OI与TI两大类前提下，从而得到企业的两种创新之间关系互补而非替代，且两者间互补效应明显地大于单个创新所产生基本效应，有利于企业绩效水平的提升[25]。李靖、石春生和刘微微使用实证方法，对高端装备制造企业的OI与TI匹配状态问题展开了一定的研究，并提出了OI与TI匹配的测度方法与标准，并指出了企业的OI和TI的不同匹配状态，从而认为企业的管理者都希望能够在企业的不同发展阶段实现企业OI与TI最佳的匹配结果，从而有利于企业整体绩效的实现[99]。张美丽、石春生和贾云庆则对OI与TI的匹配机制展开研究，并且将处于不同发展阶段的企业的OI与TI的匹配特征进行了研究，其结论为：初创阶段OI支撑TI发展、成长阶段TI牵引OI发展、成熟阶段OI与TI并行一致发展；且在成熟阶段二者之间较优的匹配关系，最为有利于企业绩效的可持续提高[100]。

1.3.4　国内外研究现状评述

基于对OI与TI复杂关系研究成果的全面梳理可以看出，从达夫（Daft）提出的“技术-非技术”双核心的创新管理模型提出之后[30]，大部分的学者也在积极围绕企业的双核心理论，展开企业创新系统的复杂研究，从而得出的一般性结论是，企业的TI和企业的OI相互和谐结合才可以相对较为有效地促进企业全面绩效的实现。任何企业如果只是单一的强化TI，而忽视其他方面的企业创新活动，那么该企业将会失去其应有的整体竞争优势[101]。可见，非技术方面的各类创新要素逐渐得到学者们的广泛关注与深入思考。在OI与TI间存在着的复杂关系领域的相关研究，现在已经发展成为企业创新研究的核心主题。此外，企业创新系统的最大特点是综合的复杂性，主要体现在企业系统内部各个要素和企业外部环境多样性以及相关内容的复杂性，所以学者们都在积极地研究企业OI和TI之间复杂关联关系[102]。而且任意的企业创新系统发生的不同变化都要求另一个系统能够做出相应改变，为能够全面保持其现有或进一步地提升企业的整体绩效，或者是企业能够通过引进相关的TI，提高TI能力进一步地提升企业技术系统或通过引进企业的相关管理创新，进一步地改变企业管理系统都是不可取的，两种创新之间的平衡尤为必要，任何单一性质的创新都不是完整的[103]。由此可见，前辈学者们在企业 OI 与 TI 之间关系的深入研究，为后续学者在该领域的相关研究奠定了重要的研究基础。

基于前文文献的全面梳理，能够分析出理论界对 OI 与 TI 匹配复杂关系方面的研究，已成为理论界较为热点的问题。但是前文学者在该领域的研究中，仍然存在着一定的不足之处，需要进一步地完善和补充，主要内容为：基于 OI 和 TI 匹配方面的相关研究基础，大部分学者仍然是更多地围绕着 OI 或 TI 单一系统中的部分要素展开，整体性的双边匹配研究文献成果较少，缺乏研究的系统性。特别是具体的针对企业 OI 与 TI 匹配决策方面研究较为鲜见。前人学者针对 OI 与 TI 匹配复杂关系的研究，大都是使用定性或半定量的方式，例如，六西格玛（6 Sigma）格式来判断 OI 与 TI 匹配的状况，而且大都是从静态视角来研究二者的双边匹配问题，从动态的角度全面研究 OI 与 TI 匹配决策管理问题的文献目前还仍然较少。以往文献研究内容仅局限于企业创新要素间及其环境因素变量间调节或者是中介等静态匹配关系方面，并没有把静态与动态的研究视角相结合，更没有从动态的角度研究企业 OI 与 TI 匹配决策管理内容。

针对前人学者的文献在 OI 与 TI 匹配决策方面研究中存在的不足之处，本书以高端装备制造企业为对象，针对高端装备制造行业中不同企业在企业的 OI 与 TI 匹配发展中的基本现状，将企业 OI 与 TI 匹配决策问题引入企业综合创新的基本领域之中，从而系统性地分析企业 OI 与 TI 的匹配决策过程，进而科学地构建出高端装备制造企业的 OI 与 TI 匹配决策的路径模型。通过匹配决策路径模型的构建，能够进一步地指引企业管理者丰富企业的创新决策管理方法。本书基于前辈学者们在 OI、TI 及其双边匹配方面的相关研究成果，引入决策。之所以引入决策，是因为笔者希望在前辈学者们的研究基础上，进一步地深化企业 OI 与 TI 匹配问题的研究，弥补前辈学者在企业 OI 与 TI 匹配决策方面的研究不足。而且在本书研究的过程中，企业决策的主体是企业的高层管理者团队（top management team，TMT）。在梳理国内外相关的企业管理决策研究文献的基础上，结合以往企业在实践中的相关管理实践经验，可以发现 TMT 更加容易制定出相对较为科学的管理决策，从而实现企业的科学管理目标。

基于前辈学者们在企业综合性的创新管理实践相关研究内容，尤其针对各类企业的 OI 与 TI 双边复杂关系研究的相关文献结论，本书将要解决的问题是高端装备制造企业 OI 与 TI 双边匹配决策的管理实践问题。且本书还会进一步地全面结合企业发展阶段理论，从动态的角度全面构建出不同发展阶段企业 OI 与 TI 匹配决策路径模型，揭示其中的双边匹配决策现状与发展对策。而且本书研究的开展最终还是要以解决企业创新管理实践中的各类难题为核心研究目标，并在企业的实际创新与决策管理中，可以全面结合企业创新实践，构建理论模型，进而回归实践问题，并能够准确地解决现实问题。最后，本书针对案例企业，展开 OI 与 TI 匹配决策管理问题研究，主要是为了将本书中研究的现实问题上升到一定的高度，形成相关理论，并将这些理论回归到现实问题中去，解决现实障碍。通过本书的研究，既可以进一步地丰富企业创新理论内容，体现出本书研究的理论意义，还可以为高端装备制造企业创新决策管理实践提供重要的参考，从而体现出本书研究的现实意义。

1.4　研究内容、方法及技术路线

1.4.1　研究内容

（1）研究企业 OI 与 TI 双边匹配决策管理理论。本书基于对国内外学者针对企业 OI 与 TI 匹配关系方面相关研究文献，结合双边匹配决策的相关理论和方法，以及 OI、TI 构成与特征情况进行总结的基础上，进一步地指出了高端装备制造企业 OI 与 TI 双边匹配关系的基本内涵。进而总结 OI 与 TI 匹配决策的基本内涵及其特点，确定出高端装备制造企业 OI 与 TI 匹配决策路径，设计出高端装备制造企业 OI 与 TI 匹配决策研究框架。

（2）研究企业 OI 与 TI 双边匹配决策管理系统，指出高端装备制造企业 OI 与 TI 匹配决策的影响要素，揭示出高端装备制造企业 OI 与 TI 一般性匹配决策机理。本书将基于相关管理理论分析后，研究高端装备制造企业 OI 和 TI 一般性双边匹配的决策管理问题。而且在整个分析过程中，将其视为一个综合匹配决策系统，其中包括了 OI 决策子系统，TI 决策子系统。而后本书深刻地总结了企业 OI 与 TI 双边匹配决策影响因素等方面的内容，并采用匹配性评价矩阵方法研究高端装备制造企业 OI 与 TI 匹配决策管理的整个过程，构建出高端装备制造企业的 OI 与 TI 的综合匹配决策管理路径模型，揭示出高端装备制造企业 OI 与 TI 一般性的匹配决策机理。

（3）使用系统动力学仿真方法，研究不同发展阶段高端装备制造企业 OI 与 TI 的动态匹配决策路径。基于前文对 OI 与 TI 一般性匹配决策研究，本书会在第 4 章里，基于企业不同发展阶段的视角，对高端装备制造企业的 OI 与 TI 双边匹配决策情况展开分析。将使用系统动力学仿真方法，研究不同发展阶段中企业 OI 和 TI 匹配决策的基本过程，而且分别在不同发展阶段的发展阶段中，构建出了不同的企业 OI 与 TI 匹配决策路径模型，归纳出不同发展阶段高端装备制造企业 OI 与 TI 匹配决策的路径。

（4）案例研究。选取案例企业——高端装备制造企业 M 企业作为第 5 章的研究对象。针对 M 企业 OI 状态、TI 状态以及内外部创新环境进行具体分析，并将已经构建的企业 OI 与 TI 动态匹配决策模型引入 M 企业进行实际应用。根据案例企业所处的不同发展阶段中的企业创新特点，研究了不同发展阶段的 M 企业 OI 与 TI 匹配决策的基本过程，最终有针对性地提出相应的改进对策建议，从而有助于企业管理者提升正处于成熟发展阶段的 M 企业 OI 与 TI 匹配决策管理水平。

1.4.2 研究方法

在本书研究中，主要采用的具体研究方法包括系统分析方法、匹配性评价矩阵法、系统仿真分析法和案例分析法。

1.4.2.1 系统分析方法

本书主要采用系统分析法，从系统的角度全面分析企业 OI 与 TI 双边匹配决策理论。在研究中，总结了 OI 决策系统、TI 决策系统以及二者匹配决策综合系统现状，并为本书后续研究高端装备制造企业 OI 与 TI 双边匹配性评价矩阵的运用奠定相对较为重要的理论与方法基础。而且也能够给后文构建出企业的 OI 与 TI 双边匹配决策路径模型提供了重要的参考。

1.4.2.2 匹配性评价矩阵法

在研究高端装备制造企业 OI 与 TI 一般性匹配决策机理时，本书主要使用了匹配性评价矩阵法。匹配性评价矩阵法可以在相对较为贴近企业创新现状的背景中，全面研究高端装备制造企业的 OI 与 TI 双边匹配的基本状况。而且本书还在该研究方法运用的基础之上，进一步地构建出企业 OI 和 TI 双边匹配决策机理模型，揭示出高端装备制造企业 OI 和 TI 双边匹配决策机理，最终构建出高端装备制造企业 OI 与 TI 匹配决策研究框架设计。

1.4.2.3 系统仿真分析法

为了能够在动态视角，进一步地分析不同发展阶段中高端装备制造企业 OI 与 TI 双边匹配决策路径，本书选择使用了系统动力学中的系统模拟仿真方法，对处于不同发展阶段的高端装备制造企业 OI 与 TI 匹配决策状况展开深入研究，从而分别在每个发展阶段都构建出其相应的匹配决策路径模型，揭示出全周期高端装备制造企业 OI 与 TI 匹配决策路径。

1.4.2.4 案例分析法

本书在研究最后使用案例分析法，选择处于不同发展阶段的高端装备制造企业 M 企业为本书的研究案例。为了能够验证第 3 章中针对高端装备制造企业的 OI 和 TI 双边匹配决策机理研究中得出的一般性研究结论，同时也为了验证第 4 章中从动态角度所研究的不同发展阶段高端装备制造企业 OI 与 TI 匹配决策路径方面的结论，本书针对其具体案例企业 M 企业展开深入研究。在针对案例企业的研究过程中，也可以在一定程度上为全面优化案例企业 M 企业 OI 与 TI 双边匹配决策管理能力，提供重要的参考和借鉴。

1.4.3 技术路线

1.4.3.1 研究技术路线

本书依据“提出问题—分析问题—解决问题”的研究思路展开，具体的技术路线如图 1 - 2 所示。

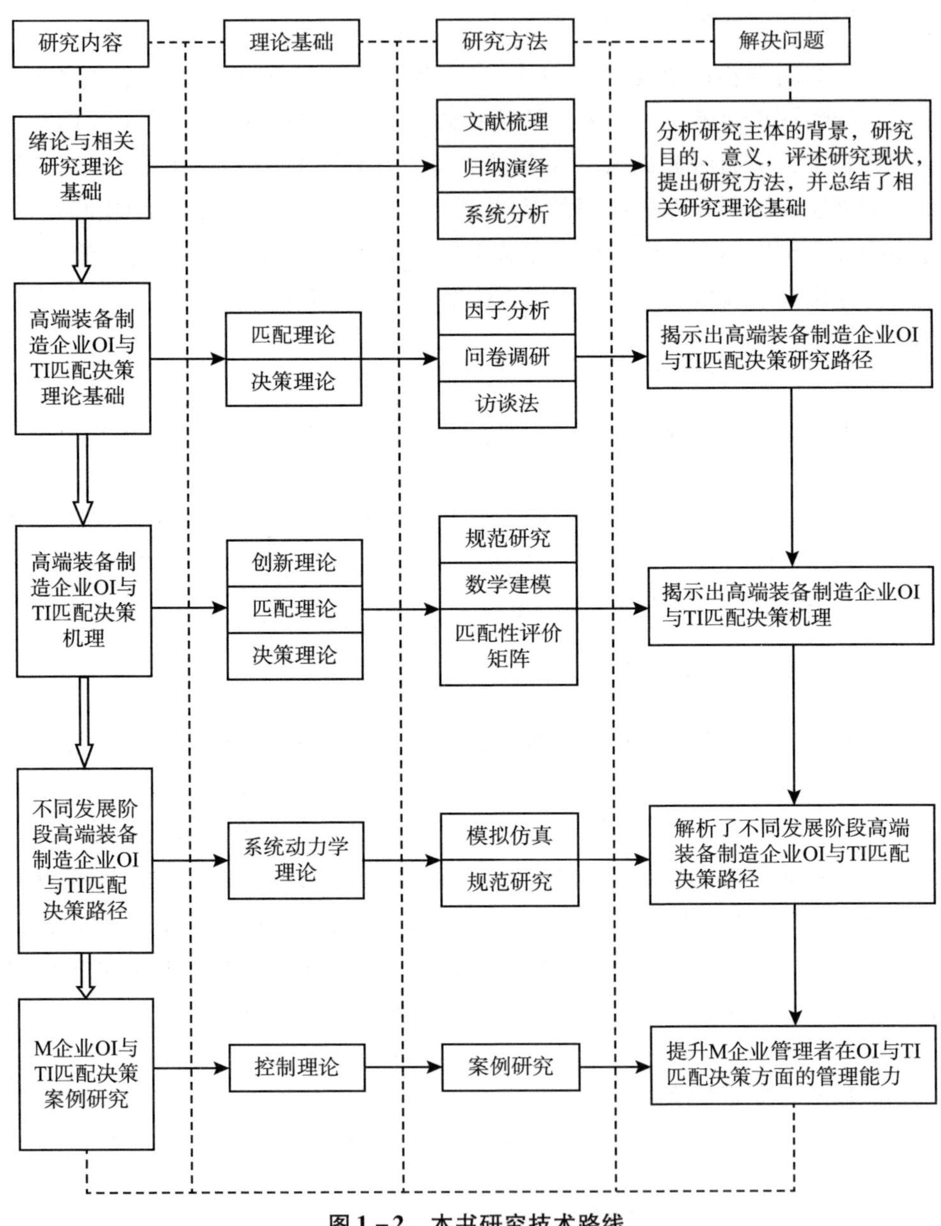

图 1－2　本书研究技术路线

1.4.3.2 具体研究内容

本书的具体研究内容如下：

（1）研究绪论。在绪论中，本书着重介绍了研究背景、相关问题的提出、本研究的具体目的和意义、具体的研究内容、研究所采用的基本方法以及技术路线。而且还基于当前理论界关于 OI 与 TI 复杂关系方面的研究，对相关的研究文献进行了全面梳理。该部分的研究内容，为后文的相关研究奠定了重要的研究基础。

（2）从理论层面分析企业 OI 与 TI 匹配决策的内容。在总结了高端装备制造企业的内涵界定及其基本特征的基础上，明确高端装备制造企业的 OI 和 TI 基本构成，确定双边匹配决策研究的理论支撑。近而结合实证数据展开验证。从而全面总结出高端装备制造企业 OI 与 TI 双边匹配的基本内涵与特征，构建出高端装备制造企业 OI 与 TI 双边匹配决策理论模型，揭示出本书的理论研究路径。

（3）采用实证方式研究企业 OI 与 TI 双边匹配决策管理基本内容。使用复杂系统理论，研究企业 OI 与 TI 双边匹配决策管理综合系统，其中含有 OI 决策子系统与 TI 子系统以及 OI 与 TI 综合匹配决策系统。而后，分别从管理者视角、组织视角以及企业内外部环境视角，分别研究 OI 与 TI 双边匹配决策的影响因素。最后使用匹配性评价矩阵研究高端装备制造企业 OI 与 TI 双边匹配决策管理现状，构建出企业 OI 和 TI 综合匹配决策路径，揭示出高端装备制造企业 OI 与 TI 匹配决策机理。

（4）研究不同发展阶段的高端装备制造企业 OI 和 TI 双边匹配决策路径。在研究并指出不同发展阶段高端装备制造企业 OI 与 TI 双边匹配的基本发展特征后，进一步地描绘出企业 OI 与 TI 匹配决策系统流图，确定系统仿真方程，并对系统仿真模型展开有效性的检验。进而对不同发展阶段的企业 OI 与 TI 双边匹配决策系统运行仿真结果进行分析，最终揭示出不同发展阶段高端装备制造企业 OI 与 TI 匹配决策路径。

（5）将前文关于企业 OI 与 TI 匹配决策方法应用到具体的高端装备制造企业 M 企业中去，进行检验。在介绍了案例企业 M 企业的基本概况和所处的内外部环境基础上，结合 M 企业的不同发展阶段，进一步地分析 M 企业 OI 与 TI 决策状况，从而针对 M 企业在 OI 与 TI 匹配决策管理状况，较为有针对性地提出了 M 企业 OI 与 TI 匹配决策管理活动实施的建议，也同时能够为提高 M 企业的 OI 与 TI 双边匹配决策管理方面的各类能力，提供重要参考依据。

另外，针对本书所使用到的所有基础理论，在本书的研究过程中也都呈现出了相互之间的关联关系。

在问题的提出阶段，即企业 OI 与 TI 匹配决策理论基础部分，本书所使用到的理论包括有创新理论、匹配理论和决策理论等管理学理论。其中，在研究高端装备制造企业的 OI、TI 的过程中，主要使用创新理论，并着重研究了 OI 与 TI 中创新的基本构成要素、内涵等内容；在研究高端装备制造企业 OI 与 TI 匹配过程中，主要使用了匹配理论，研究了高端装备制造企业 OI 与 TI 的匹配机理；在研究高端装备制造企业 OI 与 TI 匹配决策的过程中，主要使用了决策理论，研究了 OI 与 TI 的匹配决策内涵及其特征。针对不同的研究内容，分别使用了不同的相关的管理学基础理论，强化了本部分的研究理论深度。

在问题的分析阶段，即高端装备制造企业 OI 与 TI 动态和静态匹配研究部分，分别使用了复杂系统理论、创新理论、匹配理论和决策理论系统动力学理论等相关的企业管理学理论。在研究高端装备制造企业 OI 与 TI 综合匹配决策系统时，也同时使用了复杂系统理论，分别从综合系统、子系统等方面研究了企业 OI 与 TI 的匹配决策问题。并且在分别研究企业 OI 决策子系统、TI 决策子系统以及 OI 与 TI 匹配决策的影响因素时，主要使用了模块化理论，分模块地分析了 OI 决策系统与 TI 决策系统的基本内容，并且将影响因素进行模块化分，进行分类研究。而且在研究 OI 与 TI 的动静态匹配决策的过程中，也必然会使用到创新理论、匹配理论和决策理论。在研究高端装备制造企业 OI 与 TI 动态匹配决策的过程中，针对高端装备制造企业的动态发展特征研究时，主要使用了发展阶段理论。在研究高端装备制造企业 OI 与 TI 的动态匹配决策仿真时，主要使用了系统动力学理论，展开了相应地实证研究。

在问题的解决阶段，即企业 OI 与 TI 匹配决策在案例企业的应用部分，主要使用了企业管理理论。针对案例企业高端装备制造企业 M 企业的 OI 与 TI 匹配状况，展开相应地研究，从提升企业综合创新管理的角度出发，最终提出 M 企业 OI 与 TI 匹配决策实施的对策建议。

| 第2章 |

高端装备制造企业 OI 与 TI 匹配决策理论基础

对高端装备制造企业 OI 与 TI 匹配决策管理活动展开深入分析，首先必须明确双边匹配决策的基本理论内容以及高端装备制造企业的 OI 和 TI 的构成，进而才能够更深入地剖析出高端装备制造企业的 OI 与 TI 匹配决策的内涵。因此，本章首先明确高端装备制造企业的界定，结合系统理论，从系统的角度全面介绍出双边匹配决策的内涵、相关理论以及研究方法，而后使用要素理论分别确定出高端装备制造企业 OI 与 TI 的构成要素，最终描述出高端装备制造企业 OI 与 TI 匹配决策的内涵与特征。本章研究为本书后续企业 OI 与 TI 匹配决策的相关研究奠定了重要的理论基础。

2.1 高端装备制造企业 OI 与 TI 相关概念界定

2.1.1 高端装备制造企业的界定

高端装备制造业是我国七大战略性新兴产业之一，也是以高新技术为指引的新兴产业，在较大程度上决定着我国整体产业链的综合竞争实力。该产业也是全面推动我国工业不断转型与升级的重要引擎[104]。而且高端装备制造业以高新技术为主导，处于整个产业链的核心发展环节并能够全面创造出较高的价值。全面发展高端装备制造业，也可以在较大程度上提升其产业的核心竞争力，也同时是其实现工业经济转型的核心要素[105]。

截至目前，国内外的学者针对高端装备制造企业内涵的界定并没有形成一个统一的共识。而且在国外很少有将高端装备制造企业单独划分出来进行分类的，国内则是将高端装备制造企业进行单独划分。当前大部分的理论研究者还是认为装备制造业是国民经济为了能够进一步地简单再生产和扩大再生产而提供的相应生产技术装备的工业总称[106]，而且该产业也是为国内各生产部门提供重要生产工具的制造部门[107]。基于《关于加快培育和发展战略性新兴产业的决定》《高端装备制造业“十二五”发展规划》《国务院关于加快培育和发展战略性新兴产业的决定》等官方出台的相关管理条例，并依据我国国民经济的行业种类进行划分，装备制造产业共计包括 7 个大类，185 个小类别，主要有航空装备制造产业、轨道交通装备制造产业、卫星及应用制造产业、海洋工程装备以及智能制造装备制造产业等。从当前国内学者在高端装备制造产业方面的相关理论研究文献中，也能够看出大部分学者对高端装备制造产业内涵的界定都是基于官方条例中给出的界定。如沈青[108]、胡耀辉[109]及何施等[110]学者的研究过程中也均认为高端装备制造企业主要包括这几大方面的内容。

为了明确高端装备产业的内涵，在本书的研究中，笔者也同样使用我国《高端装备制造业“十二五”发展规划》中对高端装备制造业的界定，即高端装备制造产业主要是指传统产业转型升级和战略性新兴产业发展所必需的高技术与高附加值的装备制造产业。并且本书以航空装备制造产业、卫星及应用装备制造产业、轨道交通装备制造产业、海洋工程装备以及智能制造装备制造产业这些领域为本书研究的主要对象，从而对这些领域的高端装备制造企业 OI 与 TI 匹配决策展开全面深入的研究。

2.1.2 高端装备制造企业的特征

从当前高端装备制造产业的基本发展现状来看，该产业表现最为突出的还是“高端”这一属性。高端装备制造产业中的“高端”主要是指三个方面：技术含量相对较高、处于价值链的高端以及在产业链占据核心地位。所谓技术含量相对较高，是指在高端装备制造产业中其生产过程为知识、技术密集型的生产过程，更加体现出了多学科、多领域的高精尖技术发展；所谓处于价值链的高端，是指该产业生产出来的产品具有相对较高的附加值；所谓在产业链占据核心地位，是指该产业的发展水平决定着产业链整体的竞争力水平和状况。

根据中国国家统计局发布的《2017 年国民经济行业分类与代码（GB/T 4754—2017)》中制造业的分类，可以将制造业划分为多个类别，如汽车制造业，铁路、传播、航空航天和其他运输设备制造业，计算机、通信和其他电子设备制造业，农副食品加工业，食品制造业，纺织业，皮革、毛皮、羽毛及其制品和制鞋业，木材加工和木、竹、藤、棕、草制品业，造纸印刷业，文教娱乐用品制造业，燃料加工业，化学原料和化学制品制造业，医药制造业，金属和非金属矿物制品业，汽车制造业，其他制造业等。此中设备相关的制造业可以划分为高端装备制造业和普通装备制造业。其中，普通装备制造业包括有普通机械制造业、金属制品业、办公用机械制造业等；高端装备制造业主要包括有铁路、传播、航空航天和其他运输设备制造业，计算机、通信和其他电子设备制造业等方面的制造。高端装备制造产业的发展状况、工业市场的整体需求等发展现状以及产业定位等内容，都在不同程度上决定了高端装备制造企业与其他企业之间所存在着不同之处，也就是高端装备制造企业独有的特征。而且这些基本特征又在一定程度上确定了影响高端装备制造企业发展的各类影响因素。从高端装备制造企业的具体特征方面来看，有三个方面的表现：技术的高端性、组织的复杂性和发展的成熟性，具体如图 2－1 所示。

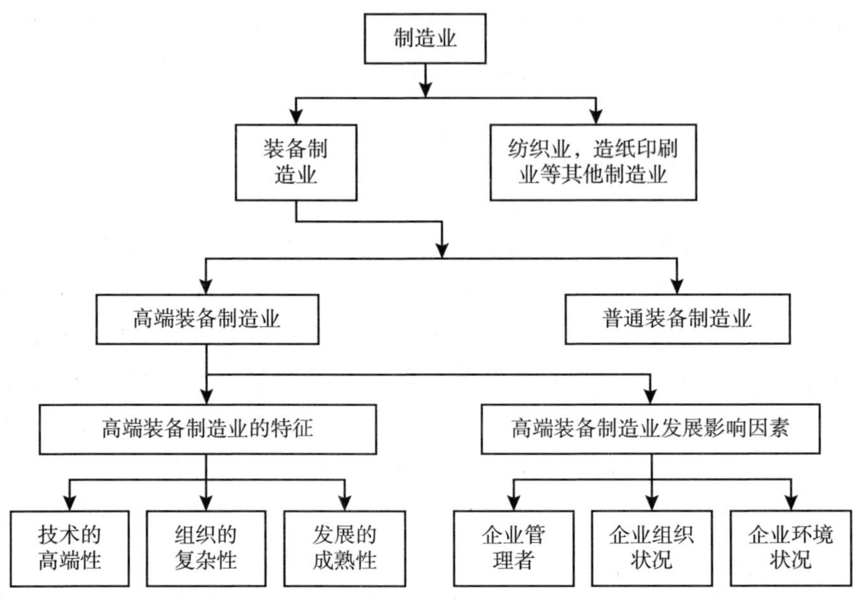

图 2－1　高端装备制造业的特征与其发展的影响因素

2.1.2.1　技术的高端性

高端装备制造企业中技术的高端性，要求企业的技术创新必须要达到行业的领先地位。这主要是由于在高端装备制造企业的发展过程中，生产技术占据着重要的发展地位。没有高技术的强力支撑，高端装备制造企业也无法快速发展。不论是航天制造、轨道交通，还是智能制造、卫星应用和海洋工程，都需要大量的高端技术的投入。而且这些制造领域都需要大量的高端技术的支撑[111]。高端技术的投入才能够给高端装备制造企业的发展带来了强有力的生命力，注入了持续的发展动力，甚至为高端装备制造企业的创新水平的提升，也带来了一定的推动作用。因而高端装备制造企业在技术高端性方面的特征，也给高端装备制造企业的技术发展带来了创新性的要求。高端装备制造企业也只有在全面实现高水的技术创新的背景下，才能够全面地体现出其自身的技术高端性，才能够确保高端装备制造企业在行业中的技术领先。由此可见，高端装备制造企业技术的高端性特征，要求高端装备制造企业必须要保持高水平的技术创新发展能力。

2.1.2.2 组织的复杂性

高端装备制造企业组织的复杂性给高端装备制造企业的组织发展提出了新的要求，即企业要保持较高的组织创新水平。企业的组织在很大程度上影响着企业的全面发展，并对企业的高效运行起着十分重要的基础保障作用。因而与一般性的企业不同，高端装备制造企业中的企业的组织更为复杂。这主要是由于高端装备制造企业中的组织既要确保企业生产的高端性，还要兼顾到装备产品生产的基本需求。因而高端装备制造企业的发展中，必须要依靠企业组织能力的高水平和高效率。所以，高端装备制造企业组织的复杂性特征，也要求高端装备制造企业必须要保持较高的组织创新水平，从而为高端装备制造企业的全面发展提供重要的组织保障。

2.1.2.3 发展的成熟性

高端装备制造企业发展的成熟性，要求企业在各方面创新能力较高的前提下，还要要求各种创新之间实现高水平的匹配，即要求企业 OI 与 TI 的高水平匹配。这主要是由于高端装备制造企业尤为强调发展的成熟性，而且还必须要在工业制造业中一直都处于领导指引的地位，因此势必需要具备发展的成熟性。而且高端装备制造企业的不断发展与进步，对于推动整个国家的工业制造业的全面可持续发展都会具有重要的推动作用和意义。特别是在当前高端装备制造产业在整体创新能力以及整体的技术水平方面都是处于当前工业制造业产业中最高端的位置[113]。所以通过高端装备制造企业所具备的整体创新能力和所具备的整体高技术水平现状来看，都能够发展当前的高端装备制造企业都具备着企业发展的可持续性特征。由此可见，也正是由于高端装备制造企业发展成熟性的特征，对企业的 OI 与 TI 的匹配及其匹配决策管理提出了更高的要求。

基于对高端装备制造企业特征的研究可以判断出，在高端装备制造企业的创新管理实践中，企业需要提升的创新能力应当是自主、原始和前沿创新的能力。一方面，结合当前高端装备制造企业在以上三个方面所表现出来的基本特征，特别是技术高端性的特征，可以看出高端装备制造企业的创新活动首先就是要有一定的自主创新能力。因为高端装备制造企业只有具备了一定的自主创新能力，才能够在不同产业中具备一定的领导力和工业技术的领先性。另一方面，高端装备制造企业的创新能力还要是原始的创新能力。这主要是由于高端装备制造企业生产的产品并不是终端产品，而是装备性的产品。其他的工厂还需要使用这类装备产品进一步地生产其他的终端产品。因此，高端装备制造企业的创新能力必须具备原始创新能力，这样才能够确保终端产品生产企业所使用到的生产设备是高水平的。最后，高端装备制造企业的创新能力还要具备前沿创新能力。这一能力的具备也主要是为了能够保障高端装备制造企业的整体创新水平在所有产业中都具有前沿性特征，处于领先地位。由此可见，高端装备制造企业所具备的这些特征也在很大程度上要求了高端装备制造企业的创新能力必须是自主、原始和前沿创新的能力。也只有这样才能够有利于高端装备制造企业创新水平的不断提升，创新能力在各个产业中都能够保持长久领先。

2.1.3 企业TI相关理论基础

2.1.3.1 企业是TI的主体

TI只有在企业内完成并通过市场来实现。TI是一项与市场密切联系的经济活动，要求创新主体也必然与市场密切联系。另外，企业作为TI的主体可以使科技成果密切联系企业生产的实际情况。我国传统的“科研院所主导型”TI体系已不能适应市场经济体制的需要，其存在着以下问题：第一，在观念上，企业认为TI是科研机构的事情，缺乏TI的动力；第二，在行为上，许多企业不愿增加对TI的投资；第三，在创新成果的转让上，转让成本和费用较高，不利于企业利用新技术进行技术改造。

在发达国家，企业在TI中的主体地位早已确立。1998年，美国企业研发经费支出1633.3亿美元，占当年全美研发经费总量的近3/4。同年，我国企业研发经费支出为247亿元人民币，仅占研发经费总量的4.8%。可喜的是，国内企业开始不同程度地加大了研发经费投入，研发经费投入低下和企业投入缺位的问题在我国东部地区已开始逐步得到解决，企业已逐渐成为经费投人和TI的主体，能够有效地增强核心能力和市场竞争力。

根据一些TI成功企业的经验，开展TI，企业应具备以下条件：

第一，企业领导者应具有战略眼光，思想观念要创新，要真正树立起自己是 TI 主体的意识；

第二，企业领导的市场观念强、能紧跟市场；

第三，企业具有精简、高效的组织机构；

第四，企业要建立有效的激励机制。

2.1.3.2　TI 促进企业发展的机理

把企业当作一个由投资要素和产出要素构成的系统，那么无论投入要素发生量的改变还是质的变化都将引起产出组成的改变。这种变动如果用动态方法进行分析，则可以得出投入要素、产出要素和技术随时间变化的情况。在此，投入要素的组合方式取决于技术状态 T。

用熊彼特的创新理论来解释这个过程就是在 t 时期，企业在技术状态 T_t 的前提下，形成了一种生产函数 $Y_t = f_{T_t}(L_t, K_t, R_t)$。如果企业不进行 TI，即不将一种从来没有过的关于生产要素和生产条件的新组合引入企业生产中，那么，企业将按原有的生产结构从事其生产经营活动。在这种情况下，企业的生产过程“循环流转”，没有变动，也没有发展。企业的盈利水平及要素生产率保持不变。此时，企业处于一种静态均衡，即 T_t 不变。在这种静态均衡状态下，企业的生产可以用固定的生产函数来描述。

企业要想适应变化的市场需求，实现其不同时期的战略目标，最终获得较高的利润，就必须进行 TI，即必须改变生产函数中的 T_t，以破坏现存的平衡，产生新的生产函数，这种过程可以用图 2－2 表示。

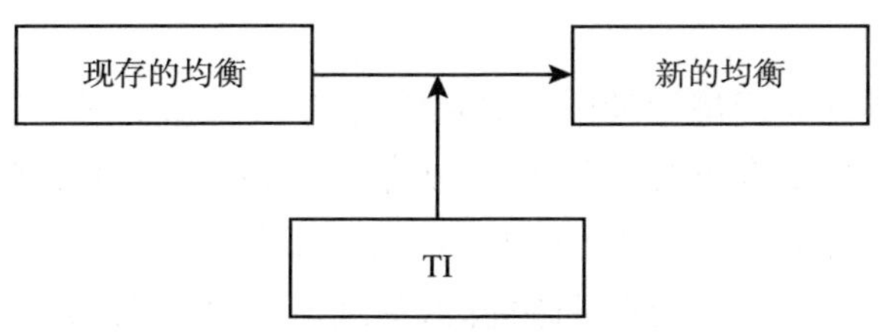

图 2－2　新均衡的形成过程

企业通过这种循环创新过程，就可将多种新产品或多种新的企业管理方法逐步引入企业生产经营活动中，从而建立新的生产函数 $Y_{t+1} = f_{T_{t+1}}(L_{t+1},$

K_{t+1}，R_{t+1})，实现新的投入组合，使企业能够在更高的层次上得到发展。

2.1.3.3 企业 TI 的特征

(1) 风险性较高。高风险性是 TI 内在的固有性质。TI 活动是带有试验性质的，其中各个阶段与环节都包含着许多不稳定的因素，从而使 TI 活动呈现出高风险性。世界各国的 TI 实践表明，创新失败的概率往往大于成功的概率。即使是工业发达国家，TI 项目在进入市场之前，夭折的比例远远高于成功的比例。大量的实证研究表明，TI 是一项具有高失败性的活动，大约 90% 的创新在进入市场之前即告夭折。依据日本科学技术与经济会的统计，日本企业 TI 项目在技术阶段失败率为 85.5%，生产阶段失败率为 37.5%，市场阶段失败率为 11.4%；依据对美国 TI 投资项目的统计，其成功率也只有 10% ~20%。TI 的高风险性来自创新的不确定性，它主要表现在以下三方面：第一，一项新产品或新工艺在计划时间内能否开发成功，新技术的突破能进行到哪一层次，这些都是不能事先确定的；第二，企业文化、企业的决策与管理模式和能力与某一 TI 的适应性也是不确定的；第三，市场需求倾向可能会背离企业的预期，竞争对手的行为可能会改变市场环境。

(2) 资产性。TI 作为一种科技开发与生产经营活动相互渗透的交叉性实践活动，不管其层次规模如何，都需要一定数量资金的投入，用于添置、更新改造设备和设施，购买原材料等，否则，难以实现预期的目标。从这个角度来讲，TI 是具有资产性的。并且，在 TI 过程中资产的投入是随着 TI 的不断深入而增加的。因此，尽可能早地终止注定失败的 TI 项目可以避免创新资源的极大浪费。

(3) 高收益性。经济活动中，高风险与高收益总是同时存在。据有关资料显示，TI 活动如果有 20% 左右的成功率就可以收回 TI 的全部投入并取得相应的利润。原因在于，新技术的投入，造成了创新企业相对于竞争对手在技术上的优势，形成了一定时期的技术垄断。这种优势或垄断的经济实现，表现为高效益，在扣除创新技术成本之后，形成高额垄断利润。正是这种利润的存在驱使众多企业不惜以高投入从事创新活动，取得技术优势和市场优势，以维持企业的生存和发展。

(4) 系统性。TI 是涉及研发、生产、管理、市场等方面一系列过程的综合活动，是一个系统工程。TI 不等同于标新立异，它源于市场分析又以获取更大的经济效益和市场份额为最终目标，是一个完整的系统工程。

（5）周期性。TI 的周期性特征十分显著，从发明创造到 TI 的转化周期，从创新设想到实现商业化的开发周期，从 TI 进入市场到退出市场的生命周期，以及 TI 被广泛采用、模仿的扩散周期。可见，TI 是一个符合环状链式的发展过程。TI 依次经过发明到市场实现的各个环节以后，会根据市场的需求，开拓一轮新的创新，形成螺旋上升的连锁创新。这些均说明 TI 是一个具有明显周期性的过程。

2.1.3.4 企业的 TI 类型

（1）以 TI 的内容为标准。

按照 TI 的内容不同，TI 可以分为产品创新、工艺创新、服务创新和组织创新等。

（2）以 TI 的重要性程度为标准。

按照 TI 在经济增长和经济转换过程中的作用，可以将其分为渐进性创新、根本性创新、技术系统的变革、技术经济模式的变更。

渐进性创新是一种技术上渐进的、改进性的创新，主要依靠需求压力和技术机会持续不断地推动技术发展的创新活动。我们通常所说的技术更新多属于渐进性工艺创新，而渐进性产品创新是对现有产品进行改进，使其性能得到显著的增强或提高的创新。渐进性创新虽不能明显地改变经济动力机制，但它常常伴随着企业和设备规模的扩大以及产品和服务质量的改进，对生产率增长和经济发展具有巨大的影响。

根本性创新是指在技术设想上有根本性的突破，一般是企业的研发部门经过深思熟虑的研究和开发活动的结果。它需要以渐进性创新为基础，通过逐渐积累的渐进性创新和扩散才能真正实现，并常伴有产品创新、工艺创新和组织创新的连锁反应，可在一段时间内引起产业结构的变化。

技术系统的变革是指依据渐进性创新和根本性创新的某种组合，伴随着对企业产生影响的组织创新和管理创新，影响若干经济领域，导致全新部门出现的创新。它不是一项单独的创新，而是由众多技术上相关的创新所组成的创新群。这类创新对经济系统有着较为普遍的影响，能改善多个部门的生产条件和生产方式，甚至能创造出全新的生产技术部门。

技术经济模式的变更是指能够带来技术经济规范的变化、意义深远的重大TI。它既伴随着许多根本性的TI群，又包含着多个技术系统的变革，是相互关联的产品和工艺创新、组织创新和管理创新的结合，是技术优势和经济优势的一种新组合。它的实现不仅会对整个经济行为产生重大影响，而且会引发组织和社会方面的深刻变革，甚至影响到人们的日常生活。它的兴衰表现为经济周期的演变。

（3）以技术来源为标准。

按照技术来源可分为自主创新和引进创新。

自主创新是指企业依靠自己的技术力量，致力于率先使重要的新技术商品化。这并不意味着创新过程中的各个环节都要由自己来实现，而是创新的思想来源于自己，创新中各要素的组合自主实现。它可以是自己研究与开发的结果，也可以是合作研究、委托研究，甚至是购买专利进一步开发等。企业进行自主创新的前提是具有较雄厚的技术力量，特别是研究与开发的力量，并具有较多的技术积累。企业若想在竞争中取得领先地位，必须采用自主创新的方式。

引进创新是指企业对引进的技术和产品进行消化、吸收和再创新的过程。它不同于简单的模仿，而是包含着渐进性创新和对原设计的不断改进。由于引进创新主要通过学习和借鉴自主创新的经验，在市场上以更廉价、更优质或更具特色的产品或服务获得经济利益，因而从经济学的观点看，这是一种更有效的创新，多数企业采用这种创新方式。

（4）我国学者的特殊分类方法。

我国学者傅家骥根据中国的实际情况，将企业TI分为四类：增量型创新、技术开发型创新、市场开发型创新和根本性创新。通过对相关文献的梳理发现，目前所有关于TI类型的划分，由于分类标准的不一致，使得不同TI类型的划分显得杂乱、重叠、层次模糊。因此，有必要从不同角度，按照明确的分类标准，对TI进行类型学结构分析。于是，他们提出了“企业TI的类型结构”。

我国学者陈文华教授在总结国内外学者TI分类的基础上，提出了更详细的分类体系，如表2-1所示。

表 2-1　企业 TI 的类别构成

序号	分类标准	创新类型
1	创新内容	意识创新、技术性创新、市场营销创新、制度创新、组织管理创新
2	技术形态	产品创新、工艺创新、设备创新、材料创新、服务创新
3	创新程度	基本 TI、渐进 TI、模仿 TI
4	创新的技术来源	自主 TI、引进 TI
5	创新活动方式	独立型创新、合作型创新
6	创新对生产要素组合的影响	资本节约型 TI、劳动节约型 TI、中性型 TI
7	当代 TI 的整合特征	技术性整合创新、结构性整合创新、功能性整合创新

资料来源：陈文华．腾飞之路：技术创新论［M］．长沙：湖南大学出版社，1999。

2.1.3.5　影响我国企业 TI 的主要因素

（1）企业所处市场竞争性。市场竞争压力大，造成企业 TI 较难获得市场成功。企业将创新产品投入市场的初期阶段，就面临国际市场强大的竞争压力，获利较为困难，这影响了企业 TI 的持续进行。

（2）企业信息搜集和加工能力。企业 TI 的过程也是企业不断消除不确定性信息和克服忽略信息的过程。企业在 TI 过程中应当尽可能搜集全面的信息，并用科学的方法对信息进行处理和分析，这些有助于企业 TI 的成功。国内企业在 TI 过程中，相对国际领先水平企业而言，不但信息搜集的量相对国际领先企业不足，而且对有关 TI 信息的处理和加工的深度不够。这就增加了 TI 过程的盲目性，阻碍了 TI 过程的顺利进行。企业有关 TI 的信息搜集是企业的学习过程，企业在向其所处的创新网络获取知识和信息的能力与企业本身的技术水平密切相关。除企业自身研究开发能力外，政府政策不是以企业为导向，也是造成国内企业信息搜集和分析能力较差的原因之一。总之，不注重信息的分析和处理，将进一步削弱企业 TI 能力。

（3）企业之间原本的技术差距。如果企业之间的技术差距过大则会影响企业市场开拓。企业的技术水平与国际领先水平差距过大，就会造成 TI 过程中信息获取和分析的能力减弱，企业占领和开拓市场的速度就会大幅下降。

（4）企业生产规模。若是企业生产规模相对较小则也会影响企业 TI 能力。企业由于生产规模小，设备供应商不愿为其提供特殊规格的设备，这样就造成企业得不到技术先进的设备，只能获得市场上已有的设备。企业即使进行了详细的信息搜集和分析，但在 TI 过程中由于无法购置到所需要的设备，不能通过差异化的设备生产差异化的产品，也就不能通过差异化创造企业的核心竞争能力。

2.1.4 高端装备制造企业 OI 的构成要素与特征

2.1.4.1 高端装备制造企业 OI 的主要构成要素

创新理论认为，企业创新要源于企业活动的内部，从内到外开展。企业 OI 中的创新活动也要是由内而外展开。因而明确高端装备制造企业 OI 的构成要素也就显得尤为必要。刘旋华在研究中认为企业的 OI 中，包括组织文化、组织结构等诸多方面的内容和构成要素。这些要素之间也需要一定的协调与配合[118]。且在企业管理中，企业的组织结构是其管理活动中较为重要的一个方面。通过企业组织结构的优化与完善，能够在较大程度上保障整个企业组织活动的顺利运行，而且组织结构在调动与协调组织内部资源方面仍然能够起到重要的推动作用。在组织中，组织制度与组织文化也都是不可或缺的重要内容，组织制度能够在制度层面提升企业组织管理水平，强化企业的组织管理效率，甚至为企业组织的可持续运行提供重要的保障；而组织文化对于组织的整体竞争力，组织内部员工的工作积极性与组织发展动力性等内容都会产生重要的助推作用。另外，组织战略对于组织的全面发展而言也尤为重要。这主要是由于组织战略能够指明整个企业的发展方向，对于组织的发展有着重要的指引作用，甚至也在一定程度上具备组织发展的前瞻性。由此可见，在组织的整体管理过程中，组织的结构、制度、文化以及发展战略均为组织管理实践中非常重要的组成部分，而且这四个要素之间也是相互协调、相互配合的。

企业 OI 活动作为一个系统性的创新活动，在企业的整体创新活动中起着重要的基础性保障作用[119]。OI 活动是组织根据需求和整体规划所开展的一项有计划地组织系统的变革[120]。这种变革必须要有一定的规划性，而且还能够推动组织与内外部环境相适应，并且在组织变革的状况下，组织变革还要能够针对组织内部的各类问题及时有效地采取针对性的解决措施。更重要的是 OI 的终极目标为提升组织运行的整体效率，进一步地提升企业的整体绩效，促使组织中的个人与整个组织的目标之间实现最满意的匹配。

通过梳理 OI 方面的相关研究文献可以看出，关于 OI 的基本内涵界定并没有形成理论界统一的定义[121]。在结合高端装备制造产业的基本发展特点，以及 OI 方面的相关研究文献内容与结论，本书将高端装备制造产业的 OI 概念界定为：高端装备制造企业在开展综合创新实践中，对其组织内部的多方面要素进行创新性调整，并且促使创新活动对于企业的绩效能够起到重要的助推作用，从而保证组织活动能够全面应对组织内部外环境所带来的挑战。

关于 OI 主要构成要素方面的研究，不同学者做出了不同的解释。学者徐红涛和吴秋明认为 OI 过程是个系统工程，其核心的构成要素为组织结构，企业通过组织结构的优化来实现组织创新活动[122]。吴际、石春生和刘明霞在其研究中指出 OI 构成要素主要包括有企业结构、战略、文化以及制度的创新[123]。石春生、杨翠兰和梁洪松在其研究中指出 OI 的构成要素主要包括有组织的结构、流程、制度和人员等方面的内容[124]。沃尔菲（Wolfe）认为 OI 主要应当包括有组织结构、组织文化、组织气氛和组织成员[125]。苏敬勤和林海芬认为 OI 的主要构成要素包括有组织制度、组织文化、人力和技术条件等[14]。房泓旭在其研究中指出 OI 包括有组织文化、知识、战略和结构这四个方面[15]。宋东风在其研究中指出 OI 的主要构成要素有组织战略、组织文化、组织结构以及组织流程等内容[11]。达曼普（Damanpour）认为从内容上可以判定组织创新的构成要素包括有组织战略、结构、制度和流程方面的创新[126]。张美丽等在其中指出组织创新主要构成要素包括有组织战略创新、组织结构创新、组织文化创新和组织制度创新[18]。

关于企业 OI 主要构成要素，本书在引用前人相关研究成果的基础上，认为企业的 OI 构成要素有战略创新、制度创新、结构创新以及文化创新。如图 2－3 所示，战略创新、制度创新、结构创新以及文化创新共同构成企业 OI 活动。而且这四种创新内容在 OI 的内部是相互作用、相互影响的。OI 在其内部要素有机结合之后，共同面对组织外部的环境。在这个过程中，OI 要与其他非 OI 的创新活动展开匹配与合作，在各类的创新活动都能够相互合理匹配的状态下，才会推动整个企业的综合创新水平的提升，从而最终促进企业整体绩效的实现与提高。

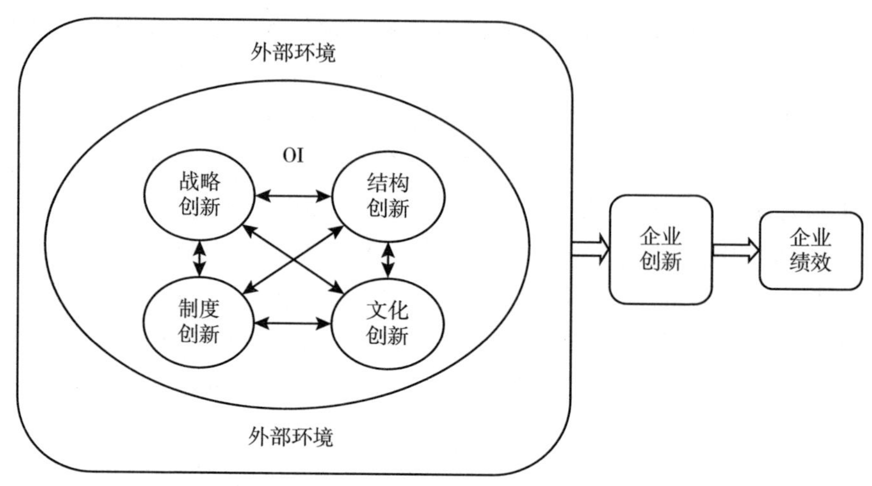

图 2-3　高端装备制造企业 OI 构成要素

高端装备制造企业在 OI 活动中的不同构成要素，都有着不同的创新作用。首先，组织战略创新主要是为了能够保障高端装备制造企业在战略制定、落实与发展上，在相对较为合理且符合组织发展实际情况、满足市场需求的基础上，进一步地实现企业战略的科学性与稳定性[127]。特别是能够从企业发展战略的角度，促进企业创新活动的有序落实以及适时监控调整[128]。而且高端装备制造企业组织战略方面的创新，也能够在较大程度上确保企业从战略上也都能够在制造业中占据“高端”的主导位置，甚至引领整个制造产业发展战略的进步方向[129]。其次，组织制度创新是高端装备制造企业中的重要组成部分。科学技术进步对国家经济发展尽管起着尤为重要的推动作用，但真正起核心作用的还是企业制度，包括企业所有制、分配、机构、管理、法律政策等内容。高端装备制造企业具备发展速度快，产品技术更新快，市场需求变化快的发展属性。因此，为了能够满足高端装备制造企业在企业制度需求方面的迅速变化，企业开展组织制度创新也就变得尤为重要了[130]。再次，组织结构创新主要有两方面的含义：其一，企业对一个或者是多个关键要素进行变革；其二，企业可对企业组织结构设计做出巨大改变。组织结构创新是根据企业组织发展需要而产生的，也同时是企业外部环境压力作用的结果，更是企业生存发展关键。组织结构创新涉及企业管理层次和幅度、集权分权程度、专业化程度、制度化程度、工作流程、决策机制、奖励机制、信息沟通系统、指挥系统等。而且组织结构创新是高端装备制造企业发展的动力源泉，在企业发展中起着硬件支撑作用。最后，组织文化创新是为了让高端装备制造企业确保企业内部文化应有作用的发挥而开展的。因为企业的组织文化不能是一成不变的，而是要根据企业的发展状况进行更新，与时俱进。通过开展组织文化创新更加能够促使企业文化对员工团结、创新等方面能力的培养作用充分发挥，而且还能够展现出高端装备制造企业的价值观。

2.1.4.2 高端装备制造企业 OI 的特征

与其他类型企业 OI 不同，高端装备制造企业的 OI 活动具有自身独有的特征。基于高端装备制造企业的发展实践现状以及高端装备制造企业的基本特征，也能够进一步地总结出高端装备制造企业 OI 的基本特征。如图 2-4 所示，高端装备制造企业的 OI 特征主要包括有适应性、复杂性、动态性、系统性特征。

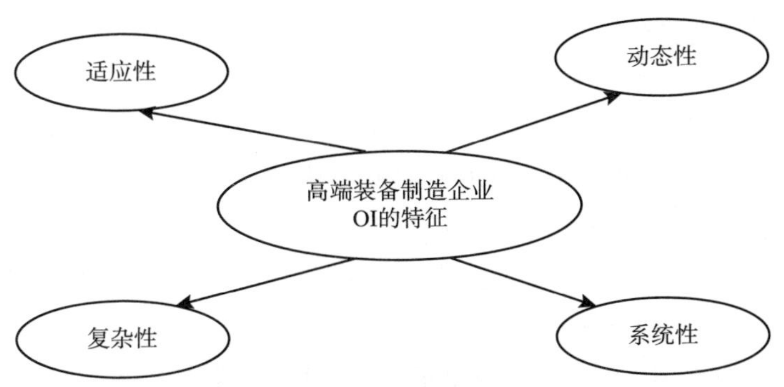

图 2-4　高端装备制造企业 OI 的特征

（1）适应性。高端装备制造企业的 OI 活动是围绕着高端领域的装备产品生产活动而全面展开的。因此高端装备制造企业在开展 OI 活动时，必须要确保 OI 的基本实践内容适应企业的技术发展需求和资源配置需求。只有在企业的组织管理与创新活动真正地满足了企业的技术发展和创新需求，才能够真正地发挥出企业组织应有的价值。企业的 OI 也只有满足了企业 TI 的不同需求，也才能够真正地确保高端装备制造企业的 OI 是高效的。因而高端装备制造企业的 OI 实践必须要具有一定的适应性。高端装备制造企业中低水平的 OI 活动不能适应和满足企业的整体创新需要，那么不具有适应性的 OI 实践也就没有任何意义。由此可见，高端装备制造企业的 OI 实践必须要具有适应性的特征。

（2）复杂性。高端装备制造企业的所有生产活动都是针对着高水平的装备产品而开展的生产，并不是针对最终产品的生产活动。与终端产品不同，装备类的产品在产品需求、设计、生产等各个环节更为繁杂，因而对企业组织中 OI 实践的要求也就自然更加复杂。所以，OI 的相关内容也必然是要针对高水平装备产品生产活动而有针对性地开展组织方面的各类创新活动，相较而言更为复杂。此外，在高端装备制造企业中的 OI 活动更加侧重于组织的战略、制度、结构以及文化等多个方面的创新实践内容，从而也在一定程度上反映出来高端装备制造企业 OI 实践的复杂情况。由此可见，高端装备制造企业的 OI 实践也具有复杂性的特征。

（3）动态性。在高端装备制造企业的发展过程中，企业的内外部环境以及相关的各类资源都是在不断地动态变化的，因而针对高端装备制造企业 OI 方面的各类资源以及相关的基本需要也都是在动态变化的。更为关键的是企业的 TI 也是动态性的，因而为了满足企业 TI 的实践需求，企业的 OI 也必须是动态性的，才能够满足 TI 需求，从而发挥出 OI 的实践作用。因此高端装备制造企业在开展 OI 实践的过程中，一方面，要受到不断变化的企业各类资源的影响和作用，而促使企业 OI 不断地变化着；另一方面，则是要受到 TI 等其他创新活动对 OI 的需求是不断变化的背景下，高端装备制造企业的 OI 实践也必须要配合着变化。由此可见，高端装备制造企业的 OI 活动中也仍然能够体现出一定的动态性特征。

（4）系统性。由于高端装备制造企业 OI 的过程中，包括了企业的组织战略、组织制度、组织结构以及组织文化等方面的内容，而且这些组织内容在企业的 OI 过程中是一个系统性的管理内容，是企业 OI 的有机组成部分。因而高端装备制造企业的 OI 必然是一个系统化的创新活动。而且在这个系统化创新活动中，每个子系统的创新管理都是非常重要的组成部分，都需要一定的科学管理和优化，才能够提高各自系统的效用和基本功能的发挥。因而高端装备制造企业在开展 OI 的过程中，必然要用系统性的视角，全面开展创新管理，通过组织战略、制度、结构以及文化等多方面的共同管理，才能够真正地提高高端装备制造企业的组织管理效率，从而提升企业的 OI 能力和效率。可见，高端装备制造企业的 OI 活动也在一定程度上体现出了系统性的特征。

2.1.5 高端装备制造企业 TI 的构成要素与特征

2.1.5.1 高端装备制造企业 TI 的主要构成要素

基于创新理论，高端装备制造企业的管理者都非常重视企业的创新活动。而且结合创新理论中的相关内容，可以确定在高端装备制造企业开展所有的创新过程中，必然离不开技术创新的重要支撑。而且在企业的发展实践中，TI 已经发展成为高端装备制造企业开展创新活动的核心要素，得到了企业管理者们的极大重视。针对企业 TI 的定义，在理论界至今仍然未完全形成一个能够得到广泛认可的界定。如阿伯纳西（Abernathy）等学者是最早提出 TI 的界定，主要包括工艺创新和产品创新，并使用 A-U 模型指出不同发展阶段中的产品创新与 TI 之间的关联关系[132]。我国学者许庆瑞认为 TI 是将新思想使用到再生产中去，并将产品销售到市场中去的过程，并突出强调了产品创新，而且还认为产品商业化是企业 TI 的最终目标[28]。经济合作与发展组织（OECD）则是将企业 TI 的内涵定义为一种较新或较大改进的工艺或产品方面的活动，而且还指出产品为从产品的属性或用途方面来改进产品或服务的重要改变，而工艺创新则是在产品生产制造方法方面出现较大的改进，如在生产技术或生产装备等方面[133]。

通过梳理以往学者针对 TI 方面的研究可以看出，虽然具体针对 TI 的定义不完全相同，但是基本上都是认可 TI 主要的构成要素为产品创新和工艺创新。因此，为了能够明确本研究中涉及的 TI 一词的概念，本书在经济合作与发展组织给出的 TI 概念基础上，进一步地指出了高端装备制造企业 TI 的内涵：高端装备制造企业 TI 主要是企业在促进技术进步的过程中，开展产品方面的创新和技术方面的创新，从而提高企业综合创新实力，强化企业的综合竞争实力。

在 TI 具体的构成要素内容确定方面，本书主要采用经济合作与发展组织发布的《奥斯陆手册》中关于 TI 的具体划分标准，即 TI 可以划分为工艺创新和产品创新。基于《奥斯陆手册》的权威性和理论界较高的普遍认可度，本书研究中的 TI 构成要素也沿用这种划分方式。如图 2－5 所示，具体的企业 TI 构成要素主要包括两个方面：产品创新和工艺创新。在 TI 的内部产品创新与工艺创新之间也存在着相互协调，相互影响的关联关系。这两个要素构成了一个TI的整体，也成为企业TI系统中的两大核心系统。在此基础上，企业的TI与其外部环境相融合，相互作用和影响，在良性互动的基础上，能够进一步地促进企业的综合创新，从而推动企业绩效的顺利实现。

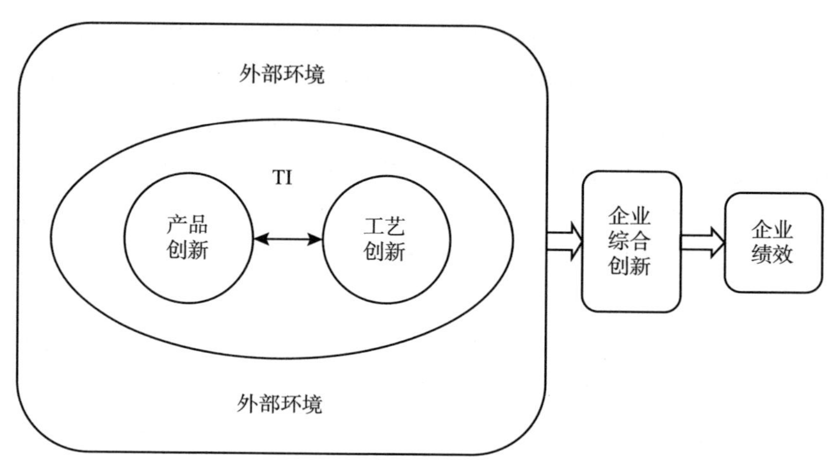

图2－5　高端装备制造企业TI构成的要素

在TI的构成中，产品创新与工艺创新都具备着各自不同的特点。其中，产品创新主要是指企业在生产具体产品的过程中，创新出了产品的新功能，或者是提升了服务的水平与质量。这种性质的产品创新能够在产品营销市场上为扩大产品整体营销规模，提高产品的营销效率，扩大产品销售利润而提供重要的支持。而且这种产品创新的过程中，是必须要有一定的产品TI给予密切的配合。通过技术领域的革新才能够进一步地带动企业的产品创新。可见，产品创新就是TI中的一个重要组成部分。另外，工艺创新也已经发展成为TI的组成部分。工艺创新是企业生产中使用较为创新性的生产设备，或者是引进较为先进的生产工艺技术。这种创新方式可以是从企业外部的引进，也可以是企业内部的自主研发。不论是外部引进，还是内部研发，都具备着自身的优缺点。总而言之，企业的产品创新与TI之间也存在着一定的互动关系。企业通过工艺领域的创新，也可以在一定程度上提高企业产品创新能力；而企业产品创新能力的提升，促进企业利润收入的增加，则就可以能够进一步地强化企业的工艺创新。可见二者之间存在着较为明显地互动关系。

2.1.5.2 高端装备制造企业 TI 的特征

与其他企业的 TI 活动不同，高端装备制造企业的 TI 活动具有其独有的特征。基于高端装备制造企业的整体运营管理特点，结合高端装备制造企业 TI 实践的基本过程，可以总结出高端装备制造企业 TI 的特征。如图 2－6 所示，高端装备制造企业 TI 的特征主要有高端性、快速性、集成性和周期性。

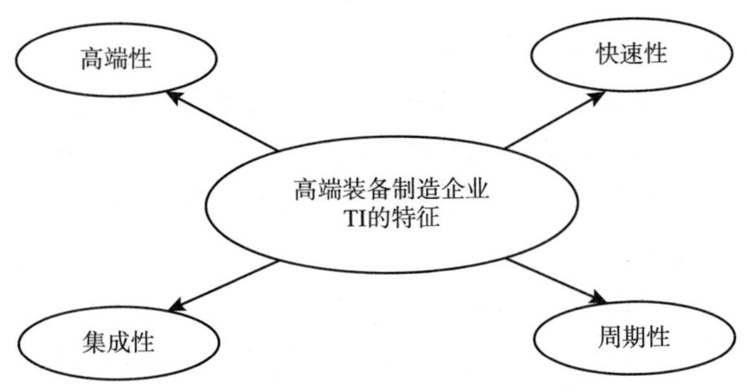

图 2－6 高端装备制造企业 TI 的特征

（1）高端性。高端装备制造企业 TI 的高端性主要表现在两个方面，即 TI 的领先性特征和 TI 的难度较大特征。这主要是由于高端装备制造产业是典型的技术密集型产业，因而高端装备制造企业的发展过程中对装备产品的整体生产技术水平要求都要比其他类型的企业相对高一些。所以高端装备制造企业要想得到可持续性的发展，就必须要促使 TI 活动中的相关创新水平与能力都要处于行业的绝对领先地位，也只有这样才能够真正地满足高端装备制造企业的技术需求。如当前的高端装备制造企业所处的轨道交通领域，航天通信、生物工程等领域，都是具备高技术性的 TI 发展特征。另外，实现高端装备制造企业技术发展与创新的高水平，是非常有难度的。这不是简单的生产和管理活动就能够实现的，而是需要高端装备制造企业各方面的相互配合才能够实现。由此可见，高端装备制造企业的 TI 实践具有明显的高端性特征。

（2）快速性。在技术进步的速度方面，高端装备制造企业也给企业的 TI 提出了较高的要求，即企业技术必须要能够保持可持续稳定的快速进步。由于当前社会技术发展速度十分迅速，特别是在互联网人工智能技术的促进下，各行各业的技术发展都在提速。那么作为各个行业中技术必须要领先的高端装备制造企业也必须要在TI和技术进步方面保持一定的高速发展和进步，也只有这样才能够在技术层面确保高端装备制造企业的领先性地位。而且从当前高端装备制造企业的发展实践方面来看，如中国航天科技集团、华为通信等企业，都确实是在不同程度上保持着技术进步的快速性。

（3）集成性。高端装备制造企业在开展TI实践的过程中，具有明显的集成性，即针对高端装备产品的技术要求而展开。装备产品需求企业对上游企业的产品生产技术要求较高，而且对装备产品技术生产改进的需求的波动性较大，而且还需要集成所有的相关产业要求。因而为了能够全面满足装备产品需求企业的技术要求，高端装备制造企业必须要集成性地开展TI活动。这里对技术生产要求较高的表现为装备产品生产的工艺创新和产品创新。因此，高端装备制造企业的管理者在开展和落实TI的过程中，非常有集成性地强化对企业产品创新和技术创新的多方面管理。由此可见，高端装备制造企业的TI实践中具有明显的集成性特征。

（4）周期性。由于技术的进步是有周期性的，因而高端装备制造企业在开展TI的过程中，体现出了一定的周期性。也就是说，当新的技术面上市场一段时间后，被其他企业模仿学习后，其他企业也能够获得这样技术。在此背景下，高端装备制造企业原有的创新出来的技术在业内也就无法保持住领先的地位了。因而高端装备制造企业在开展TI的过程中，必须要能够意识到企业TI的周期性。即企业在开展TI后一段时期内是技术保持领先的，但是这种技术的领先不是永远的，而是周期性的，是最终会淘汰的。因而为了应对新技术的淘汰，高端装备制造企业在开展TI的过程中，必然要周期性地开展TI活动，从而才能够长期地在其所处领域中保持较为领先的地位。由此可见，高端装备制造企业的TI活动也能够表现出周期性的基本特征。

2.2 双边匹配决策研究的理论支撑

2.2.1 双边匹配决策的基本内涵

对于匹配一词的理解，理论界不同的学者分别从不同的角度给出了界定。

波特（Porter）在研究中指出匹配应当为双边或多边事物间的关联关系，应当是一个集合的概念。而且这种关联关系越密切，则意味着其中的匹配关系越好[136]。詹也和吴晓波则认为匹配应当为要素间的相互作用、相互影响的程度。这种相互作用程度则能够反映要素之间的匹配程度情况[137]。徐松屹则在研究制造类企业的战略匹配问题时指出，匹配应当不只是强调企业内部要素与外部环境的匹配，重点应当是侧重企业内部要素之间的匹配。而且企业应当是通过强化企业内部要素之间的匹配，来进一步地提升企业整体竞争实力[138]。巴特勒等（Butler et al.）在研究中强调了企业创新活动与企业整体创新战略之间必须要实现全面地匹配，如果匹配程度较高，则对企业的整体促进和推动作用较为明显[139]。塔隆（Tallon）认为企业的整体新型管理系统战略与企业的经营管理战略应当相互匹配。如果不匹配，则不利于企业的整体战略发展[140]。亚力山大和伦道夫（Alexander and Randolph）则是从计量的角度分析了企业技术与企业整体结构之间的匹配状况，并且将其中的匹配关系用二者差值的绝对值进行数量表达，反映其中的匹配程度[141]。阿伯纳西（Abernathy）认为企业的管理者必须要能够明确企业内部各要素之间的匹配关系，从而通过发现不匹配的状况，才能够在企业管理中找到其中的发展问题与制约因素[131]。库夫特罗斯等（Koufteros et al.）则是从互补的角度分析了匹配效应的存在，并且强调了企业实现匹配关系的重要目的[142]。

双边匹配满意度判断主体的确定。基于本书第 1 章中第 1.3.3 节相关文献的整理能够看出，双边匹配决策问题主要是指如何能够将两个有限集中的主体进行相互之间的匹配，而且还能够尽量使得每一个主体在配对后，仍然能够相互之间得到较高的满意度。而且在这里需要注意的是，一般而言，双边匹配关系的确定大多是通过中介展开匹配的[114]，而且这里的中介主要为撮合双边主体全面匹配的个人、机构或决策系统[115]。所以本书针对高端装备制造企业 OI 与 TI 双边匹配决策问题，使用企业的综合决策系统中介这一重要主体来判断高端装备制造企业 OI 与 TI 双边匹配决策的满意度情况。

双边匹配决策问题的描述如图 2－7 所示。在图中，有向的细线段的权值为 A_i 和 B_j 之间的相互偏好程度，其中无方向的粗线段意味着 A_i 和 B_j 相互完全匹配的。而且图中通过 i 条无方向的粗线的连接形成了其匹配主体对整体的集合，并且将其表示 μ_t，其中 B_{j-1} 在 μ 集合是一个单独的个体。甲乙双方的相互匹配目标是确定连接双边主体的粗线段，促使双边的匹配主体能够尽可能与高满意匹配对象实现相互之间的匹配组合[116]。

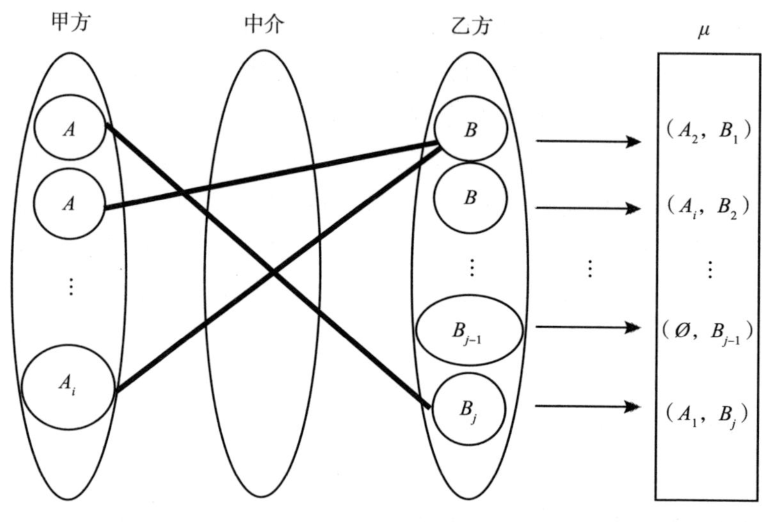

图 2-7　双边匹配决策问题

通过图 2-7 所说明的双边匹配过程分析，能够总结出双边匹配决策特征如下：

（1）获取在最大满意度。开展双边匹配决策最终目标为尽最大努力促使匹配后每个主体都能够得到最大的满意度。

（2）在双边匹配决策中存在着两个不同的有限主体集。例如，OI 集合中包括了战略创新、制度创新、结构创新等有限主体，而 TI 中包括有工艺创新、产品创新等有限主体；企业人力资源管理中求职者与工作岗位也都是两个有限的集合；风险投资活动中风险投资人与风险项目也都是两个相对有限的集合。

（3）双边匹配决策管理活动的核心内容是比较典型多目标属性的决策管理问题。在此过程中，既要照顾到一方匹配主体的满意度，还要兼顾到另一方匹配主体的满意度，有时还要兼顾到匹配中介的满意度。例如，在 OI 与 TI 匹配决策管理中，既要考虑到 OI 内各主体的满意度，还要考虑到 TI 的匹配满意度，还要兼顾到决策系统中相应管理决策整体效果和管理者对其整体满意度状况。

（4）中介在双边匹配决策管理作用较为明显。在优化事物双边匹配过程中，中介实际上是为双边匹配合作提供平台，还要给双方主体提供合理地搭配，最终实现全面匹配的终极目标。可见，中介在双边匹配决策的过程中发挥着巨大的作用。当然需要指出的是双边匹配决策的中介可能是第三方中介，也可能是双边匹配主体的中的某一方匹配主体。

2.2.2 双边匹配决策的相关理论

2.2.2.1 稳定双边匹配理论

盖尔和沙普利（Gale and Shapley）最早给出了稳定指派的存在性定理[41]。使用延期验收（deferred acceptance）算法能够获得相对较为稳定的双边匹配结果。根据盖尔和沙普利（Gale and Shapley）提出的相关定理，具体的稳定双边匹配决策最优化定义及其定理具体内容如下。

定义：对于较为稳定的双边匹配状况，如果一方里的全部主体可以在该稳定的双边匹配中的状态至少不比其他的稳定匹配状态弱，那么就能够视作这一稳定双边匹配为是最优匹配组合。

另外，对于基于完全严格偏好序的信息婚姻匹配或者是大学生的录取问题，由于稳定的婚姻匹配存在而且有限，那么也就存在最优稳定的婚姻匹配状况，这也能够通过相关定理说明。

定理：对于基于完全严格的偏好序信息大学生录取的问题，可通过 DA 算法获取稳定的双边匹配，从而得到最优属性的稳定双边匹配。

2.2.2.2 满意双边匹配理论

所谓满意双边匹配就是在所有的可行双边匹配集合里，确定其双边的匹配整体满意度为最大双边匹配的基本状态。因此，对于双边匹配决策问题而言，满意的双边匹配组合是存在的[88]。

满意双边匹配基本判断方法：

设 $R_i=[r_{i1}, r_{i2}, \cdots, r_{in}]$ 为甲方主体 A_i 给出的关于乙方主体集合 B 的偏好序向量，$r_{ij}\in N$，设 $T_j=[t_{1j}, t_{2j}, \cdots, t_{mj}]^T$ 为乙方主体 B_j 给出的关于甲

方主体集合 A 的偏好序向量，$r_{ij} \in M$，设 μ 为任意双边匹配，则依据偏好序向量 $R_i(i=1, 2, \cdots, m)$ 和 $T_i(j=1, 2, \cdots, n)$，判断 μ 满意性的步骤如下：

步骤1：将偏好序向量 R_i 与 T_j 分别转化至满意度向量 $\overline{A_i}$ 和 $\overline{B_j}$。

步骤2：根据满意度向量 $\overline{A_i}(i=1, 2, \cdots, m)$ 与 $\overline{B_j}(j=1, 2, \cdots, n)$，进行模型构建。

步骤3：使用相关统计学软件（Lingo 9.0、WinQSB 2.0 等），对以上模型求解。

步骤4：确定 F^* 值。

步骤5：计算对应于 μ 的 F 值。

步骤6：若 $F<F^*$，转到步骤7；若 $F=F^*$，则转至步骤8。

步骤7：终止，输出"μ 为不满意双边匹配"。

步骤8：终止，输出"μ 为满意双边匹配"。

2.2.3 双边匹配决策的方法

针对双边匹配决策问题的基本特点和主要研究目标与内容，结合高端装备制造企业 OI 与 TI 及其匹配关系的特点与相关影响因素，构建出解决双边匹配决策问题研究框架，如图 2-8 所示。

在图 2-8 中可以看出，整个双边匹配决策问题的研究主要包括两个方面的内容，即决策前准备阶段和决策过程。不论是决策前准备阶段，还是决策过程中，都需要相应地研究方法给予充分地使用。而且这些决策研究方法，必不可少。在决策前准备的阶段，主要包括明晰双边匹配决策研究主体和搜集双边匹配主体偏好序基本信息这两项内容，在这个过程中会运用到的方法包括有问卷调研法、访谈法、系统分析法、规范研究以及信息转化法等。在决策过程中，双边匹配决策的步骤应当为统计双边主体相互之间满意度的背景下，构建出多目标属性的相关优化模型，再进一步地构建出单目标属性的相关优化模型，对单目标属性的优化模型进行求解，从而确定出双边匹配的决策方案。在以上过程之中，需要运用到的研究方法有优化建模方法、线性加权方法、优化软件包、编程求解方法以及归纳分析方法等。

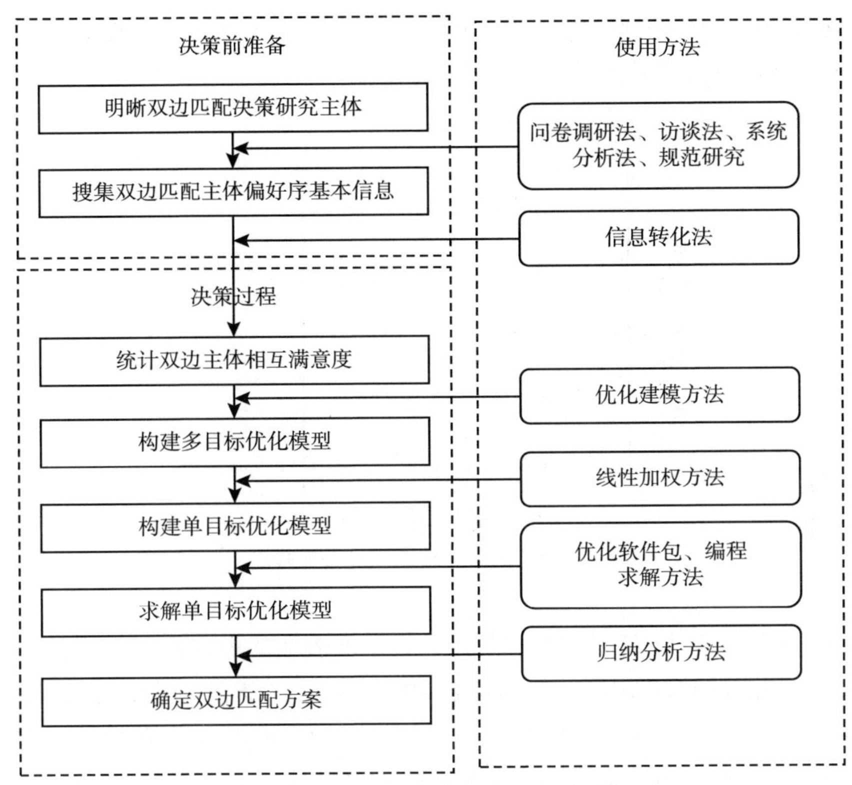

图 2-8 双边匹配决策问题的研究框架

在开展双边匹配决策的过程中，构建决策模型和决策模型的求解是最为关键和难度最大的步骤。为了明确这两个分析环节，现给出匹配性评价矩阵的研究方法、双边匹配决策管理模型构建的基本过程以及双边匹配决策管理模型的求解过程。

2.2.3.1 匹配性评价矩阵方法

基于前辈学者们在高端装备制造企业 OI 与 TI 匹配领域方面的相关研究文献[38][72][73][113]，梳理出高端装备制造企业 OI 与 TI 的匹配特征以及相关的影响要素，结合匹配性评价矩阵研究方法的基本特点[106]，为了能够更加全面和科学地研究高端装备制造企业 OI 与 TI 匹配决策方面的基本问题，本书选择使用匹配性评价矩阵方法研究高端装备制造企业 OI 与 TI 匹配决策问题。

通过 OI 与 TI 双边匹配决策评价信息的设计，可建立基于数值信息考量的 OI 与 TI 匹配性评价矩阵，如图 2 -9 所示。

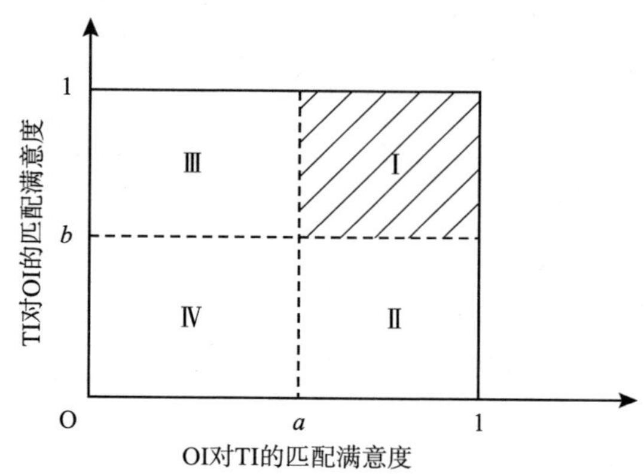

图 2 -9　决策管理匹配性矩阵模型

图 2 -9 中 OI 与 TI 匹配性评价矩阵模型所表达的内容如下：

（1）模型的整体维度。该矩阵模型中包含有 OI 维度和 TI 维度，即匹配主体 OI 对 TI 的匹配满意度以及匹配主体 TI 对 OI 的匹配的满意度。其综合评价值大小能够说明匹配满意度水平高低的基本状况。其中，横坐标说明 OI 对 TI 匹配的整体满意状况；纵坐标表示了 TI 对 OI 的整体匹配满意状况。

（2）模型的测量标度。在图 2 -9 中，点"1"意味着规范化后的最高匹配的满意度值，点"0"则是代表规范化后最低匹配满意度的数值，点"a"意味着 OI 对 TI 匹配的满意度中等状况的结果，一般是 OI 对 TI 综合匹配满意度可接受的最低阈值；点"b"意味着 TI 对 OI 匹配满意度中等程度结果，也是 TI 对 OI 最低可接受的匹配满意度的阈值。

（3）依据测量的标度，矩阵模型共有四个象限。当 OI 与 TI 匹配评价的结果在第Ⅰ象限中时，说明匹配主体 OI 和 TI 双边相互匹配的满意度相对较高，为匹配选择核心考虑的主区域；当 OI 与 TI 的匹配评价结果在第Ⅱ、第Ⅲ象限时，说明 OI 与 TI 的匹配程度一般；当 OI 与 TI 的匹配评价结果在第Ⅳ象限时，说明 OI 与 TI 的匹配程度最差。

将 OI 的匹配满意度与 TI 满意度评价矩阵转化成二元语义的形式，再根据公式（2 -1a），计算出 OI 匹配满意度综合性的评价值，其值大小能够反映出 OI 满意度状况。同理，根据公式（2 - 1b），可得出 TI 匹配满意度综合性的评价数值，这一数值大小能够反映出 TI 满意度状况。

$$(a_{ij}, \alpha_{ij}) = \Delta\left(\frac{\sum_{p=1}^{f}\Delta^{-1}(w_p, 0) \times \Delta^{-1}(a_{pij}, 0)}{\sum_{p=1}^{f}\Delta^{-1}(w_p, 0)}\right), \quad (2-1a)$$

$$(i=1, 2, \cdots, m; \quad j=1, 2, \cdots, n)$$

$$(b_{ij}, \beta_{ij}) = \Delta\left(\frac{\sum_{q=1}^{g}\Delta^{-1}(v_q, 0) \times \Delta^{-1}(b_{qij}, 0)}{\sum_{q=1}^{g}\Delta^{-1}(v_q, 0)}\right), \quad (2-1b)$$

$$(i=1, 2, \cdots, m; \quad j=1, 2, \cdots, n)$$

2.2.3.2 双边匹配决策模型构建过程

依据双边匹配决策管理问题研究的整体框架，基于双边匹配决策方面的相关研究文献内容[88]，本书下面给出双边匹配决策问题的决策管理模型构建的方法。

设 a_{ij}是甲方主体 A_i 对乙方主体 B_j 的满意度，β_{ij}为乙方主体 B_j 对甲方主体 A_i 的满意度，则有：若 $l(x)=\frac{n+1-x}{n}$和 $g(y)=\frac{m+1-y}{m}$，则满意度 a_{ij}与 β_{ij}可分别表示为：

$$a_{ij}=\frac{n+1-r_{ij}}{n}, \ (i=1, 2, \cdots, m; j=1, 2, \cdots, n)$$

$$\beta_{ij}=\frac{m+1-t_{ij}}{m}, \ (i=1, 2, \cdots, m; j=1, 2, \cdots, n)$$

根据上面两个公式，偏好序向量 $R_i=[r_{i1}, r_{i2}, \cdots, r_{in}]$ 和 $T_j=[t_{1j}, t_{2j}, \cdots, t_{mj}]^T$ 转化为满意度向量 $\bar{A}_i=[\alpha_{i1}, \alpha_{i2}, \cdots, \alpha_{in}]$ 和 $\bar{B}_j=[\beta_{1j}, \beta_{2j}, \cdots, \beta_{mj}]^T$。设 x_{ij} 为一个 0 - 1 变量，其中，$x_{ij}=0$ 表示 $\mu(A_i)\neq B_j$，$x_{ij}=1$ 表示 $\mu(A_i)=B_j$，依据满意度向量 $\bar{A}_i(i=1, 2, \cdots, m)$ 和 $\bar{B}_j(i=1, 2, \cdots, n)$ 构建如下多目标优化模型（2 -2）：

$$\max Z(A_i) = \sum_{j=1}^{n}\alpha_{ij}x_{ij}, \ (i = 1, 2, \cdots, m) \quad (2-2a)$$

$$\max Z(B_j) = \sum_{i=1}^{m} \beta_{ij} x_{ij}, \ (j = 1, 2, \cdots, n) \tag{2-2b}$$

$$\text{s.t.} \sum_{j=1}^{n} x_{ij} = 1, \ (i = 1, 2, \cdots, m) \tag{2-2c}$$

$$\sum_{i=1}^{m} x_{ij} \leqslant 1, \ (j = 1, 2, \cdots, n) \tag{2-2d}$$

$$x_{ij} = 0 \text{ 或 } 1, \ (i = 1, 2, \cdots, m; \ j = 1, 2, \cdots, n) \tag{2-2e}$$

以上模型（2-2）中，公式（2-2a）和公式（2-2b）为目标函数；公式（2-2a）代表甲方主体 A_i 对乙方主体整体满意度，公式（2-2b）代表最大化乙方主体 B_j 对甲方的主体整体满意度；公式（2-2c）代表每个甲方主体只能和乙方一个主体的综合匹配；公式（2-2d）代表每个乙方主体最多和甲方中的一个主体相互匹配，若 $m=n$，则 $\sum_{i=1}^{m} x_{ij} = 1$ 。

一般状况下，每方主体具有相等优先权，优化模型（2-2）可转化成以下多目标属性优化模型（2-3）：

$$\max Z(A) = \sum_{i=1}^{m} \sum_{j=1}^{n} \alpha_{ij} x_{ij} \tag{2-3a}$$

$$\max Z(B) = \sum_{i=1}^{m} \sum_{j=1}^{n} \beta_{ij} x_{ij} \tag{2-3b}$$

$$\text{s.t.} \sum_{j=1}^{n} x_{ij} = 1, \ (i = 1, 2, \cdots, m) \tag{2-3c}$$

$$\sum_{i=1}^{m} x_{ij} \leqslant 1, \ (j = 1, 2, \cdots, n) \tag{2-3d}$$

$$x_{ij} = 0 \text{ 或 } 1, \ (i = 1, 2, \cdots, m; \ j = 1, 2, \cdots, n) \tag{2-3e}$$

模型（2-3）中，公式（2-3a）与公式（2-3b）均为目标函数；公式（2-3a）代表最大化的所有甲方主体对乙方主体满意度总和，公式（2-3b）代表最大化的乙方所有主体对甲方主体满意度总和。

由于模型（2-3）目标函数中并未全面体现出中介利益的基本要求，因而进一步考虑效益型中介对各个匹配主体更为精细利益的基本要求，给出如下分析过程。

为了不失一般性，设定如下内容：若甲方主体 A_i 与乙方主体 B_j 匹配，且甲方主体 A_i 把乙方主体 B_j 排在第一位，即 $r_{ij}=1$，则乙方主体 B_j 向中介支付的费用应最多；若甲方主体 A_i 与乙方主体 B_k 匹配，且甲方主体 A_i 把乙方主体 B_k 排在最后一位，即 $r_{ik}=n$，则乙方主体 B_k 向中介支付费用应最少。在此将主体向中介支付费用简称为支付，定义如下：

设 γ_{ij}为甲方主体 A_i 与乙方主体 B_j 匹配时，甲方主体 A_i 支付，η_{ij}为甲方主体 A_i 与乙方主体 B_j 匹配时，乙方主体 B_j 支付，则支付 γ_{ij} 与 η_{ij} 分别表示为：

$$\gamma_{ij}=p(r_{ij}),\ (i=1,\ 2,\ \cdots,\ m;\ j=1,\ 2,\ \cdots,\ n) \tag{2-4}$$

$$\eta_{ij}=q(t_{ij}),\ (i=1,\ 2,\ \cdots,\ m;\ j=1,\ 2,\ \cdots,\ n) \tag{2-5}$$

其中，$p(x)$ 和 $q(y)$ 均是单调递减函数，$p(n)\geqslant 0$，$q(m)\geqslant 0$。

若 $p(x)=\left(\frac{n+1-x}{n}\right)^2\gamma_1$，$q(x)=\left(\frac{m+1-y}{m}\right)^2\eta_1$，其中，$\gamma_1$ 表示与排在第一位乙方主体匹配甲方主体支付，η_1 表示与排在第一位甲方主体匹配乙方主体支付，则公式（2-4）和公式（2-5）转化为：

$$\gamma_{ij}=\left[\frac{n+1-r_{ij}}{n}\right]^2\gamma_1,\ (i=1,\ 2,\ \cdots,\ m;\ j=1,\ 2,\ \cdots,\ n) \tag{2-6}$$

$$\eta_{ij}=\left[\frac{m+1-t_{ij}}{m}\right]^2\eta_1,\ (i=1,\ 2,\ \cdots,\ m;\ j=1,\ 2,\ \cdots,\ n) \tag{2-7}$$

依据公式（2-6）和公式（2-7），偏好序向量 $R_i=[r_{i1},\ r_{i2},\ \cdots,\ r_{in}]$ 和 $T_j=[t_{1j},\ t_{2j},\ \cdots,\ t_{mj}]^T$ 转化为支付向量 $\bar{\Gamma}_i=[\gamma_{i1},\ \gamma_{i2},\ \cdots,\ \gamma_{in}]$ 和 $\bar{H}_j=[\eta_{1j},\ \eta_{2j},\ \cdots,\ \eta_{mj}]^T$。依据满意度向量 $\bar{A}_i$ 和 $\bar{B}_j$，支付向量 $\bar{\Gamma}_i$ 和 $\bar{H}_j$（其中，$i=1,\ 2,\ \cdots,\ m;\ j=1,\ 2,\ \cdots,\ n$），多目标优化模型（2-3）可扩展为多目标优化模型（2-8）：

$$\max Z(A)=\sum_{i=1}^{m}\sum_{j=1}^{n}\alpha_{ij}x_{ij} \tag{2-8a}$$

$$\max Z(B)=\sum_{i=1}^{m}\sum_{j=1}^{n}\beta_{ij}x_{ij} \tag{2-8b}$$

$$\max Z(I)=\sum_{i=1}^{m}\sum_{j=1}^{n}(\gamma_{ij}+\eta_{ij})x_{ij} \tag{2-8c}$$

$$\text{s.t.}\ \sum_{j=1}^{n}x_{ij}=1,\ (i=1,2,\cdots,m) \tag{2-8d}$$

$$\sum_{i=1}^{m}x_{ij}\leqslant 1,\ (j=1,2,\cdots,n) \tag{2-8e}$$

$$x_{ij}=0 \text{ 或 } 1,\ (i=1,\ 2,\ \cdots,\ m;\ j=1,\ 2,\ \cdots,\ n) \tag{2-8f}$$

模型（2-8）中，公式（2-8c）的含义是最大化中介的支付。

考虑到满意度与支付的量纲差异，对模型（2-8）中的支付 γ_{ij} 与 η_{ij} 进行规范化处理。令 $\gamma'_{ij}=\gamma_{ij}/2\gamma_1$，$\eta'_{ij}=\eta_{ij}/2\eta_1$ 则依据公式（2-6）和公式（2-7），有

$$\gamma'_{ij}=\frac{1}{2}\left[\frac{n+1-r_{ij}}{n}\right]^2,\ (i=1,\ 2,\ \cdots,\ m;\ j=1,\ 2,\ \cdots,\ n) \tag{2-9}$$

$$\eta'_{ij}=\frac{1}{2}\left[\frac{m+1-t_{ij}}{m}\right]^2,\ (i=1,\ 2,\ \cdots,\ m;\ j=1,\ 2,\ \cdots,\ n) \tag{2-10}$$

依据公式（2-9）和公式（2-10），支付向量 $\bar{\Gamma}_i$ 和 $\bar{H}_j$ 转化为规范化支付向量 $\bar{\Gamma}'_i=[\gamma'_{i1},\ \gamma'_{i2},\ \cdots,\ \gamma'_{in}]$ 和 $\bar{H}'_j=[\eta'_{1j},\ \eta'_{2j},\ \cdots,\ \eta'_{mj}]^T$。依据满意度向量 $\bar{A}_i$ 和 $\bar{B}_j$，规范化支付向量 $\bar{\Gamma}'_i$ 和 $\bar{H}'_j$（其中，$i=1,\ 2,\ \cdots,\ m$，$j=1,\ 2,\ \cdots,\ n$），重新构建如下多目标优化模型（2-11）：

$$\max Z(A)=\sum_{i=1}^{m}\sum_{j=1}^{n}\alpha_{ij}x_{ij} \tag{2-11a}$$

$$\max Z(B)=\sum_{i=1}^{m}\sum_{j=1}^{n}\beta_{ij}x_{ij} \tag{2-11b}$$

$$\max Z'(I)=\sum_{i=1}^{m}\sum_{j=1}^{n}(\gamma'_{ij}+\eta'_{ij})x_{ij} \tag{2-11c}$$

$$\text{s.t.}\ \sum_{j=1}^{n}x_{ij}=1,\ (i=1,2,\cdots,m) \tag{2-11d}$$

$$\sum_{i=1}^{m}x_{ij}\leqslant 1,\ (j=1,2,\cdots,n) \tag{2-11e}$$

$$x_{ij}=0 \text{ 或 } 1,\ (i=1,\ 2,\ \cdots,\ m;\ j=1,\ 2,\ \cdots,\ n) \tag{2-11f}$$

2.2.3.3 双边匹配决策管理模型求解过程

下面分别探讨多目标优化模型（2-3）和模型（2-11）的求解方法。

为求解模型（2-3），采用线性加权法[272]，将公式（2-3a）和公式（2-3b）进行加权。设 W_A 和 W_B 分别表示目标 $Z(A)$ 和 $Z(B)$ 的权重，满足 $0<W_A$，$W_B<1$，$W_A+W_B=1$，则模型（2-3）转化为单目标优化模型（2-12）：

$$\max Z=w_A\sum_{i=1}^{m}\sum_{j=1}^{n}\alpha_{ij}x_{ij}+w_B\sum_{i=1}^{m}\sum_{j=1}^{n}\beta_{ij}x_{ij}=\sum_{i=1}^{m}\sum_{j=1}^{n}z_{ij}x_{ij} \tag{2-12a}$$

$$\text{s.t.} \sum_{j=1}^{n} x_{ij} = 1, (i = 1, 2, \cdots, m) \tag{2-12b}$$

$$\sum_{i=1}^{m} x_{ij} \leqslant 1, (j = 1, 2, \cdots, n) \tag{2-12c}$$

$$x_{ij} = 0 \text{ 或 } 1, (i=1, 2, \cdots, m; j=1, 2, \cdots, n) \tag{2-12d}$$

其中，$z_{ij} = w_A\alpha_{ij} + w_B\beta_{ij}$，权重 $w_D(D = A, B)$ 反映了目标 $Z(D)$ 在实际决策问题中重要程度，它由中介与甲乙双方主题磋商后给出，若考虑到甲乙双边主体的公平性，则有 $w_A = w_B$。

显然，模型（2－12）可转化为标准指派问题模型，这样可使用匈牙利法（Hungarian method）求解。当模型（2－12）中变量和约束条件较多时，可采用 Lingo 9.0 等统计学软件求解。根据模型求解结果，可获得双边匹配方案。

根据多目标规划理论可知：模型（2－12）的最优解是模型（2－3）的有效解。

为了求解模型（2－11），考虑到目标函数公式（2－11a）~公式（2－11c）的系数量纲相同，即 $\alpha_{ij} \in [0, 1]$，$\beta_{ij} \in [0, 1]$，$\gamma'_{ij} + \eta'_{ij} \in [0, 1]$，这里采用线性加权法，将公式（2－11a）~公式（2－11c）进行加权。设 w_A、w_B 和 w'_I 分别表示目标 $Z(A)$、$Z(B)$ 和 $Z'(I)$ 的权重，满足三个值均介于 0 ~1 之间，$w_A + w_B + w'_I = 1$，则模型（2－10）转化为单目标优化模型（2－13）：

$$\max Z' = w_A \sum_{i=1}^{m} \sum_{j=1}^{n} \alpha_{ij}x_{ij} + w_B \sum_{i=1}^{m} \sum_{j=1}^{n} \beta_{ij}x_{ij} + w'_I \sum_{i=1}^{m} \sum_{j=1}^{n} (\gamma'_{ij} + \eta'_{ij})x_{ij}$$

$$= \sum_{i=1}^{m} \sum_{j=1}^{n} z'_{ij}x_{ij} \tag{2-13a}$$

$$\text{s.t.} \sum_{j=1}^{n} x_{ij} = 1, (i = 1, 2, \cdots, m) \tag{2-13b}$$

$$\sum_{i=1}^{m} x_{ij} \leqslant 1, (j = 1, 2, \cdots, n) \tag{2-13c}$$

$$x_{ij} = 0 \text{ 或 } 1, (i=1, 2, \cdots, m; j=1, 2, \cdots, n) \tag{2-13d}$$

其中，$z'_{ij} = w_A\alpha_{ij} + w_B\beta_{ij} + w'_1(\gamma'_{ij} + \eta'_{ij})$，权重 w_A、w_B 和 w'_I 反映了目标 $Z(A)$、$Z(B)$ 和 $Z'(I)$ 在实际决策问题中的重要程度，它由中介与甲乙双方主体磋商后给出，若考虑到甲乙双边主体和中介的公平性，则有 $w_A = w_B = w'_I$。

显然，模型（2－13）可转化为标准的指派问题模型，这样可使用匈牙利法（Hungarian method）进行求解。当模型（2－13）中的变量和约束条件个数较多时，可采用 Lingo 9.0 等统计学软件求解。根据模型求解结果，可获得双边匹配方案。而且根据多目标规划理论可知：模型（2－13）的最优解就是模型（2－11）的有效解。

2.3 高端装备制造企业 OI 量表与 TI 量表设计与检验

2.3.1 问卷调研设计

本次研究调研的时间跨度为从 2015 年 9 月到 2016 年 12 月。问卷调研涉及的高端装备制造企业分布于北京市、天津市、黑龙江省、上海市、辽宁省、浙江省等 14 个省份。被调研的企业所处产业分布于轨道交通装备制造产业、航空装备制造产业、海洋工程装备制造产业、卫星及应用装备制造产业、智能制造装备制造产业等高端装备制造产业。接受问卷调研并填写问卷的人员主要为哈尔滨工业大学 EMBA、MBA、工程硕士学员以及其他校友资源。填写问卷的人员基本上都是在高端装备制造企业中参与企业管理以及技术管理创新等方面工作的相关人员在其所处企业的工作经历超过 5 年，且均为所属高端装备制造企业的中高层管理人员。他们对其自身企业在 OI 与 TI 方面的了解程度较为全面。

从本次调研问卷的内容上来看，共有三部分的内容。问卷的第一部分是关于企业基本情况以及被调研者的基本情况等方面的调研。为了能够进一步的准确了解到被调研企业的 OI 与 TI 的基本概况，在问卷第二部分中，主要为针对被调研对象企业 OI 和企业 TI 情况进行调研，分别从 OI 所包含的战略创新、结构创新、文化创新、制度创新，以及 TI 所包含的工艺创新和产品创新方面展开调研。每一个方面都设计了 4～5 个问题，共计 25 个问题。用来反映这些调研项目。为了明确企业现存创新状况对企业的整体创新效率方面的影响，问卷的第三部分则是针对被调研企业的创新效率情况进行调查，共计 11 个问题。在问卷回答部分，本书使用五点法，数字 1 代表完全不同意，2 代表基本同意，3 代表同意，4 代表比较同意，5 代表非常同意。具体问卷内容，详见本书附录。

关于问卷中设置满意度调查的内容，有几点需要说明。首先，本书展开高端装备制造企业创新活动的满意度调查，主要是由于本书针对高端装备制造企业的静态匹配决策研究中，将使用比较适合本书问题研究的方法——匹配性评价矩阵法。而该方法的使用需要采集相关的企业创新满意度方面的数据内容，如组织创新的满意度、技术创新满意度等方面的内容。只有通过这些满意度相关数据的采集，结合相应地实证算法，才能够确定高端装备制造企业的 OI 状况、TI 状况，从而实现 OI 与 TI 匹配性评价矩阵的构建，进而才能够保障后续的静态匹配决策方面实证研究的展开。其次，本书问卷与访谈调研的被调研对象并不是普通的高端装备制造企业的基层员工，而是企业部门经理级别以上的中高层管理者以及一个独立的专家组成员。即通过针对企业中高层管理者开展问卷调研的方式获取相应的创新数据，而对该独立的专家组成员主要是展开访谈的方式进行数据搜集，从而确定高端装备制造企业的 OI 状况、TI 状况以及 OI 与 TI 的匹配状况。基于企业中高层管理者的调研结果，独立的专家组结合对企业 OI 和 TI 创新实践的了解以及对 OI 与 TI 中相关创新满意度的结果，从而能够全面且科学地判断出企业的 OI 和 TI 状况，进而深刻准确地确定出高端装备制造企业的 OI 与 TI 的匹配状况。从而根据以上通过实证方法已经判断出的高端装备制造企业 OI 与 TI 匹配结果，制定出相应地高端装备制造企业 OI 与 TI 的匹配决策结论。通过专家组的判断结果，高端装备制造企业的管理者就能够更加科学地制定出相应地创新管理决策，有利于保障高端装备制造企业决策的科学性和准确性。通过这样的实证方式，结合相关的满意度调研数据，可以使得本书的研究更加接近我国高端装备制造企业的 OI 与 TI 的创新实践现状，从而确保本书的研究更具现实意义。最后，本书中高端装备制造企业的 OI 决策与 TI 决策的制定，都需要基于高端装备制造企业的 OI 满意度和 TI 满意度调查的结果。没有针对高端装备制造企业的 OI 与 TI 方面的相关满意度调查结果，企业的管理者也很难能够制定出科学的创新决策。通过相关创新活动的满意度调研数据，能够确保企业 OI 决策和 TI 决策更加符合实践现状且更加科学合理。

2.3.2 调研问卷的回收

为了使得本次调研问卷更加科学，也能够在最大程度上接近企业的创新实际，本研究首先结合大量的相关研究文献，首先第一次设计出了本问卷中的各个调研题项，并发放了30份调研问卷进行实验。基于小样本的问卷调研实验后，剔除了无效的问卷题目，从而保留较为有效的调研题项。在16个月的时间里，本次调研共计发放问卷302份，回收到的问卷是271份，有效的问卷份数为244份，由此可见本次调研的问卷有效回收率是80.8%。基于有效回收问卷被调研企业分布状况，被调研对象企业涵盖高端装备制造产业的大部分领域，且被调研对象企业也均可较好反映高端装备制造产业的整体创新活动状况。被调研对象企业的整体行业分布概况如表2-2所示。而且为了保证本次调研的科学性与全面性，本次调研从每家企业中只收取1份问卷。在本研究实际调研的问卷发放过程中，主要采用了面对面、电子邮件、快递邮寄等形式填写问卷内容，其中使用电子邮件发放问卷进行调研的方式是最主要的方式。使用电子邮件收回的有效邮件数量占到了总体有效问卷数量的75%以上。

表2-2　样本企业行业分布

企业所属行业	企业数目	比率（%）
航空装备制造产业	66	27.05
海洋工程装备制造产业	36	14.75
轨道交通装备制造产业	41	16.80
卫星及应用装备制造产业	49	20.08
智能制造装备产业	52	21.31
合计	244	100

2.3.3 高端装备制造企业 OI 量表设计与检验

2.3.3.1 高端装备制造企业 OI 量表设计及其信度检验

在企业 OI 量表设计过程中，首先本研究选取了李克特（Likert）五点量表作为本书研究的量表并采集相关的数据。这主要是因为五点量表法是使用相对较为广泛，理论界认可度相对较高的一种量表设计方法[128]。

在 OI 量表题项的设计方面，本书也是依据较为严格的步骤展开。首先，笔者总结前人学者在 OI 调研方面所设计的调研问卷题项情况，从中选择较为经典的研究文献中关于 OI 调研量表的题项内容，作为本书 OI 量表题项的雏形。而且在题项的设计中，本书是依据 OI 不同的构成要素来进行题项的分类，共计 4 类。其次，选择以 20 人为调研样本，进行小范围的问卷调研。通过小样本调研调整和修改量表中存在着的主要问题。并且结合专家访谈法，来进一步地修正 OI 量表中存在的问题。进而形成了相对较为完善的 OI 量表。最终，在 OI 量表中，组织战略创新有 5 个题项；组织制度创新有 3 个题项；组织结构创新有 4 个题项；组织文化创新有 4 个题项。

在搜集到调研数据后，对相关数据进行信度检验是必要的。通过信度检验可以验证问卷是否可靠稳定，以及搜集到的调研数据是否有价值。一般而言，大部分的学者都使用 Cronbach 创建信度分析法，计算其 α 系数，验证题项间关联状况，表达量表内部一致性状况。而且一般情况下，当被测试的样本对象同质性越高，而且不同题项之间的相关性越高的时候，α 系数值则会越大，也就意味着量表的整体可靠性和稳定性越强。

关于信度值 α 的取值范围，努奈利（Nunnally）认为 Cronbach's α 系数大于或者是等于 0.7 都能够满足稳定的条件[129]；德弗利斯（DeVellis）的研究结论表明 α 系数取值应不低于 0.65；如果介于 0.65 ~ 0.7 之间，量表可靠性一般；而如果介于 0.7 ~ 0.8 之间，量表可靠性更高；如果超过 0.80，则认为量表信度极高[130]。可见，如果量表信度达标，则该量表的 Cronbach's α 系数值应当高于 0.7[131]。

将高端装备制造企业 OI 测度量表搜集到的调研数据，输入到统计学软件 SPSS Statictics 17 软件中，运行得到 OI 构成要素量表的整体信度值，见

表2－3。表中相关数据表明，本研究中设计的OI量表中所有的Cronbach's α值都超过了0.83，其中该量表的总体的Cronbach's α值也大于0.80。由此可见，本研究中使用的OI调研问卷可信度相对较高，其可靠性与稳定性都是很好的。

表2－3　　高端装备制造企业OI问卷信度值

测量构建	Cronbach's α值	测量题项数量（个）
组织战略创新	0.882	5
组织制度创新	0.835	3
组织结构创新	0.891	4
组织文化创新	0.847	4
OI	0.801	16

2.3.3.2　高端装备制造企业OI构成要素验证性因子分析

为了进一步地检验本研究中OI量表设计的合理性，本书对量表进行验证性因子分析和拟合优度检验。

（1）OI构成要素模型的标准化因子载荷检验。本书基于高端装备制造产业的相关调研数据，使用Amos软件对OI构成的构成要素进行验证性的因子分析，标准化后其运行的结果如图2－10所示。如图所示，OI包含战略创新、制度创新、结构创新和文化创新四个构成要素。其中，战略创新下设5个题项，分别为X1、X2、X3、X4、X5；制度创新下设3个题项，分别为X6、X7、X8；结构创新下设4个题项，分别为X9、X10、X11、X12；文化创新下设4个题项，分别为X13、X14、X15、X16。从e1到e20均为残差项。从而形成了由16个问卷题项共同构成OI构成要素因子分析模型。

一般情况下，标准化的载荷系数应大于或等于0.5。如果该载荷系数超过0.7时，表明量表的整体效度相对较高。OI验证因子分析模型的整体回归系数如表2－4所示。在表中，企业的OI四个组成要素中项目的标准化因子载荷都是高于0.5的，而且均在0.001水平下显著；而且战略创新，制度创新，结构创新和文化创新的回归系数均为0.05水平下的显著状况。基于当前OI构成要素验证性的相关因子分析中标准化的因子载荷状况，可以判断出本研究中设计的OI问卷效度相对较好，而且这一模型设计也合理。

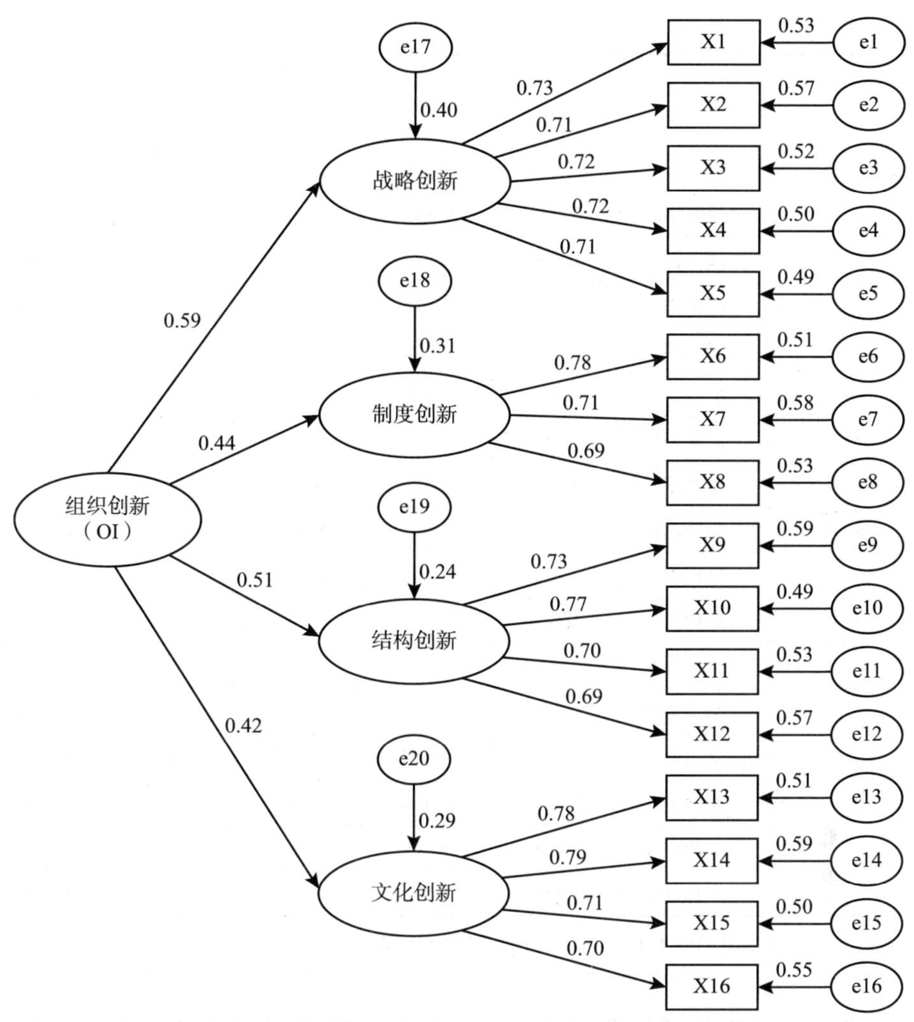

图 2－10　高端装备制造企业 OI 二阶验证性因子分析模型

表 2－4　　高端装备制造企业 OI 构成模型系数估计值

回归路径			非标准化参数估计	S. E.	C. R.	显著性水平	标准化参数估计
战略创新	←	OI	0. 298	0. 101	2. 231	0. 025	0. 590
制度创新	←	OI	0. 301	0. 099	2. 205	0. 039	0. 457
结构创新	←	OI	0. 164	0. 115	1. 999	0. 041	0. 514

续表

回归路径			非标准化参数估计	S. E.	C. R.	显著性水平	标准化参数估计
文化创新	←	OI	0.230	0.106	2.108	0.029	0.423
X1	←	战略创新	0.962	0.099	9.025	***	0.728
X2	←	战略创新	1.000	—	—	—	0.709
X3	←	战略创新	0.824	0.098	8.892	***	0.724
X4	←	战略创新	0.860	0.108	8.903	***	0.726
X5	←	战略创新	0.994	0.106	9.055	***	0.713
X6	←	制度创新	1.000	—	—	—	0.775
X7	←	制度创新	0.903	0.109	9.038	***	0.710
X8	←	制度创新	0.837	0.097	8.937	***	0.692
X9	←	结构创新	0.996	0.098	8.724	***	0.734
X10	←	结构创新	1.000	—	—	—	0.771
X11	←	结构创新	0.837	0.101	9.038	***	0.695
X12	←	结构创新	0.927	0.106	8.590	***	0.694
X13	←	文化创新	0.935	0.108	8.617	***	0.782
X14	←	文化创新	0.853	0.100	8.962	***	0.791
X15	←	文化创新	0.799	0.109	9.037	***	0.713
X16	←	文化创新	1.000	—	—	—	0.704

注：*** 表示在 0.001 水平下显著；—表示无数据结果。

（2）OI 构成要素拟合优度检验。在针对 OI 构成要素进行标准化因子载荷分析之后，为了能够进一步地评价 OI 构成要素模型的优劣情况，本书对该模型进行拟合优度检验。由于在 OI 构成要素二阶验证性因子分析中不存在负数的标准误差项且其标准化的参数系数值也都小于 1，也同时没有太大的标准误差。由此可见，能够对该模型进行拟合优度检验，检验结果如表 2－5 所示。

表 2-5　　高端装备制造企业 OI 构成要素模型拟合度检验结果

统计检验量	统计检验量	拟合标准或临界值	拟合值
绝对拟合优度指数	χ^2/df	<2（严谨）或<3（普通）	1.771
	GFI	>0.9	0.968
	RMR	<0.05	0.041
	RMSEA	<0.08	0.062
增值拟合优度指数	NFI	>0.9	0.961
	IFI	>0.9	0.932
	TLI	>0.9	0.988
	CFI	>0.9	0.902
简约拟合优度指数	PGFI	>0.5	0.591
	PCFI	>0.5	0.813
	PNFI	>0.5	0.663

通过表 2-5 中的拟合值可以看出，OI 构成要素模型拟合优度中的拟合值这项指标是较为符合各类的拟合标准的，而且也均未超出对应的临界值范围，处于合理范围之中，这意味着 OI 的整体构成要素模型所表现出来的拟合优度相对较好，所以可以判定本书所设计的 OI 构成要素模型的构建较为科学合理。

2.3.4　高端装备制造企业 TI 量表设计与检验

2.3.4.1　高端装备制造企业 TI 量表设计及其信度检验

与前文针对 OI 量表设计的方式类似，本部分则是针对高端装备制造企业的 TI 情况进行数据调研需求，设计出了 TI 的调研量表。在量表中各个调研项目中相关题项设计也都是来自于前人学者在该领域的研究文献，例如，卡米松和维拉尔-洛佩兹（Camison and Villar-Lopez）的研究文献[134]，经济合作与发展组织（OECD）在《奥斯陆手册》中关于 TI 调研题项方面的相关内容[135]等。本书针对高端装备制造企业 TI 的调研量表，共设计了 9 个题项，其中工艺创新 4 个题项，产品创新 5 个题项。

对 TI 量表进行信度检验。使用统计学软件 SPSS 将调研数据进行统计分析后，可以得到 TI 构成要素的总体量表情况以及产品创新和工艺创新的量表信度分析结果，如表 2-6 所示。从表中可以看出，本调研问卷中 TI 总体量表的 Cronbach's α 值以及产品创新和工艺创新的 Cronbach's α 值都比较明显地超过了 0.8。由此可以判断出，本次调研的高端装备制造企业的 TI 构成要素问卷调研有着较高的信度，稳定性较好。

表 2-6　　高端装备制造企业 TI 量表的信度检验结果

测量构念	Cronbach's α 值	测量题项数量（个）
工艺创新	0.895	4
产品创新	0.847	5
TI	0.801	9

2.3.4.2　企业 TI 构成要素验证性因子分析

（1）TI 构成模型的标准化因子载荷检验。在针对本次调研 TI 数据进行有效信度检验的基础上，在对其进行验证性因子分析，以此进一步地判断本调研中 TI 数据量表的合理性。

使用 AMOS 软件对 TI 量表进行验证性因子分析。TI 为二阶因子，产品创新和工艺创新为一阶因子。其中，工艺创新下设 4 个题项，分别为 Y1、Y2、Y3、Y4；产品创新下设 5 个题项，分别为 Y5、Y6、Y7、Y8、Y9。从 e1 到 e10 为残差项。通过软件计算运行后，标准化后的高端装备制造企业 TI 量表验证性因子分析结果如图 2-11 所示。

结合表 2-7 中的回归系数结果可以看出，TI 量表中所有题项标准化的因子载荷都大于 0.5，而且所有题项的标准化因子载荷也都超过了 0.7，所有题项的标准化因子载荷系数也都是在 0.001 水平下显著。这说明本书针对 TI 的调研问卷有着较好的效度，问卷设计较为合理。

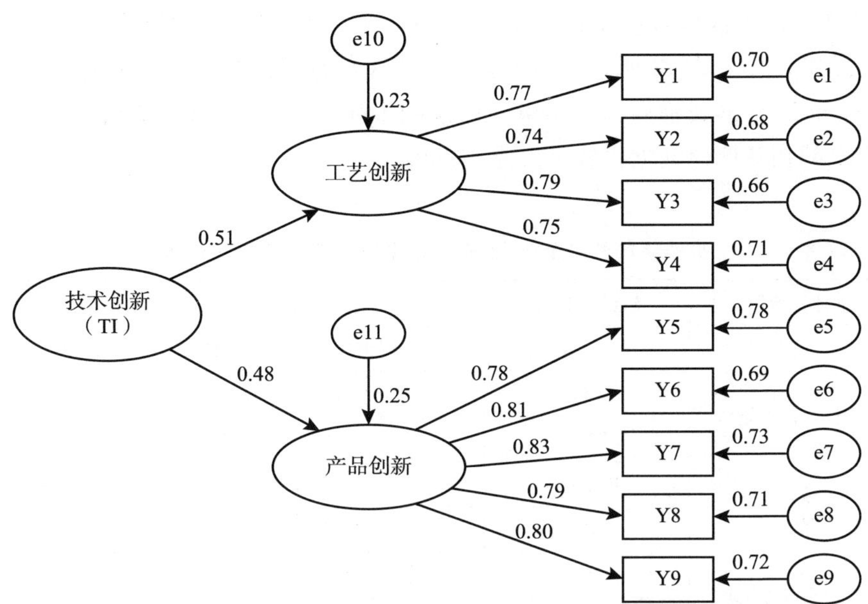

图 2－11　标准化的高端装备制造企业 TI 二阶验证性因子分析模型

表 2－7　　高端装备制造企业 TI 构成模型的回归系数估计结果

回归路径			非标准化参数估计	S. E.	C. R.	显著性水平	标准化参数估计
工艺创新	←	TI	0. 302	0. 091	3. 105	***	0. 514
产品创新	←	TI	0. 315	0. 087	3. 524	***	0. 482
Y1	←	工艺创新	1. 000	—	—	—	0. 773
Y2	←	工艺创新	1. 024	0. 086	11. 541	***	0. 744
Y3	←	工艺创新	0. 989	0. 098	10. 262	***	0. 790
Y4	←	工艺创新	1. 109	0. 089	10. 856	***	0. 752
Y5	←	产品创新	1. 000	—	—	—	0. 775
Y6	←	产品创新	0. 972	0. 088	11. 382	***	0. 806
Y7	←	产品创新	1. 003	0. 093	10. 695	***	0. 826
Y8	←	产品创新	0. 999	0. 097	11. 223	***	0. 792
Y9	←	产品创新	1. 097	0. 086	10. 957	***	0. 804

注：*** 表示在 0. 001 水平下显著；—表示无数据结果。

（2）TI 构成要素模型拟合优度检验。针对 TI 构成要素模型拟合优度检验的结果，如表 2－8 所示。通过表中的相关数据可以看出，表中的所有指标都符合拟合标准或临界值的要求，这说明本研究中 TI 量表的设计较为合理，所搜集的相关调研数据也较为可靠与有效。

表 2－8　　高端装备制造企业 TI 构成要素模型拟合度检验结果

统计检验量	统计检验量	拟合标准或临界值	拟合值
绝对拟合优度指数	χ^2/df	<2（严谨）或<3（普通）	1.957
	GFI	>0.9	0.931
	RMR	<0.05	0.038
	RMSEA	<0.08	0.077
增值拟合优度指数	NFI	>0.9	0.902
	IFI	>0.9	0.934
	TLI	>0.9	0.972
	CFI	>0.9	0.933
简约拟合优度指数	PGFI	>0.5	0.602
	PCFI	>0.5	0.751
	PNFI	>0.5	0.537

此外，为了证明本研究调研问卷的合理性，还要针对本书中所使用调研问卷的数据进行同源方差检验。同源方差，也叫为共同方法偏差，主要是指测度外部环境、数据的整体来源、语义语境相似或是题项本身等方面的原因所产生的变量间共变。这其实是一种系统性的误差，而且还广泛地存在于调查问卷中。事实上，在实际调研中，调研者受到条件等方面的限制，不能够彻底地避免同源方差的问题。

在针对本书调研问卷数据进行同源方程检验的过程中，笔者选择了使用范围较为广泛的哈曼（Harman）单因素检验法。该方法是针对调研问卷中所有的变量综合进行相应的因子分析之后，如果检验的结果中只能够提取一个特征值是大于 1 的因子，或者是这些变量中解释能力最强因子解释力能够超过 50%，那么则视作调研样本中存在着相对较为严重的同源方差问题。本书中所用调查问卷中包含有 36 个具体题项，其中的 OI 包括 16 个，TI 包括 9 个，创新效率包括 11 个。对调研问卷中的所有题项展开因子分析，结果如表 2 -9 所示。其中，抽取出来的特征值大于 1 的因子数量是 8 个，解释力最强因子解释了 47.926%，这一数据值没有超过 50%。由此可见，本书调研问卷中没有存在严重同源方差问题。

表 2 -9　　调研问卷数据同源方差检验

成分	初始特征值			提取平方和载入			旋转平方和载入		
	合计	方差的占比（%）	积累占比（%）	合计	方差的占比（%）	积累占比（%）	合计	方差的占比（%）	积累占比（%）
1	15.002	47.926	47.926	15.002	47.926	47.926	5.001	16.023	16.023
2	2.143	9.025	50.901	2.143	9.025	50.901	4.932	14.021	31.762
3	1.915	6.728	55.480	1.915	6.728	55.480	4.351	13.999	50.762
4	1.872	6.013	60.241	1.872	6.013	60.241	3.902	13.862	62.854
5	1.603	5.872	63.092	1.603	5.872	63.092	3.341	12.053	65.092
6	1.554	4.017	66.801	1.554	4.017	66.801	2.094	11.820	73.217
7	1.430	3.762	69.026	1.430	3.762	69.026	2.005	9.043	74.092
8	1.082	3.331	71.527	1.082	3.331	71.527	1.903	7.921	75.862

2.4　高端装备制造企业 OI 与 TI 匹配决策理论模型构建

2.4.1　企业 OI 与 TI 匹配的内涵与特征

2.4.1.1　企业 OI 与 TI 匹配的内涵

创新是企业发展的核心动力。没有创新行为或创新不足的企业，无法实现可持续发展的目标。墨守成规的企业，只能是被市场所淘汰。以熊彼特为代表的创新理论者认为企业的全面发展需要产品创新、生产创新、市场创新、组织创新等创新要素予以配合。而且企业的可持续发展需要多方面创新活动的支撑。也正是由于创新活动的全面开展，才能够为企业的可持续发展注入强有力的发展动力。因此企业必须要能够全面开展创新活动。此外，在本书的实地调研过程中，通过对高端装备制造企业高层管理者的访问记录分析可以看出，企业能够通过全面的创新活动进一步地支撑企业的整体发展战略。从企业战略内容上来看，企业战略包括组织战略、科技战略、人才战略、资金战略等。企业通过开展创新活动，能够确保这些发展战略的领先性，从而通过这些战略的科学指引，实现企业的全面发展与进步。也就是说，企业的全面创新活动能够从根本上支撑企业整体战略的发展状况。为企业战略的实现，奠定重要的基础。其中，TI 能够对企业的科技发展战略提供重要的支撑和推动。OI 则是可以为企业的组织战略发展与实现提供重要的支撑和推动。

双边匹配理论认为如果两个主体匹配的质量较高，或双边主体对对方的满意度很高，那么有非常有利于两个主体之间的合作与密切配合，从而提升两个主体相互配合的整体效率；反之则会起到降低整体合作效率的作用[72]。OI 与 TI 的双边匹配关系也不例外。高端装备制造企业的 OI 与 TI 之间也存在着较为明显的匹配关系[73]。而且在高端装备制造企业中，OI 与 TI 匹配的状况，也会明显地影响到企业的综合创新状况。

企业的 OI 与 TI 之间存在着明显的相互协同与支撑关系。如图 2－12 所示，企业在发展的过程中，在积极开展 TI 的过程中，在结合企业技术渗透的背景下，进一步地使用新的技术。并将新的生产技术纳入日常的生产过程中去，从而能够进一步地提高企业的整体生产效率。这种整体生产效率的提升是由新技术的采用而带来的。在此基础上，企业则是能够进一步地推动产业的技术进步和发展，从而能够在一定程度上优化企业的整体生产方式，提高生产性能和效率，进而提升企业员工的基本工作效率，提升员工的整体技能。同时，企业在产业技术不断进步和强化的大环境下，企业的整体生产要素及其关系都会发生一些重大的改变，从而使得企业内部组织要素的配置出现了一定程度上的不适用，迫使企业开展组织管理和优化活动。为了满足企业 TI 活动所带来的这些后果，企业必须要开展 OI，从而来确保企业整体的高效运转，确保企业运行绩效的实现。如图 2－13 所示，企业在 OI 全面管理优化与发展的基础上，能够优化组织的要素配置，进而提升企业整个组织的运行效率，促使企业的资源配置得到一定程度上的优化。在企业资源得到优化配置的基础上，也就自然对企业的生产技术提出了更高的要求，从而导致企业生产技术无法满足组织运行需求。为了满足企业 OI 所带来的影响和后果，最终企业被迫必须要开展 TI，才能够维持企业的高效运转和可持续发展。由此可见，在企业的 OI 与 TI 匹配过程中存在着明显地互动关系。而且企业也只有保持好 OI 与 TI 的这种良性互动关系之后，才能够确保企业的综合创新效率的持续提升，才能够真正地确保企业的创新对企业绩效实现的巨大推动作用。

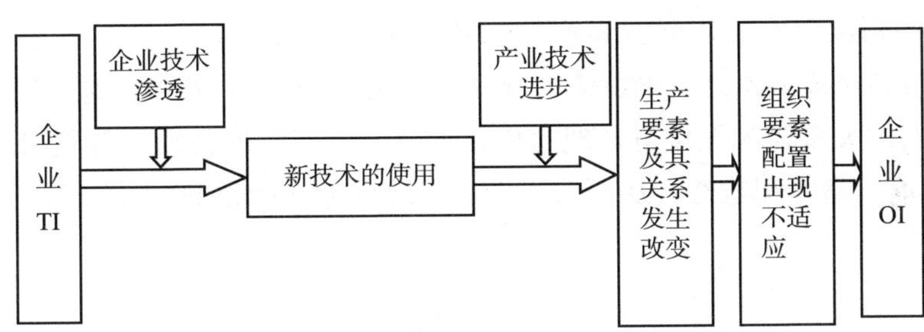

图 2－12　企业 TI 带动企业 OI 的作用机理

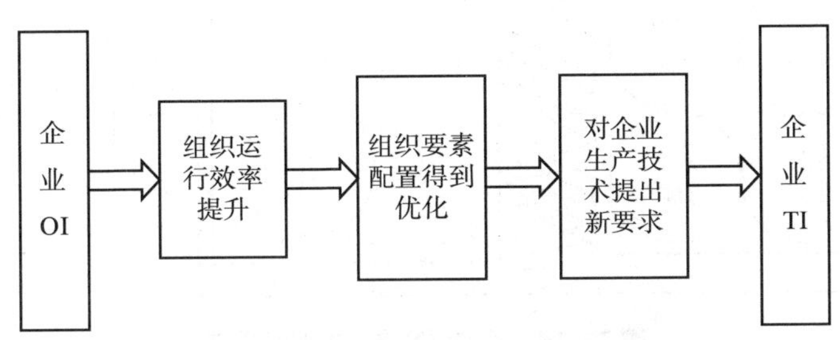

图 2－13　企业 OI 带动企业 TI 的作用机理

关于企业 OI 与 TI 匹配关系方面的相关研究文献，在第 1 章中第 1.3 节中，笔者已经对相关的研究文献做出了充分的梳理与总结。在前人学者在针对企业 OI 与 TI 匹配关系的分析和研究基础上，本书发现针对企业 OI 与 TI 匹配关系的界定也没有相对较为统一的概念，更多的学者还是分别从不同的角度出发，研究不同类型企业的 OI 以及创新匹配问题。

在本书中，为了能够进一步地明确高端装备制造企业 OI 与 TI 匹配的定义与内涵，从而为后文的相关研究奠定重要的理论基础，本书将高端装备制造企业的 OI 与 TI 匹配关系总结为：高端装备制造企业在其整体的综合性创新过程中，其中的 OI 与 TI 之间形成了较为密切的相互作用、相互影响的关联关系，这种关联关系也就是 OI 与 TI 的匹配关系。高端装备制造企业的这种匹配关系对于企业的整体创新水平的维持，相关创新能力的提升以及企业整体综合竞争实力的提高都有着重要的促进作用。而且这种匹配关系也是影响高端装备制造企业综合绩效的重要因素。

如图 2－14 所示，企业 OI 与 TI 的匹配关系是一个较为复杂的匹配系统，在 OI 系统中包含有战略创新、结构创新、制度创新以及文化创新要素，而在 TI 系统中则包含着工艺创新和产品创新系统。这两个系统在匹配的过程中，也是其双边构成要素之间的综合复杂匹配关系。而且也只有在这些构成要素之间的匹配关系较为优化与合理的状态下，才能够实现高端装备制造企业 OI 与 TI 的高质量匹配状态，从而对推动企业综合创新能力的提升，起到重要的推动作用。

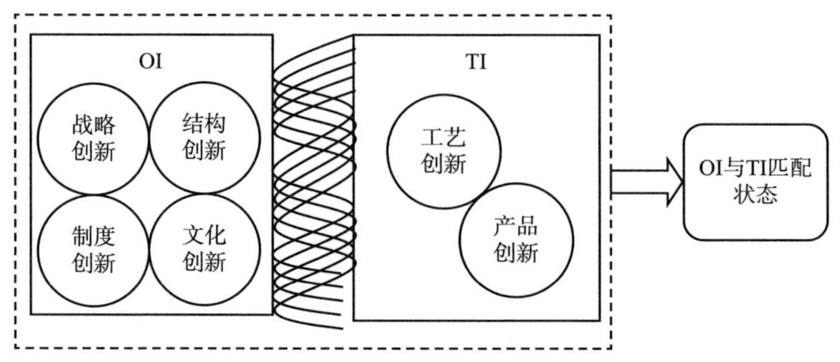

图 2－14　企业 OI 与 TI 匹配关系

关于高端装备制造企业 OI 与 TI 匹配的标准，本书主要是选择两种情况下的高端装备制造企业 OI 与 TI 匹配标准，即高端装备制造企业 OI 与 TI 的静态匹配标准与动态匹配标准。首先，在高端装备制造企业 OI 与 TI 静态匹配研究的过程中，本书创新性地选择匹配性评价矩阵方法，研究高端装备制造企业 OI 与 TI 的静态匹配问题。通过该方法的运用，结合相应地复杂数理计算，最终得出“0－1”矩阵。该矩阵中的每一个位置的数字都在描述着 OI 与 TI 构成要素所组成的要素组的匹配状况。其中，数字“0”，则意味着 OI

中的构成要素与 TI 中的构成要素所组成的要素组是不匹配的；相反，数字“1”则意味着 OI 中的构成要素与 TI 中的构成要素所组成的要素组是匹配关系。这就是高端装备制造企业 OI 与 TI 静态匹配时的判断标准。其次，在高端装备制造企业 OI 与 TI 动态匹配研究的过程中，本书选择最为适宜且较具创新性的系统动力学模拟仿真方法，实证研究高端装备制造企业 OI 与 TI 动态匹配问题。在此过程中，判断高端装备制造企业 OI 与 TI 动态匹配的标准主要是仿真模拟图中 OI 走势图、TI 走势图以及 OI 与 TI 匹配对企业效率动态作用的走势图等。通过观察这些走势图的状况，就能够判断出高端装备制造企业 OI 与 TI 动态匹配状况。由此可见，在动态研究中，仿真模拟图是判断高端装备制造企业 OI 与 TI 动态匹配的重要标准。总而言之，从任何角度判断高端装备制造企业 OI 与 TI 匹配状况，其匹配状况的判断标准都是科学合理的，不存在任何的冲突，具有其较为扎实的理论和科学基础。

2.4.1.2 企业 OI 与 TI 匹配的特征

基于高端装备制造企业的 OI 实践所具有的适应性、复杂性、动态性特征以及 TI 所具有的高端性、快速性、针对性特征，结合企业 OI 与 TI 之间的匹配关系，也就能够进一步地总结出企业 OI 与 TI 匹配的特征。从具体的内容方面来看，高端装备制造企业 OI 与 TI 匹配的特征主要表现为相互适应性特征、动态性特征以及科学性特征，如图 2－15 所示。

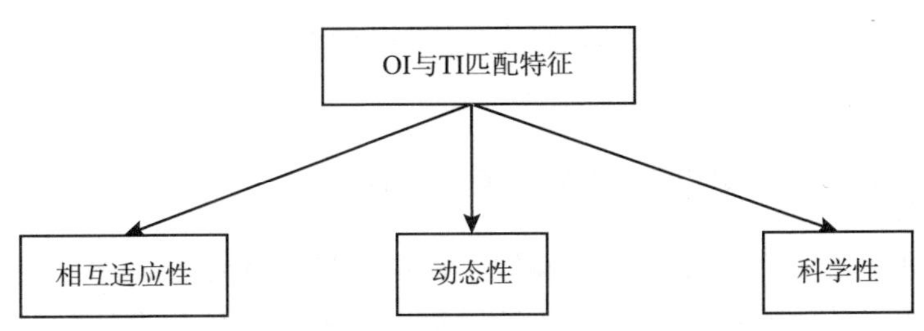

图 2－15 高端装备制造企业 OI 与 TI 匹配的特征

（1）相互适应性特征。在高端装备制造企业 OI 与 TI 的匹配关系中，之所以能够体现出相互适应性的特征，主要是由于在匹配关系的形成中，OI 与 TI 之间存在着明显地相互适应性。也就是说，当企业的 TI 水平和企业技术水平达到一定的高度时，企业的组织也就要努力与之配合，这就需要企业的 OI 不断地去适应企业的 TI；当企业的 OI 达到了一定的高度时，企业的 TI 也要与之相互适应，才能够实现企业的综合创新能力提升。特别是在高端装备制造企业处于不同的企业发展阶段时，其 OI 与 TI 之间必然会产生一定的不匹配的状况，这时候就明显地需要调整 OI 与 TI，从而实现二者之间的匹配关系，这就需要 OI 与 TI 都调动出一定的相互适应性，从而达到最终的匹配目的。

（2）动态性特征。高端装备制造企业在不同的企业发展阶段，其技术的发展水平也应当是在不断变化的。而技术水平的变化带动 TI 的变化，从而也就要带动企业组织的变化，最终导致企业 OI 的变化结果。在此过程中，可以明显地看出，高端装备制造企业的 OI 与 TI 的匹配过程中，具有明显地动态性。而且这种动态性是一种企业创新发展的状态，而且也是其发展进程中的常态。由此可见，高端装备制造企业 OI 与 TI 匹配关系中存在着明显的动态性特征。

（3）科学性特征。企业管理者采取种种措施，实现企业 OI 与 TI 匹配的最终目标是为了推动企业创新绩效的提升。这就需要企业管理者在实现 OI 与 TI 匹配的过程中，要强化管理手段的科学性，从而达到企业 OI 与 TI 科学匹配的状况。也只有在 OI 与 TI 实现了科学匹配的状况，才能够真正地最终推动企业整体创新活动效率的提升，从而为推动企业的综合绩效提升发挥重要的基础保障作用。

2.4.2 企业 OI 与 TI 匹配决策理论分析

2.4.2.1 企业 OI 与 TI 匹配决策的内涵

决策理论是将系统理论、运筹学、计算机科学等综合运用在管理决策中的相关问题，从而所形成的有关决策过程、准则、类型与方法的完整理论体系。因而在研究高端装备制造企业的 OI 与 TI 匹配决策的过程中，必然要使用多种方法进行匹配决策研究，而且还要从整体上形成完整的决策体系。而且决策理论者认为企业管理中领导者所作的重大决策将会在很大程度上影响企业的发展命运，甚至错误较为严重的决策，可能会导致企业的直接倒闭。可见，决策科学对企业管理活动的指导作用意义重大。因此，研究企业管理中的 OI 与 TI 匹配决策问题也就显得尤为重要。在梳理国内外相关研究文献的过程中，笔者发现国内外的相关研究文献中关于企业 OI 与 TI 匹配决策方面的研究文献十分稀少，特别是以高端装备制造企业这种类型企业的 OI 与 TI 匹配决策为研究对象的研究文献更是少之又少。

因此，本书通过总结分析前人学者这对 OI 与 TI 的匹配关系的研究，结合决策理论、复杂系统理论、演化理论等管理学理论，本书将 OI 与 TI 匹配决策的内涵界定为：将 OI 的构成要素集合与 TI 的构成要素集合二者进行双边关系的匹配判断，判断出 OI 中的某个要素与 TI 中的某个要素是否匹配，如果结果是匹配的关系，那么企业的管理者就要决定持续双边的发展现状，如果是不匹配的关系，那么企业的管理者就要做出决策，采取相应方案调整出现不匹配情况的要素，进而努力实现来自不同集合的要素之间的匹配。这样的一个循环往复的决策过程被称为 OI 与 TI 的匹配决策。

2.4.2.2 企业 OI 与 TI 匹配决策的特征

基于对高端装备制造企业 OI 与 TI 匹配决策管理活动的全面了解，有助于强化和提升高端装备制造企业 OI 与 TI 匹配决策的管理能力，特别是针对高端装备制造企业 OI 与 TI 匹配决策特征的理解，尤为重要。

如图 2－16 所示，本书认为高端装备制造企业的 OI 与 TI 的匹配决策整体过程中主要表现出了系统性、复杂性和快速性这几个特征。

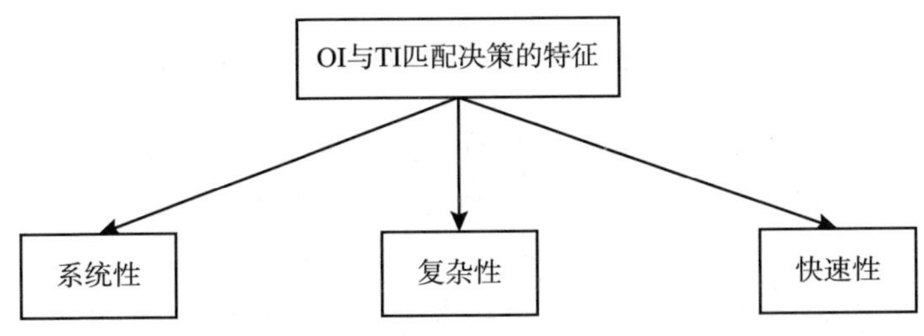

图 2－16 高端装备制造企业 OI 与 TI 匹配决策的特征

（1）系统性。这主要是因为 OI 和 TI 都要依托一个企业大系统，在企业的大系统下又存在着多个子系统，这多个子系统中就包含创新系统、战略系统、人力系统、营销系统等。而其中创新系统中又包含了多个子系统，如 OI

子系统、TI 子系统等，而且这些子系统之间也相互作用，相互影响，从而在一定程度上会影响到整个企业创新系统。可见，OI 与 TI 的匹配决策过程是寓于多个不同层次和级别的系统之中的，从而体现出了系统性的特征。企业 OI 与 TI 匹配决策的系统性给企业管理者增加了一定的管理难度。

（2）复杂性。这主要是因为在 OI 所包含的构成要素中有 4 类，TI 包含的构成要素有 2 类，这 6 类要素之间要相互进行匹配，要素之间还要进行相互的协调，而且在企业的不同发展阶段，这 6 类要素所体现出来的表征又有不同，而且影响 OI 与 TI 匹配的要素又包括有个体层面、组织层面以及环境层面等，这就使得双边匹配决策更加困难，从而形成了 OI 构成要素与 TI 构成要素的双边匹配决策复杂关系，表现出了复杂性的特征。

（3）快速性。随着人工智能、3D 打印等新兴信息技术的快速发展，人类社会的技术进步速度也在加快。在此背景下，高端装备制造企业的技术进步和 TI 速度也在加快。那么这也就要求企业的 OI 与 TI 匹配决策管理活动的速度也要加快。这也就意味着，企业的管理者要能够敏锐地察觉出企业 OI 与 TI 的匹配状况，一旦出现二者不匹配的状况，就要快速地制定相应地管理对策，从而实现企业 OI 与 TI 的进一步匹配关系。可见这方面的管理活动中，企业 OI 与 TI 匹配决策的快速性特征，对企业管理者的管理能力提出了更高的要求。因而为了满足企业 OI 与 TI 匹配决策的快速性特征，实现企业的高效匹配目标，企业的管理者就必须要采取科学有效地 OI 与 TI 匹配决策方法。

2.4.2.3 高端装备制造企业 OI 与 TI 匹配决策理论路径

基于前文针对高端装备制造企业 OI 与 TI 匹配决策内涵及其特征的研究，结合高端装备制造企业 OI 与 TI 的发展情况，可以构建出高端装备制造企业 OI 与 TI 匹配决策理论路径模型，如图 2－17 所示。

在高端装备制造企业 OI 与 TI 匹配决策理论路径模型中可以看出 OI 与 TI 的匹配决策理论过程。

（1）明确某高端装备制造企业的匹配研究对象。在本书的研究中，其核心的研究对象是 OI 与 TI，也就是要通过相关的创新管理工作，实现高端装备制造企业 OI 与 TI 的匹配决策的最高水平，从而实现企业创新水平达到更高层次，最终实现高端装备制造企业创新绩效的高水平实现。在确定研究对象

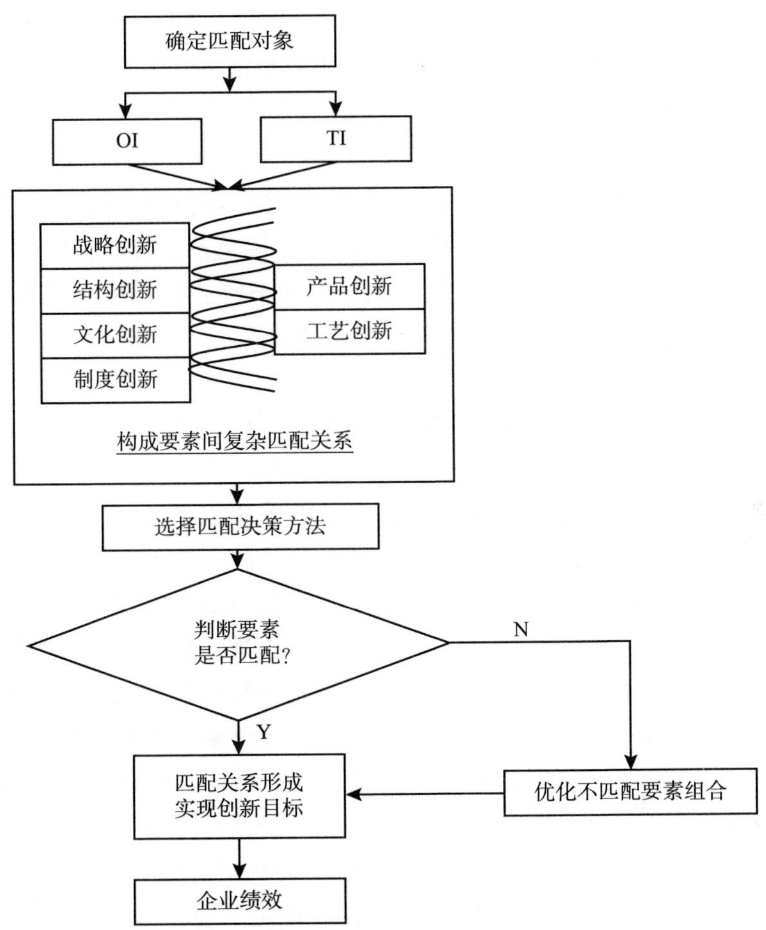

图 2 - 17　高端装备制造企业 OI 与 TI 匹配决策理论路径模型

为 OI 与 TI 后，还要进一步确定高端装备制造企业 OI 与 TI 的构成要素。OI 的构成要素是基于多方学者们的文献研究成果，而 TI 的构成要素的确定是基于经济合作与发展组织（OECD）在 TI 方面相关报告。即实现高端装备制造企业 OI 与 TI 匹配，也就是要实现高端装备制造企业 OI 构成要素与 TI 构成要素之间科学的匹配关系。

（2）确定要素组的匹配状况。通过使用适宜的双边匹配决策实证分析方法，找到 OI 中的所有构成要素与 TI 中的所有构成要素之间的匹配关系，确定已经匹配的要素组和不匹配的要素组。该方法的选择是较为重要的。为了能够科学准确地判断出高端装备制造企业 OI 与 TI 的匹配状况，相关管理者要选择最为适合高端装备制造企业的相关匹配判断方法，从而能够科学地得出符合高端装备制造企业创新发展实际的结论。

（3）确定要素组的匹配优化方案。有针对性地确定适合研究对象企业的 OI 要素与 TI 要素匹配关系优化方案，进而最终实现在企业的不同发展阶段 OI 与 TI 的均衡匹配。这也就在理论上确定了高端装备制造企业 OI 与 TI 匹配决策的理论路径。通过确定高端装备制造企业 OI 与 TI 匹配决策理论路径，可以为后文的相关研究奠定重要的理论研究基础。

2.4.3 企业 OI 与 TI 匹配决策研究框架设计

基于前文针对高端装备制造企业、双边匹配决策理论、企业 OI 与 TI 的匹配决策路径等方面内容的相关研究，结合相关的管理学理论，设计出高端装备制造企业 OI 与 TI 匹配决策的整体研究框架，如图 2 – 18 所示。

（1）明确高端装备制造企业 OI 与 TI 匹配决策的目标与约束条件。明确高端装备制造企业的目标，即通过优化高端装备制造企业的 OI 与 TI 匹配决策，进一步地提升高端装备制造企业的创新决策效率，提升企业的整体创新能力，从而最终实现企业效益的提升。但是在实现高端装备制造企业 OI 与 TI 匹配决策目标的过程中，仍然需要一定的约束条件与之配合，如 OI 与 TI 匹配决策的影响因素、匹配决策研究方法的选择等。在此研究过程中，研究主要结合使用匹配理论、企业管理理论等相关理论。通过本部分内容的研究，能够为后续的相关研究提供重要的指引和参考。

（2）研究高端装备制造企业 OI 与 TI 的匹配决策理论基础。在本部分的研究中，从理论上分析高端装备制造企业界定与特征，企业 OI 与 TI 匹配内涵及其特征，相关量表设计与检验，双边匹配决策研究理论支撑等。并基于系统角度，结合决策和创新理论全面展开研究，从而进一步构建出高端装备制造企业 OI 与 TI 匹配决策理论模型。在该理论模型构建的过程中，为了能够强化研究的理论深度，本书主要使用了决策理论、创新理论等管理学理论。通过高端装备制造企业 OI 与 TI 匹配决策理论模型的构建，也为后续的相关实证研究与对策建议提出等方面的研究过程，奠定了重要的理论基础。

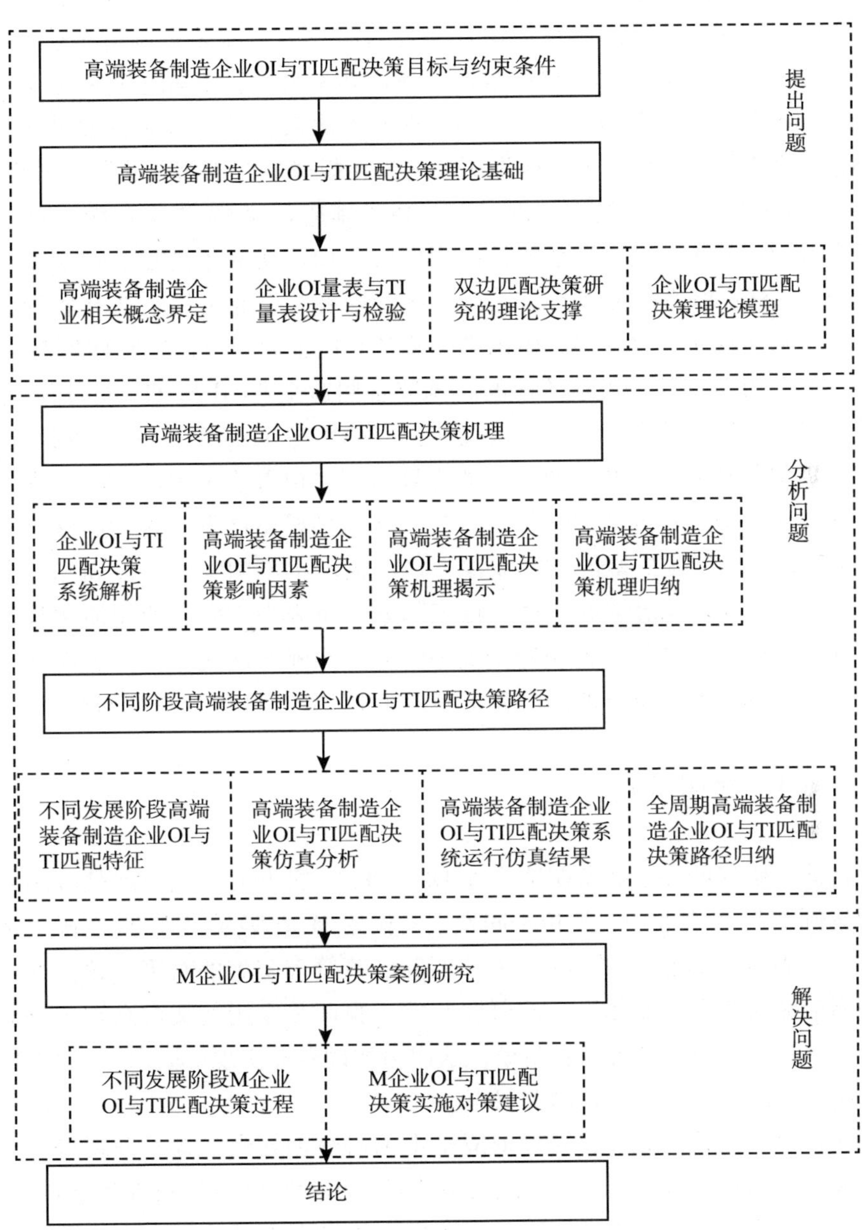

图 2－18　高端装备制造企业 OI 与 TI 匹配决策研究框架设计

（3）研究高端装备制造企业 OI 与 TI 匹配决策机理，揭示高端装备制造企业 OI 与 TI 一般性匹配决策规律。结合当前我国高端装备制造企业在 OI、TI 及其双边匹配决策方面的最新数据，使用匹配性评价矩阵等研究方法，分析出高端装备制造企业 OI 与 TI 的一般性匹配决策机理，从而探索出高端装备制造企业 OI 与 TI 的一般性匹配决策的内在规律。在该部分的研究过程中，主要结合使用复杂系统理论解析了高端装备制造企业 OI 决策系统、TI 决策系统以及 OI 与 TI 匹配决策系统，使用模块化理论研究了高端装备制造企业 OI 与 TI 匹配的相关影响因素，包括企业管理者、企业组织企业环境等部分的内容，从而揭示并将最终归纳出高端装备制造企业 OI 与 TI 匹配决策机理。

（4）研究处于不同发展阶段的高端装备制造企业 OI 与 TI 的匹配决策过程，揭示不同发展阶段的高端装备制造企业 OI 与 TI 匹配决策路径和规律。结合高端装备制造企业在企业不同的发展阶段，以及企业 OI 与 TI 匹配特征的不同变化，使用系统动力学仿真方法，深入剖析不同发展阶段高端装备制造企业 OI 与 TI 匹配决策的内在规律，最终揭示出不同发展阶段高端装备制造企业 OI 与 TI 匹配决策的路径。在该部分的研究中，研究使用演化理论分析不同发展阶段中高端装备制造企业 OI 与 TI 匹配的演化特征，进而使用系统动力学仿真出不同阶段的高端装备制造企业 OI 与 TI 匹配决策的路径。

2.4.4 案例研究

将前文研究的高端装备制造企业 OI 与 TI 匹配决策机理和路径应用到具体的案例企业 M 企业中，解析不同发展阶段中 M 企业的 OI 与 TI 匹配决策过程，提出 M 企业成熟阶段的 OI 与 TI 匹配决策管理实施的对策建议。通过现实的高端装备制造企业作为案例研究对象，验证并应用前文对高端装备制造企业 OI 与 TI 匹配决策机理和路径，从而为案例企业实现更高水平的 OI 与 TI 匹配决策管理提供重要的指引和参考。

通过以上一系列研究，最终形成了本书研究创新点。本书创新点有三个方面表现：揭示企业 OI 与 TI 匹配决策路径、揭示高端装备制造企业 OI 与 TI 一般性匹配决策机理、揭示不同发展阶段高端装备制造企业 OI 与 TI 匹配决策路径，最终提出 M 企业不同阶段开展 OI 与 TI 匹配决策的实施对策建议。

在明确高端装备制造企业 OI 与 TI 匹配关系基础上，结合决策理论也可知，高端装备制造企业的管理者在协调 OI 与 TI 的匹配关系过程中，仍然离不开决策理论支撑，而且企业的管理者每天都会面临诸多的决策管理内容，包括 OI 与 TI 的匹配决策。企业管理者在每天做出的各项决策都会在不同程度上影响着企业的发展。可见，企业管理者做出相应管理决策的科学性对企业发展的影响作用十分巨大。因而当高端装备制造企业的 OI 与 TI 出现不匹配状况时，企业管理者做的 OI 与 TI 匹配决策也就显得至关重要了。所以针对高端装备制造企业的 OI 与 TI 匹配决策问题，存在着诸多有价值研究内容。

（1）研究高端装备制造企业 OI 与 TI 关系的动态性。由于高端装备制造企业在不同的发展阶段中，企业内外部资源以及所处环境都是在不断地变化的，从而也就会导致企业的 OI 与 TI 的发展水平、发展速度等方面内容出现差异，甚至有 OI 与 TI 差距不断扩大的情况，这也就自然会使得企业的 OI 与 TI 的匹配状况出现不同变化方向。如果高端装备制造企业管理者无法全面熟知企业 OI 与 TI 的匹配状况，或者企业 OI 与 TI 出现了明显不匹配的情况，则会在很大程度上限制企业管理者做出匹配决策的科学性。而且一般情况下大部分的企业都是先发展企业的 TI，促使企业 TI 水平不断地快速上升，但是等到企业的 TI 水平达到一定的高度后，企业 OI 就会出现无法满足 TI 发展需求的情况，如企业组织结构、组织文化、组织战略等内容都存在着发展缓慢的情况。可见，企业的 OI 与 TI 的发展在不同的企业发展阶段中，体现出了不同的匹配特征。因此本书使用企业生命周期理论，分析高端装备制造企业不同发展阶段的 OI 与 TI 匹配决策问题，具有一定现实意义和理论意义。

（2）研究高端装备制造企业 OI 与 TI 的内在逻辑关系。高端装备制造企业的 OI 与 TI 水平同时上升，会在较大程度上推动企业综合创新决策能力进步，但 OI 与 TI 之间内在逻辑关系仍然没有得到探明，需要本书进一步地对该问题展开深入剖析，从而揭示出高端装备制造企业 OI 与 TI 的匹配决策机理。在高端装备制造企业的所有创新活动中，企业的 OI 与 TI 对于企业综合绩效的实现具有重要的推动和保障作用。然而在当前国内很多的高端装备制造企业中，企业的 OI 状况与 TI 状况显然并没有完全地发挥出应有的作用。而且部分高端装备制造企业的高层管理者对于企业 OI 与 TI 系统性关系，匹配关系以及匹配决策等方面的管理工作手段较为单一，管理效果不佳等问题，“高投入，低产出”等现象也均在不同程度上导致了高端装备制造企业的 OI 与 TI 匹配决策对企业整体绩效的推动作用甚微，甚至在部分阶段出现了阻碍企业绩效实现的状况。所以，全面研究高端装备制造企业的 OI 与 TI 匹配决策问题，尤其是在强化二者匹配的判断标准的基础上，进一步的针对 OI 与 TI 不匹配的情况，而做出相应地管理决策机理方面的研究，可以为企业管理者提高 OI 与 TI 匹配决策能力提供重要的参考。

（3）研究不同发展阶段的企业 OI 与 TI 匹配决策问题。处于不同发展阶段中的高端装备制造企业在 OI 与 TI 匹配的过程中所表现出来的基本特征也存在着一定的差异性。因此处于不同发展阶段中的高端装备制造企业的管理者在开展企业 OI 与 TI 匹配决策的时候，仍然会面对不同的问题，有不同的决策路径。由此可见，分别从静态和动态的角度来研究我国高端装备制造企业 OI 与 TI 匹配决策问题也是尤为必要的。通过动态性地分析和研究我国高端装备制造企业的 OI 与 TI 匹配决策问题，能够更好地指导企业管理者提升企业 OI 与 TI 匹配决策的管理能力，丰富管理手段，提高管理的针对性和科学性，从而体现出本研究的重要现实意义。同时，也从动态角度为高端装备制造企业在该领域的管理工作提供重要参考依据。

2.5 本章小结

本章主要总结了高端装备制造企业界定与特征，分别明确了高端装备制造企业的 OI 和 TI 构成要素及其特征，设计问卷调研和问卷回收，并针对 OI 和 TI 构成要素分别做了相关实证检验，以阐明调研问卷设计合理性。而后梳理了双边匹配决策研究理论支撑，包括双边匹配决策的基本内涵，相关理论和方法，并指出了适宜研究高端装备制造企业双边匹配决策方法。而后总结企业 OI 与 TI 匹配内涵，并在此基础上进一步地明确高端装备制造企业 OI 与 TI 匹配决策内涵以及主要特征表现。确定了高端装备制造企业 OI 与 TI 匹配决策路径。最终，设计出高端装备制造企业 OI 与 TI 匹配决策研究框架。

| 第3章 |

高端装备制造企业 OI 与 TI 匹配决策机理

复杂系统理论主要是强调通过整体论与还原论相互结合的方法分析系统性问题。而且在复杂系统理论看来，世界上所有的事物均自成系统且归属于一个更高更大的系统。每个系统相对于高于其结构层次大系统来说，均只构成该大系统的一个或几个要素，或是仅为大系统某个结构层次而存在着。因此研究高端装备制造企业 OI 与 TI 静态匹配决策关系，也应当通过复杂的系统视角，在一个复杂的系统之中去展开。根据前人学者们在企业 OI 与 TI 匹配决策方面的相关研究[137]，可将企业 OI 与 TI 匹配决策系统进一步地展开划分为 OI 决策子系统、TI 子系统以及 OI 与 TI 综合匹配系统，其具体的逻辑关系如图 3－1 所示。通过复杂系统理论研究高端装备制造企业的 OI 与 TI 静态匹配决策关系，能够确保问题研究的全面性和综合性，从而能够在一定程度上提高本部分的研究内容理论深度与说服力。

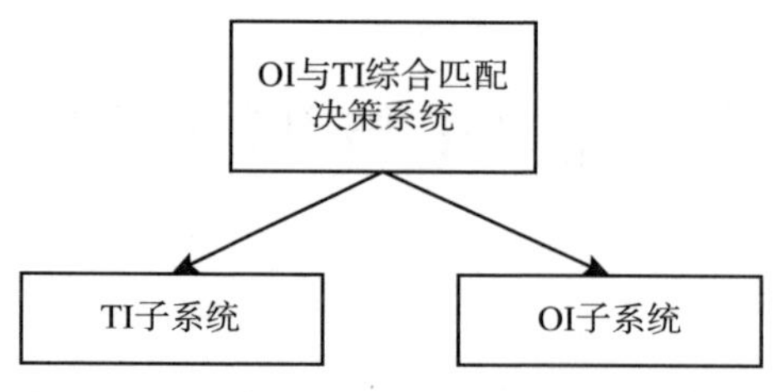

图 3-1　企业 OI 与 TI 匹配决策系统构成

3.1　企业 OI 与 TI 匹配决策系统解析

3.1.1　企业 OI 决策子系统

OI 决策系统路径。企业 OI 活动对企业的发展有着重要的影响作用。而且高水平的 OI 活动能够推动企业的全面发展和企业绩效的可持续提升。然而在开展 OI 的过程中，离不开 OI 决策的影响。能否在科学合理的决策理念指导下，科学地进行 OI 决策尤为关键。如图 3-2 所示，在开展企业 OI 决策的过程中，首先管理者要测度 OI 的基本内涵指标，包括组织战略创新、文化创新、结构创新和制度创新；而后要分别地评估组织战略创新、文化创新、结构创新以及制度创新的整体满意度；最后确定每个 OI 维度的满意度是否达标。如果 OI 内的某项指标满意度达标，则说明该指标当前的发展状态是能够

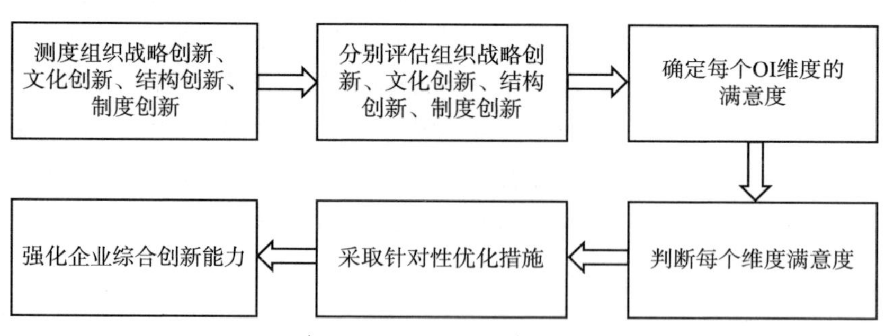

图 3-2　企业 OI 决策子系统路径

促成企业绩效的实现，而如果 OI 内的某项指标满意度未能够达标，则说明该指标无法全面促成企业绩效的实现，而且该指标需要被采取针对性地优化措施，从而推动企业的整体 OI 水平提升，进而能够满足企业实现绩效的需求，推动企业绩效的提高。

企业管理者在做 OI 决策时应当考虑多方面内容。由于企业 OI 决策子系统是一个相对较为复杂的决策系统，因此在开展 OI 决策的过程中，相关管理者应当多方面考虑，注意以下几个方面的内容：首先，管理者要全面了解企业的 OI 现状。在开展 OI 决策管理的过程中，相关管理者应当全面了解清楚企业自身的组织战略、组织文化、组织结构以及组织制度等方面的发展现状，从而针对企业在 OI 方面的自身基本特征来进行相应的评估与管理。这是 OI 决策管理环节的基础性内容，但也尤为重要。其次，管理者要准确评估 OI 各维度的满意度。针对企业 OI 各个维度的满意度评估，企业的管理者也应当能够采用较为科学合理的方法，遵循科学管理原则，开展较为合理的 OI 维度的满意度评价。最后，要采取有针对性地 OI 维度优化措施。针对存在着 OI 中满意度偏低的维度，企业应当进一步地采取有针对性地管理措施，如针对企业战略规划方面的优化措施，就必须要是能够优化组织战略的措施。只有这样较为有效地实现科学的 OI 决策管理。

3.1.2 企业 TI 决策子系统

TI 决策系统路径。企业的发展离不开技术进步的支撑，对于高端装备制造企业更是如此。因此，企业创新中 TI 的决策系统，对于企业的技术进步与管理也就显得尤为重要。而且在 TI 中存在着两个最为重要的维度，即产品创新与工艺创新。如图 3－3 所示，首先要测度 TI 中的产品创新维度与工艺创新维度；而后分别评估企业产品创新维度与工艺创新维度的满意度，进而判断满意度是否能够达标，如果能够达标则无须进一步优化，而针对不达标的创新维度则是要有针对性地采取优化措施，从而使该创新维度的满意度符合相关标准要求，最终为促进企业绩效的实现和提高发挥重要作用。这就是一个完整的 TI 决策子系统的决策路径。

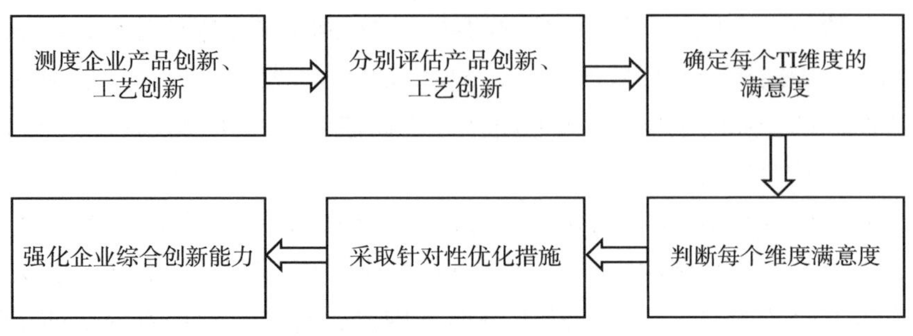

图3-3　企业TI决策子系统路径

企业管理者在开展TI方面的相关管理决策时，要能够充分地考虑到多方面的影响因素。针对TI决策子系统管理决策技术路径的严格性，笔者认为企业管理者在开展TI决策管理的过程中，应当注意以下几个方面的内容：首先，管理者要全面分析企业TI维度概况。企业的技术发展状况，随着时间的推移以及企业发展阶段的变化，其技术水平也是在随之变化的，因此在进行企业TI决策管理的过程中，要全面了解企业当下的TI水平与状况，包括产品创新与工艺创新。也只有在全面了解企业TI的基础上，管理者才能够在开展企业TI决策管理中，采取较为有针对性的管理策略。其次，管理者要秉持促进企业技术进步的管理思路。企业管理者在进行组织TI决策管理过程中，必须要秉持的管理理念为全面推动和促进TI水平的不断提升与进步。基于TI决策管理活动的实行，可以全面提升企业的技术发展水平，从而为推动企业绩效提供重要发展基础。最后，管理者要均衡发展产品创新与工艺创新。企业的TI主要包括产品创新与工艺创新，因此企业管理者要能够全面且均衡地发展组织的产品创新与工艺创新。如果企业的管理者只是单独发展某一个方面的创新，那对于推动组织TI的可持续发展是比较不利的。只有在全面推动产品创新与工艺创新水平的不断提升，才能够真正地促进组织TI水平提升。

3.1.3　企业OI与TI综合匹配决策系统

与企业的OI决策子系统和TI决策子系统相比较而言，企业OI与TI综合匹配决策系统更为复杂。这主要是由于在做OI与TI综合匹配决策时，相关管理者不仅应当全面考虑OI决策与TI决策时的相关问题，还要能够进一步地考虑二者匹配方面的综合性问题，从而给企业管理者带来了一定的管理困难。

基于复杂系统理论，可以确定出企业 OI 与 TI 综合匹配决策系统路径如图 3－4 所示。首先，要科学测度 OI 与 TI 的匹配组织状况，进而科学地评估出每一对 OI 与 TI 匹配组合的满意度状况。其次，判断且准确地确定出每个匹配组合的满意度是否能够达标。如可以达标，这种状态下的 OI 与 TI 匹配组合是可以推动企业整体绩效实现的；如果没有达标，则需要进一步地判断匹配组合满意度不达标的主要原因，进而针对这些原因进行决策，采取较为有针对性地优化方案。在 OI 与 TI 匹配决策方案方面，这些方案都是与匹配组织满意度不达标的主要原因相配合的，有几个方面的原因，则就会制定几个方面的优化方案。最后，在实行了较为有针对性地优化方案之后，从而能够提升企业的综合创新能力，最终推动企业整体绩效的提升。这正是在复杂系统理论的指导下，本书才确定出以上三个高端装备制造企业的 OI 与 TI 的匹配决策路径。

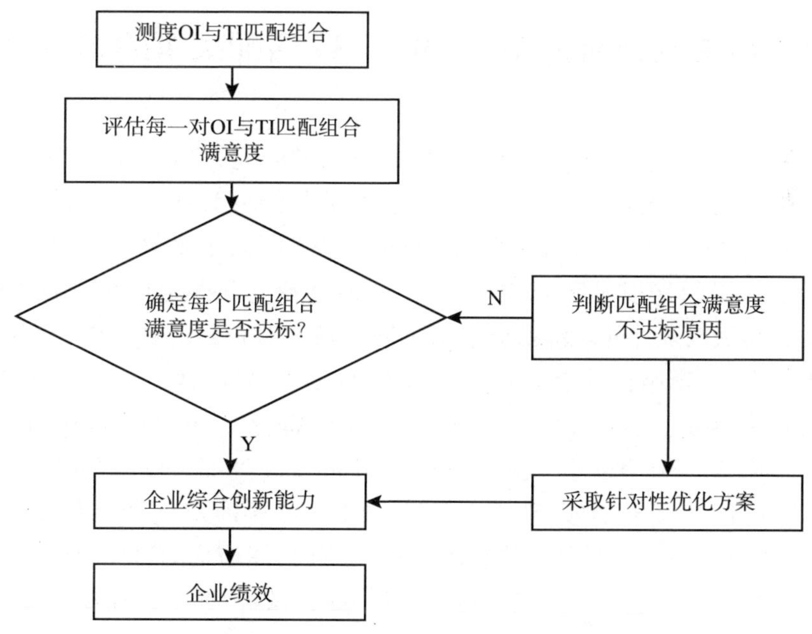

图 3－4　OI 与 TI 综合匹配决策系统

在 OI 与 TI 匹配决策系统中，有三个方面的内容是非常值得管理者在管理实践中加强关注的。首先，判断匹配组合满意度是否达标的方法需要一定的科学性。在判断的过程中，相关管理者必须要充分结合决策管理理论，针对企业的 OI 现状，TI 现状以及二者的匹配现状，外部环境状况等内容，展开较为全面客观地评估，从而得出较为科学合理的判断结论。其次，匹配组合满意度已经达标的情况下，针对满意水平偏低的匹配组合，相关管理者不能忽视它们，还是要对这些匹配组合进一步地强化监督管理。在企业的发展过程中，相关管理者还是要密切关注这些匹配满意度偏低的匹配组合，一旦出现匹配组合满意度不达标的情况，则要及时采取改进与优化方案，提高 OI 与 TI 匹配组合的满意程度至达标。最后，探索匹配组合满意度不达标原因时，相关管理者要全面结合企业实际情况，能够找到其根本原因也是一个要求较高的工作内容。在查找 OI 与 TI 不匹配的原因时，相关管理者应当分别从企业内部和外部查找相关原因，而且还要在众多原因中，分清主次，选择主要的核心原因，进而针对核心原因采取有针对性的匹配组合满意度优化方案。

3.2 高端装备制造企业 OI 与 TI 匹配决策的影响因素

关于企业 OI 与 TI 匹配决策影响因素方面的研究，不同的学者也都从不同的角度进行了论述。学者金伯利和伊万尼科斯（Kimberly and Evanisko）在发表的论文中指出，影响企业 TI 和 OI 的多方因素主要包括管理者个体因素，企业组织因素以及环境因素[144]。贾斯基特（Jaskyte）在研究中指出，管理者、组织以及外部环境都分别从不同的角度对企业的创新活动产生着重大的影响[145]。李靖在其论文中研究 OI 与 TI 匹配影响因素方面，也主要是从企业管理者特征、组织特征以及外部环境特征这三个方面展开的相关研究[17]。苏拉马尼亚和尼拉坎塔（Subramanian and Nilakanta）在研究中认为 OI 与 TI 协同创新行为受到环境要素、组织要素以及创新个体要素的影响[146]。吴际、石春生和刘明霞在研究 OI 与 TI 协同演化的过程中，基于层次的视角指出管理者视角、组织视角以及环境视角的各类要素都具有重要的影响作用[123]。基于以上以及第 1 章关于高端装备制造企业 OI 与 TI 匹配关系以及二者双边匹配决策方面的相关研究，本书结合复杂系统理论、模块化等相关的管理学理论，将影响高端装备制造企业 OI 与 TI 匹配决策的相关影响因素进行了模块划分，主要分出了三个大的模块，即管理者视角影响因素、组织视角影响因素和环境视角影响因素。通过这些影响因素的分析，可以为后文中企业 OI 与 TI 匹配决策管理对策和建议的提出，提供重要的参考和依据。

如图 3－5 所示，不同层次的影响因素对高端装备制造企业开展 OI 与 TI 匹配决策管理活动，所起到的影响作用也是不同的。这一结论在理论界也是能够得到广泛认可的。因此，本书主要针对不同方面的影响因素，选择其中影响力度较大的方面进行分析与研究，从而为后文的相关研究奠定重要的理论基础。在管理者视角方面，管理者的基本素质、岗位任期、对创新支持情况以及综合管理能力都对高端装备制造企业 OI 与 TI 匹配决策管理活动产生重要的影响。在组织视角方面，组织的资源禀赋、组织集权程度、规模与结构以及组织沟通效率等方面，也都会对其产生重要的影响。而在环境视角方面，企业环境的复杂性与变化性，也都是影响高端装备制造企业 OI 与 TI 匹配决策管理活动的重要因素。

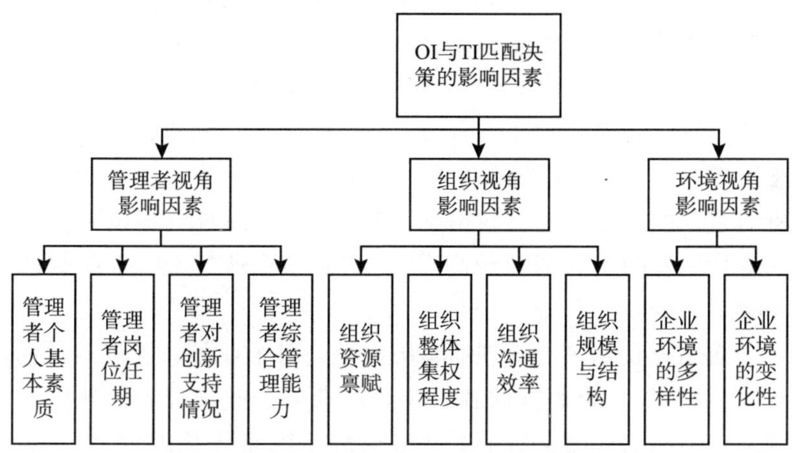

图 3－5　影响高端装备制造企业 OI 与 TI 匹配决策管理的重要因素

3.2.1　OI 与 TI 匹配决策的管理者视角影响因素

在企业的创新管理活动中，企业的管理者充当着重要的管理角色[140]。不论是企业的中高层管理者，还是企业的低层管理者，都对企业的创新活动起着不可忽视的重要推动作用[141]。特别是在企业的 OI 活动中，企业的管理者是 OI 中的核心主体；在企业 TI 中，企业的管理者也起着重要的管理作用，从某种程度上来看也发挥着重要的核心指导作用[142]。金伯利和伊万尼科斯（Kimberly and Evanisko）认为管理者的基本素质能够对企业的战略选择以及企业的整体绩效起到一定的促进作用[144]。劳伦斯（Lawrence）则是相对较为强调企业的高层管理者对企业的影响作用要明显地高于企业底层管理者对企业创新活动的影响作用[150]。而且高层管理的整体管理能力更多是在企业管理实践中的积累，特别是在企业创新实践中的不断积累。基于管理者的相关状况对于企业创新活动的影响巨大，本研究在分析企业 OI 与 TI 匹配决策管理影响要素方面，首先分析了管理者的个人基本素质、职位任期、对创新的支持情况以及综合管理能力。

3.2.1.1 管理者个人基本素质

（1）管理者自我情绪控制能力。高端装备制造企业管理者的自我情绪控制能力，对企业管理者管理才能的发挥有着重要的影响作用。自我情绪控制能力相对较差的管理者，比较容易暴躁[147]，甚至在制定决策时会出现急躁的情绪[148]，从而影响和限制了制定相关管理决策的科学性。相反，若是企业管理者的自我情绪控制的过于内敛，甚至是内向，则也是同样不利于企业的管理工作[149]。所以企业的创新活动必须要求企业的领导者能够事宜地控制好自身情绪，拥有较高的自我情绪控制力[150]。而且自我情绪控制能力较强的表现是管理者的个人情商较高[151]，这对于企业的 OI 和 TI 管理活动而言，都是必不可少。

（2）管理者学历水平。管理的学历水平，对企业创新管理活动而言，也会产生较大影响[152]。企业管理者的专业背景与企业管理者的整体教育学历水平，都会在不同的程度上影响者企业管理者的整体管理效果[153]。如企业管理者来自不同学制教育学历领域，或者是来自不同的学历层次，是大专、本科、硕士还是博士，从而也就导致管理者的知识构成，学习能力，思考理性程度等方面产生巨大差异，这同时就会在很大程度上影响到企业管理者的日常管理能力[154]。当然对于所有的企业岗位而言，并不是学历越高越适合。而是管理者的基本素质与能力、工作岗位基本需求越匹配越适宜[155]。但不可否认的是学历越高的管理者，其基本的学习能力和对于问题理解的全面性和接受能力都是相对较高的[156]。

（3）管理者个人风险偏好。企业管理者的个人风险偏好也是不可忽视的一个重要特征[157]。一般而言，风险偏好型的企业管理者对企业创新活动的支持力度相对较高。而风险规避型的企业管理者对企业的整体创新活动支持力度相对较弱一些。这两种类型的偏好各有利弊，没有绝对的不好与好。因此企业在开展 OI 与 TI 匹配决策管理的过程中，受到企业管理者个人风险偏好影响的程度也相对较高。

3.2.1.2　管理者岗位任期

企业的管理者[illegible]任期，对于管理者在高端装备制造企业[illegible]不同的影响[158]。但是这种影响的相关[illegible]者认为，企业的管理者在岗任期时间[illegible]。他们认为在岗时间较长的管理者，[illegible]乏创新精神和创新意识。而新上任不[illegible]新活动，对创新实践的信心更加充[illegible]持着完全不同的看法。这些学者认[illegible]践没有必然的关联关系。部分学者[illegible]够在企业创新管理决策中做出较为[illegible]

[illegible]在岗任期越长，对企业的整体发展[illegible]等方面都是较为有利的。在此背景[illegible]策管理活动，更加容易制定出符[illegible]管理决策。这主要是因为企业管[illegible]累的整体管理经验更为丰富，从[illegible]动开展更为准确科学合理的决策[illegible]任期与企业的管理者的创新决策[illegible]系。

3.2.1.3　管理者对创新支持情况

通过梳理以往相关研究文献能够看出[160][161]，企业管理者对企业的整体创新活动的支持态度，与企业的综合创新时间活动存在着正相关的关联关系[162]。而且创新理论中明确了对管理者的创新思想的要求，即企业的管理者必须要对企业的创新活动提供足够的支持，才能确保企业的创新实践顺利完成。因而企业的管理者在开展管理活动实践的过程中，必然离不开对创新的支持态度。因为墨守成规的管理者，不会提出有利于企业可持续发展的管理对策和建议[163]。一般来说，企业管理者能够在无条件的情况下支持企业创新活动的态度，要明显地优于企业管理者要在有条件的情况下支持企业创新活动实践的态度[164]。二者之间存在着较为明显的差别[165]。这主要是对企业创新活动能够提供较为积极支持态度的企业管理者，在日常的企业管理实践中会积极营造创新的企业文化氛围，从而通过这种文化氛围而感染到企业中的每一位员工。这种企业文化的影响力度是非常大的，这也非常有利于企业开展全面性的 OI 与 TI 实践活动，从而对于企业管理者制定出科学的企业 OI 与 TI 匹配决策更加有利。

另外，企业管理者对企业创新实践的支持态度，也会在较大程度上鼓舞企业创新参与者的创新士气和创新的积极性。特别是在高端装备制造企业的 OI 与 TI 实践中，都是较为复杂的创新活动，对于这种创新态度的需求是非常渴望的。因此企业管理者在开展企业 OI 与 TI 匹配决策的过程中，企业管理者对创新实践的支持态度是必不可少的。

3.2.1.4 管理者的综合管理能力

高端装备制造企业管理者的综合管理能力对于企业创新管理实践而言，有着最为直接的正向关联关系[166]。管理者的综合管理能力是企业管理者在个人基础素质的基础上，结合具体管理经验积累等方面的要素情况，从而培养出企业管理者开展企业综合管理实践的基本能力。这种能力的培养需要长期的过程，不是短期内就能够完成的。而且这种综合的管理能力是直接要运用和影响到企业的创新实践中去的[167]。而且通过本研究针对高端装备企业在企业创新管理实践的调研与访谈也发现，在现实的企业管理实践中，确实存在着不同管理者的综合管理能力差距较大。有些管理者的综合管理能力较强，能够审时度势，制定出较为适宜的管理决策；而有些管理者的综合管理能力相对较弱，则无法及时有效地做出科学合理的企业管理判断与决策。因此，高端装备制造企业在开展 OI 与 TI 匹配决策管理的过程中，需要具备相对较高水平综合管理能力的管理者给予配合。

另外，从企业管理的综合系统角度来看，企业管理者的综合管理能力的构建过程也是一个复杂系统的构建过程。在企业管理者综合能力的培养过程中，不仅需要企业管理者个人的基本素质以及个人能力的保障，还需要其所在企业的内外部环境的保障。具有较高个人素质的企业管理者在培养综合管理能力方面，效率会更高一些。而且企业的内外部环境是否适合企业管理者综合管理能力的培养，也是尤为关键一个环节。

3.2.2 OI 与 TI 匹配决策的组织视角影响因素

班特尔和杰克逊（Bantel and Jackson）在研究中指出组织要素特征对于企业的整体创新发展而言，影响重大[168]。企业的 OI 与 TI 匹配决策活动终究还是在企业的组织框架和结构中完成的，特别是 OI 活动与企业组织的基本特征有着不可分割的密切关系。而且 TI 活动也需要相应的组织特征给予配合。因此，本书进一步从组织视角分析企业 OI 与 TI 匹配决策的影响因素，包括组织的资源禀赋状况、集权程度、沟通效率以及组织的规模、结构等。

3.2.2.1 组织资源禀赋

高端装备制造企业的整体组织资源在较大程度上影响着企业 OI 与 TI 活动的开展。组织资源对企业的创新活动起着重要的保障性作用。一般而言，企业的组织资源主要包括有人力资源，即组织成员和为组织工作的各类员工；关系资源，即组织与外部环境的联系状况；信息资源，即企业的内部外向信息和外部内向信息；金融资源，即组织的资本和资金状况；形象资源，即社会公众对组织的看法；物质资源，即组织的固定资产等；技术资源，即生产技术与工艺。组织在这些资源方面的禀赋情况，会影响到企业 OI 活动和 TI 活动的开展。而且在企业进行 OI 与 TI 匹配决策管理的过程中，任何组织资源不充足现象都将是企业开展创新活动的重大障碍。其中，对于高端装备产业而言，与其他产业很大的一个不同点就是，高端装备制造产业对于技术资源的要求相对较高。因此企业的技术资源禀赋在很大程度上能够影响到高端装备制造企业的发展。

组织资源的禀赋状况，对企业开展 OI 与 TI 匹配决策有着较为明显的影响。当企业组织中的各类资源都比较充裕的背景下，企业开展 OI 与 TI 匹配决策管理活动的成本相对较低，也更加容易做出最适宜企业需求的企业 OI 与 TI 匹配决策；相反，在一个资源禀赋较差的组织中，企业管理者在制定 OI 与 TI 匹配决策的过程中，会在不同的程度上受到各种各样的限制，而且很多的创新管理决策在落实的过程中也容易会出现各种各样的问题。特别是在高端装备制造企业中，对于企业中各类资源的需求规模以及质量要求更高。因而在高端装备制造企业中开展 OI 与 TI 匹配决策管理活动，对于企业的资源禀赋要求标准也就更高了。可见，对于高端装备制造企业开展 OI 与 TI 匹配决策管理活动而言，组织的资源禀赋状况也是其较为重要的一个组织要素。

3.2.2.2 组织整体集权程度

所谓组织的集权程度主要是指组织的管理决策权在高层管理者手中的程度情况。也就是说组织集权程度越高，也就意味着组织的高层管理者有着越大的组织决策权利；相反，组织的集权程度越低，则意味着组织的高层管理者开展决策的权利也就越小，并将更多的企业决策权下放到中低层管理者手中。黄（Huang）在研究中指出处于不同的发展阶段的企业创新活动，所需要的企业集权程度也是不同的。例如，企业的初创阶段开展创新活动时，需要较低的集权管理；而在企业的成长阶段中的企业创新活动则又需要较高的集权效应[169]。米勒（Miller）等学者则是认为相对较高程度的组织集权状态更加容易推动企业的创新能力提升，特别是 OI 方面的相关活动；而相对较低程度的组织集权状况，比较适合企业的 TI 方面的相关活动[170]。

在本书中，针对高端装备制造企业 OI 与 TI 匹配的决策管理活动而言，笔者认为较高程度的组织整体集权状况更加适宜。这主要是因为在较高程度的组织集权状态中，企业的管理者在制定 OI 与 TI 匹配决策时，效率更高；在相关创新匹配决策的落实过程中，更具执行力。而且在高层管理者制定相关的决策管理政策的时候，各个部门的员工接受度相对要更高一些，从而能够进一步地促使企业 OI 与 TI 匹配管理决策的执行效果更好。从本书针对高端装备制造企业创新管理状况的实际调研情况来看，也能够发现组织集权程度相对较低的企业，在企业 OI 与 TI 匹配的决策管理的过程中，困难重重，阻力较大，效率较低。可见，组织整体集权的程度状况对高端装备制造企业开展企业 OI 与 TI 匹配的决策管理活动而言，影响较大。

3.2.2.3　组织沟通效率

所谓组织的沟通主要是指在组织活动中，组织的内部之间、内部与外部之间，通过各种媒介所开展的重要信息传递的过程。其沟通的最终目标就是为了能够全面协调组织内部与外部的各类关系，从而为组织的全面发展创造较为高质量的内部外发展环境[171]。包括创新活动在内的任何组织活动都需要在一个相对较高效率沟通机制的状态下，才能够顺利完成[172]。可见，组织的沟通效率对于企业整体活动而言，意义重大。在此背景下，企业的 OI 活动和 TI 活动也同样需要企业提供较高的组织沟通效率，从而为企业开展企业 OI 与 TI 匹配的决策管理活动提供重要的管理基础。

从企业组织内部自身的沟通效率方面来看，组织沟通效率的表现主要为组织内部的各个部门之间的沟通效率和组织内部的人员之间的沟通效率。在不同的企业内部，会使用不同的沟通机制，如纸质文件、口头、企业内部邮件、内部电子网络群组、告示板等方式。不同的沟通机制也会具有不同的沟通效果。因此，企业组织内部的自身沟通效率与这些沟通方式的选择也有着密切的关系。而且企业在开展企业 OI 与 TI 匹配的决策过程中，也需要不同的多种企业内部沟通方式相互配合，相辅相成，从而实现整个匹配决策管理过程中沟通的顺利实现，从而达到最优的沟通效果。

从企业的组织内部与组织外部之间的沟通效率方面来看，高效的组织内部外部沟通机制更加有利于企业了解市场行情，了解产业发展中的最新信息，从而为企业发展保持先进性提供重要的信息保障。特别是在企业开展 OI 与 TI 匹配决策的过程中，更加需要最新相关信息的配合与指引。

综上所述，组织的整体沟通效率对企业开展 OI 与 TI 匹配决策管理活动而言，影响较大，不可忽视。

3.2.2.4　组织规模与结构

企业组织作为一个系统，其方方面面都会对企业开展 OI 与 TI 匹配决策管理活动产生重要的影响。在组织的这个系统里，其中最基本的要素当属企业的组织规模和结构了。特别是在 OI 管理活动中，组织规模与结构的影响作用是很大的。因此在考虑企业 OI 与 TI 匹配决策管理活动中，必须要考虑到企业的整体组织规模与结构。

在组织规模状况方面，相对较大规模的组织，其 OI 活动开展起来更加困难，难度更大，从而导致企业在开展 OI 与 TI 匹配决策管理活动中，比较容易出现更多的问题和障碍。反之，相对较小规模的组织，在开展 OI 及其与 TI 匹配决策管理实践的过程中，管理决策的制定与落实等管理活动也就更加容易一些。因此，针对较大组织规模的企业 OI 与 TI 匹配决策管理活动时，管理者则要投入更多的精力，考虑更多的内容。而从本书调研的高端装备制造企业样本中能够看出来，当前我国从事高端装备制造企业的组织规模都是比较大的。所以针对高端装备制造企业的 OI 与 TI 匹配决策过程中，要注意到其组织规模庞大的发展现状，从而制定相应的更加具有针对性的管理决策。

在组织结构方面，不同的企业在组织结构方面的表现也是不同的。有些企业可能是由于历史原因或管理问题，拥有较为复杂的组织结构。这样的组织结构，在组织沟通以及组织运行方面，效率相对低下。而有些企业则拥有较为精简的组织结构，更加有利于组织沟通与运行。从当前大部分企业组织结构的发展趋势来看，企业组织结构越来越趋向于扁平化的发展趋势。因此，组织结构对于高端装备制造企业开展 OI 与 TI 匹配决策管理活动而言，影响也是比较大的。

综上所述，不论是企业的组织规模还是企业的组织结构，都会对企业开展 OI 与 TI 匹配决策管理活动产生较为明显的影响和作用。因此，在此过程中，相关管理者应当充分意识到组织规模与组织结构因素的重要性，在制定相关管理决策的过程中要针对组织规模和组织机构采取较为有针对性的决策管理活动。

3.2.3 OI 与 TI 匹配决策的环境视角影响因素

除了企业管理者视角的因素和企业组织视角的因素会影响到高端装备制造企业 OI 与 TI 匹配决策管理实践外，企业环境视角的各类因素也同样会对企业 OI 与 TI 匹配决策管理实践产生重要的影响。而且企业的内外部环境有着多样性和变化性的特征。这些环境特征都会在不同程度上影响着企业 OI 与 TI 匹配决策管理活动的效果。所以，高端装备制造企业为了顺利开展有效的 OI 与 TI 匹配决策活动，就不能忽视企业环境视角的各类影响因素。

3.2.3.1 企业环境的多样性

高端装备制造企业的内外部环境是多种多样的。不同的企业环境都会在不同方面和角度影响着企业的整体创新活动以及企业的整体管理实践。而且企业的内外部环境，对企业的各类创新活动的影响程度都是十分巨大的。因此，企业的管理者不能忽视任何企业环境对企业创新活动所带来的影响。

从企业的内部环境多样性方面来看，企业的内部环境要素包括有企业的人力资源环境、企业资金环境、企业设备环境、企业资产环境、企业产品环境、技术环境、文化环境以及组织环境等方面的环境。这些企业的内部环境要素对企业的整体创新活动发展，企业 OI 与 TI 匹配管理来说，都有着较为重要的影响。而且这些内部环境不同的环境系统之间还存在着重要的关联性，相互作用，相互影响，从而导致企业内部环境的综合复杂程度逐渐提升。在如此较为复杂的多样性企业内部环境下，企业管理者开展 OI 与 TI 匹配决策管理活动的要求自然也就得到了较大的提高。

从企业的外部环境多样性方面来看，企业的外部环境多样性主要包括有企业所处的外部经济大环境、企业所面临的市场环境、企业的客户管理环境、企业的供应商管理环境、企业外部信息环境以及企业所处的行业标准环境等。这些错综复杂的外部环境，在不同程度上给企业的整个创新活动带来了一定的影响。可见，企业外部环境的多样性对企业创新活动的影响更为重要以及其影响程度也更加大。

综上所述，不论是从企业的内部环境来看，还是从企业的外部环境来看，企业的整体环境都在不同程度上呈现出了一个相对较为复杂的多样性状态。这种多样性的环境状态都给企业的 OI 与 TI 匹配决策管理活动形成了一定的影响气氛。相对较好的且有利于企业创新活动开展的企业内外部环境，能够在较大程度上推动企业相关创新活动的顺利开展；相反，较差的企业内外部环境，则会阻碍企业创新活动的开展。因此，企业的管理者应当针对企业的内外部环境发展现状，针对企业内外部环境多样性的特色，构建出较为高质量的企业内外部发展环境，从而为企业的创新活动提供较为良好的发展环境。

3.2.3.2 企业环境的变化性

从企业环境的变化性方面来看，不论是企业内部环境还是企业的外部环境，都存在着较大的变化性，都不是一成不变的。如企业的人力资源环境，从人员的流动方面看，企业的人力资源一般变化较大，包括人力的数量、人力技术职称结构以及人力整体素质等方面，都是时刻在变化的。特别是在高层管理者中，一旦出现人力资源方面的巨大变动，对于企业的创新活动影响是非常重大的。再如企业所处的市场环境中，市场里的竞争对手数量与水平、行业标准、客户的基本需求等方面都会存在着一定的变数，而且这些变化的出现需要企业尽快随之发生变化，否则将会在市场中处于劣势地位。诸如此类，企业内外部环境中的各类环境都比较容易出现一定的变化性，从而导致企业需要跟随环境的变化出现一些政策方面的调整。在此过程中，就会给企业的整体运行带来一定的成本支出。

通过以上关于企业所处环境变化性的相关分析可以看出，企业的管理者在开展 OI 与 TI 匹配决策管理活动的过程中，必须要能够针对企业环境的变化性，采取较为有针对性的解决与管理措施，从而能够给企业整体开展 OI 与 TI 匹配决策管理活动提供重要的政策与环境保障。

3.3 高端装备制造企业 OI 与 TI 匹配决策机理揭示

3.3.1 基于匹配性评价矩阵的 OI 与 TI 匹配决策过程

基于前文相关分析的基础上，本书结合双边匹配理论以及匹配主体满意度理论，基于主体满意一致性的双边匹配决策方法，使用考虑稳定匹配条件下的双边满意匹配决策方法，展开本书中高端装备制造企业 OI 与 TI 匹配决策问题的研究。在分析了相关高端装备制造企业 OI 和 TI 的调研数据后，在此本书将描述出高端装备制造企业的 OI 与 TI 匹配决策的计算过程。

设 a_{ij}为组织创新 A_i 对技术创新 B_j 的满意度，β_{ij}为 B_j 对 A_i 的满意度；设 d_i 为 A_i 通过专家组给出的最高可接受偏好序，h_j 为 B_j 通过专家组给出的最高可接受偏好序。设 y_{ij}为一个 0 - 1 变量，其中 $y_{ij}=0$ 表示 $\mu(A_i)\neq B_j$，$y_{ij}=1$ 表示 $\mu(A_i)\neq B_j$。

A_i 对所有 TI 集合 $B=\{$产品创新,工艺创新$\}=\{B_1,\ B_2\}$ 的偏好序向量评价主要考虑其产品创新和工艺创新的基本情况；B_j 对所有的 OI 集合 A = {战略创新，结构创新，文化创新，制度创新} = $\{A_1, A_2, A_3, A_4\}$ 的偏好序向量评价主要考虑 OI 各构成要素所形成的组织环境情况。通过组织专家组对高端装备制造企业的 OI 和 TI 情况进行科学客观的直接评估，就可以获得 A_i 对所有 TI 集合 B 的偏好序向量，$R_i=[R_{i1}, R_{i2}]$，$i=1, 2, 3, 4$，和 B_j 对所有 OI 集合 A 的偏好序向量 $T_j=[t_{1j}, t_{2j}, \cdots, t_{4j}]^T$，$j=1, 2$：

$$R_1=[4, 6, 7, 2, 8, 1, 5, 2, 3]$$
$$R_2=[6, 1, 8, 3, 1, 2, 9, 3, 4]$$
$$R_3=[1, 2, 6, 9, 8, 1, 3, 5, 1]$$
$$R_4=[6, 9, 1, 5, 9, 2, 6, 8, 1]$$
$$T_1=[7, 3, 2, 5, 6, 7]^T$$
$$T_2=[1, 2, 4, 5, 2, 9]^T$$

根据公式满意度

$$\alpha_{ij}=\frac{n-r_{ij}}{n-1}, \ (i=1, 2, \cdots, m;\ j=1, 2, \cdots, n)$$

$$\beta_{ij}=\frac{m-t_{ij}}{m-1}, \ (i=1, 2, \cdots, m;\ j=1, 2, \cdots, n)$$

可以将偏好序向量 R_i 和 T_j 转化为满意度向量 $\bar{A}_i$ 和 $\bar{B}_j$；基于满意度向量 $\bar{A}_i(i=1, 2, 3, 4)$ 和 $\bar{B}_j(j=1, 2)$，分别建立满意度矩阵 $\bar{A}=[\alpha_{ij}]_{4\times2}$ 和 $\bar{B}=[\beta_{ij}]_{4\times2}$，如表 3－1 和表 3－2 所示。

表 3－1　满意度矩阵 $\bar{A}=[\alpha_{ij}]_{4\times2}$

α_{ij}	B_1	B_2
A_1	0.75	0.25
A_2	0	0.75
A_3	0.375	1
A_4	0.5	0.625

表 3－2　满意度矩阵 $\bar{B}=[\beta_{ij}]_{4\times2}$

β_{ij}	B_1	B_2
A_1	0.2	0.6
A_2	1	0.4

续表

β_{ij}	B_1	B_2
A_3	0.8	0
A_4	0.4	0.8

基于表3－1和表3－2，可以计算出共同最高可接受偏好序 $d_{min}=3$ 和 $h_{min}=3$。

确定最高可接受偏好序 d_i 和 h_j。不妨假设所有的OI都接受偏好序区间［3，9］，并给出自身的最高可接受偏好序 d_i：$d_1=4$，$d_2=3$，$d_3=4$，$d_4=3$；所有的TI都接受偏好序区间［3，6］，并给出自己最高可接受偏好序 h_j：$h_1=3$，$h_2=4$。

根据最低可接受满意度计算公式 $\gamma_i=\frac{n-d_i}{n-1}(i=1,2,\cdots,m)$ 和 $\eta_i=\frac{m-d_i}{m-1}(j=1,2,\cdots,n)$，可将最高可接受偏好序 d_i、h_j 转化为最低可接受满意度 $\gamma_1=\gamma_3=0.75$、$\gamma_2=\gamma_4=0.625$ 和 $\eta_1=0.4$，$\eta_2=0.6$：

$$\theta_{ij}=\begin{cases}\alpha_{ij}, & \alpha_{ij}\geqslant\gamma_i\\ -K, & \alpha_{ij}<\gamma_i\end{cases}(i=1,2,\cdots,m;\ j=1,2,\cdots,n;\ K\text{为足够大的正数})$$

$$\Psi_{ij}=\begin{cases}\beta_{ij}, & \beta_{ij}\geqslant\gamma_i\\ -K, & \beta_{ij}<\gamma_i\end{cases}(i=1,2,\cdots,m;\ j=1,2,\cdots,n;\ K\text{为足够大的正数})$$

可以将满意度矩阵 $\bar{A}=[\alpha_{ij}]_{4\times2}$ 和 $\bar{B}=[\beta_{ij}]_{4\times2}$ 转化为满意度截矩阵 $\boldsymbol{\Theta}=[\theta_{ij}]_{4\times2}$ 和 $\boldsymbol{\Psi}=[\Psi_{ij}]_{4\times2}$，如表3－3和表3－4所示。

表3－3　满意度截矩阵 $\boldsymbol{\Theta}=[\theta_{ij}]_{4\times2}$

θ_{ij}	B_1	B_2
A_1	0.875	1
A_2	$-K$	0.625
A_3	0.75	$-K$
A_4	$-K$	0.875

表 3-4　　满意度截矩阵 $\boldsymbol{\Psi}=[\boldsymbol{\Psi}_{ij}]_{4\times 2}$

Ψ_{ij}	B_1	B_2
A_1	1	$-K$
A_2	0.8	0.4
A_3	1	0.6
A_4	$-K$	$-K$

依据满意度截矩阵 $\boldsymbol{\Theta}$ 和 $\boldsymbol{\Psi}$，构建出如下多目标优化模型：

$$\max F(A_i) = \sum_{j=1}^{2} \theta_{ij} y_{ij},\ (i = 1, 2, \cdots, 4)$$

$$\max F(B_j) = \sum_{i=1}^{4} \Psi_{ij} y_{ij},\ (j = 1, 2)$$

$$\text{s. t.} \sum_{j=1}^{2} y_{ij} = 1,\ (i = 1, 2, \cdots, 4)$$

$$\sum_{i=1}^{4} y_{ij} \leqslant 1,\ (j = 1, 2)$$

$$y_{ij} = 0 \text{ 或 } 1,\ (i = 1, 2, \cdots, 4;\ j = 1, 2)$$

考虑到 OI 和 TI 在高端装备制造企业中具有相等的优先权这一表征，上述多目标优化模型便可以转化为如下的多目标优化模型：

$$\max F(A) = \sum_{i=1}^{4} \sum_{j=1}^{2} \theta_{ij} y_{ij}$$

$$\max F(B) = \sum_{i=1}^{4} \sum_{j=1}^{2} \Psi_{ij} y_{ij}$$

$$\text{s. t.} \sum_{j=1}^{2} y_{ij} = 1,\ (i = 1, 2, \cdots, 4)$$

$$\sum_{i=1}^{4} y_{ij} \leqslant 1,\ (j = 1, 2)$$

$$y_{ij} = 0 \text{ 或 } 1,\ (i = 1, 2, \cdots, 4;\ j = 1, 2)$$

基于 OI 与 TI 在企业经营管理活动中的公平性，可以设权重 $W_A = W_B = 0.5$，则上述转化后的多目标优化模型又可以转化为如下单目标优化模型：

$$\max F = 0.5 \sum_{i=1}^{4} \sum_{j=1}^{2} \theta_{ij} y_{ij} + 0.5 \sum_{i=1}^{4} \sum_{j=1}^{2} \Psi_{ij} y_{ij} = \sum_{i=1}^{4} \sum_{j=1}^{2} f_{ij} y_{ij}$$

$$\text{s.t.}\ \sum_{j=1}^{2} y_{ij} = 1,\ (i = 1,\ 2,\ \cdots,\ 4)$$

$$\sum_{i=1}^{4} y_{ij} \leqslant 1,\ (j = 1,\ 2)$$

$$y_{ij} = 0\ \text{或}\ 1,\ (i = 1,\ 2,\ \cdots,\ 4;\ j = 1,\ 2)$$

其中，$f_{ij} = 0.5\theta_{ij} + 0.5\psi$，系数矩阵 $[f_{ij}]_{4\times 2}$，如表3-5所示。

表3-5　系数矩阵 $[f_{ij}]_{4\times 2}$

f_{ij}	B_1	B_2
A_1	$-K'$	0.875
A_2	0.675	$-K'$
A_3	$-K'$	0.7125
A_4	0.9	$-K'$

通过 Lingo 9.0 优化软件包编程求解上述单目标优化模型可得如下结果：

$$Y^* = [y_{ij}^*]_{4\times 2} = \begin{bmatrix} 0 & 1 \\ 0 & 1 \\ 1 & 0 \\ 0 & 0 \end{bmatrix}$$

因此，OI 与 TI 的双边匹配决策方案为 $\mu^* = \mu_t^* \cup \mu_S^*$，其中 $\mu_t^* = \{(A_1, B_2), (A_2, B_2), (A_3, B_1)\}$，$\mu_S^* = \{(A_1, B_1), (A_2, B_1), (A_3, B_2), (A_4, B_1), (A_4, B_2)\}$；这也就是说 A_1 与 B_2 匹配，A_2 与 B_2 匹配，A_3 与 B_1 匹配；而 A_1 与 B_1 不匹配，A_2 与 B_1 不匹配，A_3 与 B_2 不匹配，A_4 与 B_1 不匹配，A_4 与 B_2 不匹配。

3.3.2　高端装备制造企业 OI 与 TI 匹配决策结果

通过以上针对高端装备制造企业的 OI 与 TI 匹配决策方面的理论分析和双边匹配决策方法而进行的实证分析，基于第 3.2 节中关于高端装备制造企业 OI 与 TI 及其对企业绩效影响方面的相关调研数据，结合第 3.3.1 小节中针对高端装备制造企业 OI 与 TI 静态匹配决策的相关实证计算结果，并针对以上实证数据结果展开详细地分析，可以得出以下四点结论：

（1）明确要素组的匹配状态。从调研高端装备制造产业的OI与TI发展情况来看，调研中的这些高端装备制造产业中，大多数高端装备制造企业战略创新与工艺创新较为匹配，结构创新与工艺创新匹配，文化创新与产品创新匹配；而且其大部分企业战略创新与产品创新不匹配，结构创新与产品创新不匹配，文化创新与工艺创新不匹配，制度创新与产品创新不匹配，制度创新与工艺创新不匹配。

（2）判断整体匹配结果。观察以上被调研的高端装备制造企业中OI与TI的匹配关系，可以发现其中匹配要素组为两组，而不匹配要素组有五组，这说明匹配的要素组比不匹配的要素组合数量明显要少。可见，这些高端装备制造企业的OI与TI整体匹配水平较低。之所以出现这种情况，与当前发展高端装备制造业起步晚、水平低、障碍多等方面有着密切的联系。所以，现在的高端装备制造企业非常需要相关的企业高层管理者能够尽快采取有针对性地相关优化措施，从而提升企业的OI与TI能力，从而能提升整个企业综合竞争实力。

（3）对不匹配要素组，要采取针对性改进措施。在所有不匹配要素组中，制度创新与产品创新、工艺创新都不匹配，这说明高端装备制造企业整体上存在着制度创新落后情况，很多高端装备制造企业的制度体系建设明显落后，缺乏新颖、创新性的制度体系，也无法满足企业的产品生产创新与工艺创新的整体需求，这与企业管理制度落后，管理水平低下等原因相关。因此，相关企业应该充分地意识到企业制度创新的重要性，要突出制度的基础性作用，从制度上为企业的发展提供重要保障。

（4）对匹配要素组，要强化针对性监管力度。当前高端装备制造企业OI与TI匹配过程中，存在着部分要素组较为匹配，部分要素组不匹配情况。企业管理者要在日常管理中，要结合企业实际，针对已经匹配要素组也不能掉以轻心，要时刻监控，做好相关的监管分析与预测工作。而针对那些已经出现不匹配的因素组则是要能够进一步采取优化和完善的管理措施给予应对。例如，进一步的完善企业战略，强化企业战略要以产品创新为前提；优化企业结构，为创新奠定基础；丰富企业文化，为企业工艺创新营造氛围；健全企业的整体制度体系，为TI提供重要保障。

3.4 高端装备制造企业 OI 与 TI 匹配决策机理探讨

3.4.1 企业 OI 与 TI 匹配决策模型

基于前文针对高端装备制造企业 OI 与 TI 匹配决策过程的相关分析和研究，结合相关学者的研究成果，例如，斯旺和克拉克（Swan and Clark）[173]、粟敬钦（Su）[174]、贾云庆等（Jia et al.）[175]、王莹和赵阳（Wang and Zhao）[176]、塞皮尔（Czepiel）[177]、石春生和辛冲（Shi and Xin）[178]等学者的研究成果，可以确定高端装备制造企业 OI 与 TI 匹配决策模型。企业决策理论要求企业的管理在企业面对经营管理实践选择时，要能够及时准确地做出科学地决策和判断。为了全面推动高端装备制造企业创新实践的发展，高端装备制造企业的管理者也要能够针对企业的 OI 和 TI 匹配决策管理实践做出科学的决策判断，从而为企业的整体创新能力的提升奠定重要的管理基础。基于以上相关分析，本书总结出中国高端装备制造企业的 OI 与 TI 匹配决策模型，如图 3 -6 所示。

结合高端装备制造企业 OI 与 TI 匹配决策模型，可以判断出企业在开展 OI 与 TI 匹配决策管理时，企业相关管理者要充分重视以下内容。

（1）科学规范评价企业 OI 与 TI 匹配判断标准。要测度中国高端装备制造企业 OI 与 TI 匹配组合状况，评估每一对 OI 与 TI 匹配要素组合的满意度。其中，满意度为 1 的匹配组合满意度为达标；满意度为 0 的匹配组合满意度不达标。企业管理者要重点对匹配满意度不达标的要素组展开相应管理工作。

（2）针对性优化不匹配要素组。达标的 OI 与 TI 匹配组合能够促进企业绩效的实现，而针对未能达标的 OI 与 TI 匹配组合，相关企业管理者则要指出匹配满意度不达标的原因，分别从创新维度和匹配影响因素等方面展开分析，在确定原因的基础上，则要进一步地采取有针对性的优化方案，有针对性地选择不同的解决方案。通过该高端装备制造企业静态匹配决策的设计，可以为高端装备制造企业管理者在实现企业静态的 OI 与 TI 匹配决策管理方面，提供重要参考和依据。

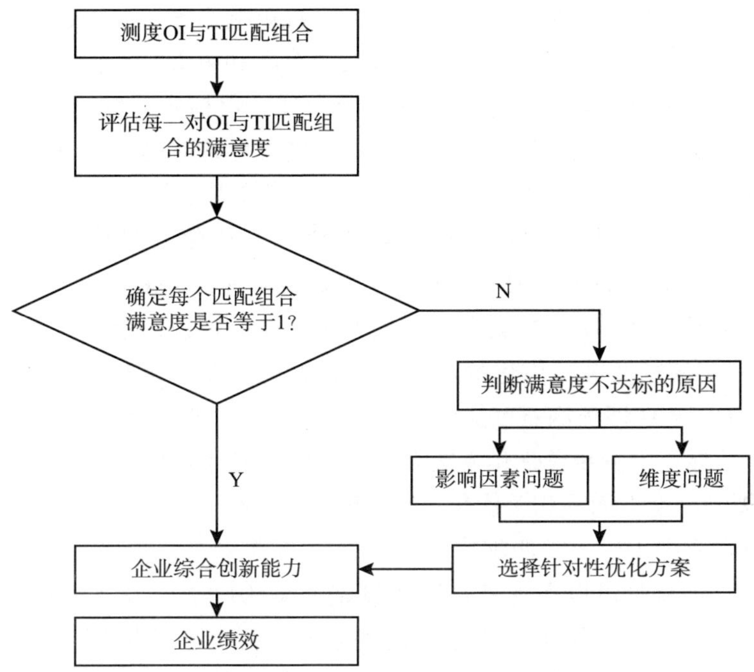

图 3-6 高端装备制造企业 OI 与 TI 匹配决策模型

3.4.2 企业 OI 与 TI 匹配决策机理归纳

基于高端装备制造企业 OI 与 TI 静态匹配决策路径模型实施过程中，相关企业管理者在开展 OI 与 TI 匹配决策管理时，应当注意以下内容：

（1）使用匹配性评价矩阵判断高端装备制造企业 OI 与 TI 匹配状况。针对高端装备制造企业 OI 与 TI 匹配状况测度的方法有多种选择，本研究科学地选择了使用较为广泛且较为成熟的匹配性评价矩阵方法。该判断方法，更加贴近高端装备制造企业发展实际。同时该方法也可更加科学地判断出高端装备制造企业的 OI 与 TI 实际匹配状况。且通过匹配性评价矩阵在判断企业 OI 与 TI 匹配状况过程中，其运算矩阵结果为 0 或 1，比较能够直接地判断出双边匹配状况。

（2）全面剖析高端装备制造企业 OI 与 TI 不匹配的内在原因。在判断高端装备制造企业 OI 与 TI 匹配是否不达标的原因时，高端装备制造企业的管理者除了要分析维度问题以外，还要不能忽视影响因素。其中，维度主要是指本书在第2章第2.1.3节中提及的OI构成维度和第2.1.4节中提及的TI构成维度；而影响因素如第3章中第3.2节所述，包括企业管理者领导视角，企业组织视角、环境视角等。企业的管理者能否处理好这一管理环节，会在很大程度上影响到企业管理在OI与TI匹配决策管理效果。

（3）要制定针对性的优化方案。选择针对性优化方案时，是要针对OI或TI中的每个构成维度，或是针对每个影响因素进行优化。这里优化的最终目标是要实现OI与TI匹配满意度的最大化。也就是说，企业管理者在针对OI与TI匹配满意度进行优化的过程中，其优化的最佳标准就是要看优化后能否实现OI与TI匹配满意度达标。如果能够达标，则意味着优化方案有效；如果不能达标，则意味着优化方案无效。最后，在针对高端装备制造企业OI与TI匹配满意度方面的相关优化方案得到全面执行的基础上，就能够实现高端装备制造企业OI与TI匹配度较高的一个匹配状态。那么这个优化后的匹配状态，也就是可以实现高端装备制造企业OI与TI及其匹配创新的综合创新能力的提升，从而推动企业整体综合创新水平的提高。而在企业综合创新水平得到进一步提升的基础上，企业的绩效也就会随之得到进一步的提高。

高端装备制造企业OI与TI静态匹配决策的内在机理。通过构建高端装备制造企业OI与TI静态匹配决策路径模型，能够在较为深入地揭示出高端装备制造企业OI与TI静态匹配决策的内在机理。高端装备制造企业OI与TI静态匹配决策的内在机理主要为企业的管理者要重视对企业OI与TI匹配满意度的评价，结合匹配性评价矩阵的研究方法，时刻观察企业OI与TI匹配状况。当企业OI与TI匹配状况较差时，则要分析这种较差匹配状况产生的原因，从而针对这些原因采取有针对性的问题解决方案。在相关方案得到全面落实的基础上，也就能够进一步地实现企业OI与TI匹配满意度的提升。通过高端装备制造企业OI与TI静态匹配决策的内在规律的揭示，也能够为高端装备制造企业管理者，在开展OI与TI静态匹配决策管理活动的过程中，提供重要的参考和依据，从而提高企业综合管理效率。因此，高端装备制造企业管理者通过优化OI与TI的匹配满意度，也就能够在较大程度上推动企业综合创新能力的提升，从而最终促进高端装备制造企业综合绩效提升。

3.5 本章小结

在本章研究中，首先解析了企业 OI 与 TI 匹配决策系统，而后研究了高端装备制造企业 OI 与 TI 匹配决策的影响因素，主要包括三个层次影响因素，即个体层次影响因素、组织视角影响因素以及环境视角影响因素。这些影响因素的提出为后文相关优化对策建议提出，提供了理论基础。近而揭示了高端装备制造企业 OI 与 TI 匹配决策机理，包括使用匹配性评价矩阵的决策方法研究高端装备制造企业 OI 与 TI 匹配问题，得出高端装备制造企业 OI 与 TI 匹配决策结果。最后，探讨了高端装备制造企业 OI 与 TI 匹配决策机理。

| 第4章 |

不同发展阶段高端装备制造企业 OI 与 TI 匹配决策路径

为了能够从更加全面角度分析高端装备制造企业 OI 与 TI 匹配决策状况，本章主要是结合企业组织变革理论、企业成长理论等管理学理论，依据高端装备制造企业在组织变革与发展状况，基于企业在每个发展阶段所呈现出来的企业 OI 与 TI 的匹配特征，从动态的角度，在全面梳理和总结不同时期下企业 OI 与 TI 匹配特征的基础上，使用系统动力学仿真的研究方法，分析不同阶段中高端装备制造企业的 OI 与 TI 匹配决策状况，最终构建出不同发展阶段高端装备制造企业 OI 与 TI 综合动态匹配决策模型。通过该模型的建立，也就能够在一定程度上揭示出高端装备制造企业 OI 与 TI 动态匹配决策的基本规律。

另外，匹配理论中明确了双边匹配的主体之间要能够在实现相互全面匹配的情况下，才能够推动企业实践的发展。高端装备制造企业的 OI 与 TI 匹配决策也不例外，不论是在企业发展的任何阶段中，都要能够在最大程度上确保高端装备制造企业的 OI 与 TI 匹配决策的科学性，实现 OI 与

TI 的全面匹配，从而推动高端装备制造企业整体创新实践的全面发展。因而在梳理不同发展阶段高端装备制造企业 OI 与 TI 匹配特征的过程中，本书基于前人学者的相关研究文献结论，结合第 3.2 节中高端装备制造企业 OI 与 TI 匹配决策的影响因素，从而较为全面地揭示出不同发展阶段高端装备制造企业 OI 与 TI 匹配的具体特征。

4.1 不同发展阶段高端装备制造企业 OI 与 TI 匹配特征

4.1.1 初创阶段企业 OI 与 TI 匹配特征

在高端装备制造企业初创阶段发展阶段，企业的 OI 和 TI 实践都分别表现出了各自的发展特征。

4.1.1.1 TI 发展较为迅速

从一般的企业发展状况来看，企业在建立之初都是在构建了一定的组织结构的基础上，将更多的重点和发展力量都放到了 TI 中去[179]。因此从企业的整体精力投入力度状况而言，企业对 OI 整体投入的力度明显低于 TI 整体资金投入与发展力度。这就导致了企业在初创阶段，其 TI 的进步速度相对较快，而 OI 的进步速度则就相对较慢了。这就是由于企业支持力度方面的差异，导致了企业在开展 OI 与 TI 过程中表现出发展速度上的不同。

4.1.1.2 OI 速度较慢

企业在初创阶段构建组织的时候，更多的是参考其他同类企业开展 OI 活动，而且由于企业建立时间较短，导致企业无法过多的参考本企业的技术发展状况，这就导致了企业 OI 会有可能在一定程度上出现无法满足 TI 需求的结果[180]。而且在初创阶段的后期，企业 TI 快速进步的结果让管理者看到了企业 OI 方面的不足，从而才开始进一步地优化企业的 OI 活动。

4.1.1.3 TI 中的产品创新与工艺创新发展不同步

企业在初创阶段发展相对较快的状态下，并不是产品创新与工艺创新齐头并进的发展状态，而是出现了产品创新与工艺创新发展不同步的情况，从而也就在一定程度上抑制了企业 TI 的总体进步速度[181]。这是因为企业在初创时期是比较重视企业产品能否占领主要运营市场，产品销售规模是否能够得到扩大，在此指导思路下的企业发展更加重视产品的创新而在一定程度上忽视了企业的 OI[182]。而工艺创新的资源投入较大，见效速度较慢[183]。一般初创阶段的企业不会选择大规模投入到见效慢的工艺创新中去。但是如果为了企业的可持续发展，企业管理者终究还是要认识到企业工艺创新的重要性，从而进一步地加大对企业工艺创新方面的相关投入力度。

通过梳理相关研究文献，结合本书中针对高端装备制造企业的实践调研可以发现，初创阶段企业的 OI 与 TI 综合匹配关系特征是 OI 在较大程度上能够推动 TI 的进步与发展。初创阶段的企业 OI 与 TI 匹配关系中之所以能够表现出来以上特征，主要是基于以下几点原因：

（1）企业创立之初的组织设置相对较为全面，OI 能力相对较强。一般企业设立之初，在组织设置方面，都会参考当时行业中较为优秀的组织情况进行设置，开展 OI 活动[184]。但是创立之初的企业技术发展水平却一般都是低于行业标准的，在同行业中有着较大的进步空间。这种企业创新活动发展的起步格局也决定着企业综合创新发展在较大程度上需 OI 全面支撑与促进 TI 不断进步。

（2）在初创阶段，企业更加重视 TI，企业一切活动都是为 TI 而服务。这主要是由于在这个初始阶段的企业发展目标基本上都是集中在了企业 TI 的发展与进步[185]。特别是对于高端装备制造企业而言，企业更多的还是希望能够生产出技术密集型的产品，从而能够在同类产品销售市场中取得较大的竞争优势。而且初创阶段企业 TI 在同业中存在的劣势现状，也确实需要更多的多方面投入，包括对 OI 方面的支撑等。

（3）企业管理能力不足。初创阶段企业在多方面的创新管理能力水平仍然存在着一定的不足之处，所以急需抓住企业整体发展的重点。因而一般初创阶段企业均都将企业的发展重心选择放在了企业 TI 上[186]。在这样的格局下，也能够体现出企业 OI 对企业 TI 的支撑状态。

综上所述，可以判定出企业在初创阶段的 OI 与 TI 匹配特征主要表现为 OI 能够全面支撑到整个 TI 的不断发展，且 OI 还能够在较大程度上服务企业 TI 的不断进步。

4.1.2 成长阶段企业 OI 与 TI 匹配特征

基于初创阶段高端装备制造企业发展阶段中 OI 和 TI 的发展状况，成长阶段的高端装备制造企业的 OI 和 TI 发展也均体现出了自身的发展特征。

4.1.2.1 TI 水平相对较高

在企业的成长阶段，企业的 TI 水平已经达到了一定的高度，并且保持着稳定的高水平进步状态。这说明成长阶段的企业 TI 已经达到了一定的成熟度，并且 TI 的相关条件以及相关保障都较为充足。但是在企业 TI 不断进步的过程中，对企业 OI 的基本需求也在随之上升[187]。

4.1.2.2 OI 水平明显地落后于企业的 TI 水平

受到初创阶段 OI 与 TI 发展状况的影响，导致成长阶段初期的 OI 水平与 TI 水平差距特别大。从而导致企业 OI 无法满足快速发展的企业 TI 的整体需求[188]。这样就产生了一个矛盾，即高水平的 TI 需求对低水平的 OI 水平之间的矛盾。这种矛盾的长期存在则会很容易抑制企业 TI 水平的提升，从而在一定程度上抑制企业整体创新能力的提升。

4.1.2.3 OI 在努力满足 TI 需求

为了推动 OI 全面满足 TI 方面的整体需求，而且成长阶段 OI 一直都是处于一个快速大幅度进步的过程中。企业的 OI 也只有实现较快的增长速度才能够进一步地不断满足企业的整体 TI 需求。尤其是企业发展至成长阶段接近成熟阶段的时期，企业的 OI 就会达到能够满足 TI 基本需求的程度[189]。从而为企业成长阶段的 OI 与 TI 发展奠定重要的基础。

通过梳理相关研究文献，结合本书中针对高端装备制造企业的实践调研可以发现，成长阶段 OI 和 TI 双边匹配关系特征是，企业的 TI 带动企业 OI 的整体发展。这种特征的形成，主要有以下三个方面的原因：

（1）OI 水平较低。成长阶段的企业技术水平明显高于 OI 的整体水平，为了满足企业 TI 的需求，企业的 OI 就必须要积极提高创新水平。也就是说，企业在 TI 水平已经达到一定高度的同时，对于企业 OI 的要求也在不断提高[190]。特别是企业 TI 中的工艺创新对企业 OI 中的组织结构、组织制度等方面的要求日益提升。在此背景下，这也就在一定程度上形成了企业 TI 带动企业 OI 的发展特点。

（2）TI 水平较高。成长阶段的企业已经有了一定的基本积累，企业的 TI 水平也已经发展到了一定的高水平，因此企业也就有了较为充足的资源和精力，积极发展已经处于落后地位的 OI[191]。在此背景下，企业的 OI 也就会得到一定程度上的促进和推动。

（3）OI 管理长期被忽视。成长阶段的企业在各个方面都得到了一定的进步和推动，而在初创阶段常常都被忽视的企业 OI 行为，到了成长阶段也出现不同程度上的问题，包括 OI 与企业 TI 发展不相适应的情形等问题[192]。因此，从企业 OI 自身发展的角度来看，在成长阶段的企业也应当进一步地加强对企业 OI 活动的投入与管理。

综上所述可以看出，成长阶段的 OI 和 TI 匹配特征是 TI 在较大程度上带动着企业整体 OI 的进步。

4.1.3 成熟阶段企业 OI 与 TI 匹配特征

到了成熟阶段发展阶段，高端装备制造企业的 OI 活动和 TI 活动的发展也都表现出了成熟阶段独有的发展特征。

（1）TI 水平相对较高。企业 TI 在成长阶段发展状态的基础上，得到了更高水平的发展，而且其发展速度也都是稳定上升的[193]。这种情况的出现，与企业在成长阶段所积累的大量的工艺创新方面与产品创新方面的相关生产经验密不可分[194]。所以成熟阶段企业的 TI 发展也相对较为成熟，并且其 TI 的水平和状态都在企业的整个发展阶段里都处于最高的巅峰状态。

（2）企业的 OI 发展状态与其在成长阶段的发展状态有所不同。经过成长阶段的 OI 能力快速积累，成熟阶段企业的 OI 发展状态整体水平要更高一些，而且其发展的速度也更加平稳一些[195]。而且在企业的全发展阶段中，成熟阶段的企业 OI 水平也是最高的，要明显高于其他任何一个时期的 OI 水平。

（3）成熟阶段的 OI 水平与 TI 水平较为接近，相互之间都能够较高的满足对方的基本需求。特别是分别从 OI 的构成要素与 TI 的构成要素方面来看，相互的构成要素发展也都能够在一定程度上满足对方的基本需求，从而实现成熟阶段的企业 OI 与 TI 的协调发展，相互促进，相互推动。以上这些成熟阶段企业 OI 与 TI 活动发展的特点的形成，也都在不同程度上为企业 OI 与 TI 匹配状态的形成奠定了重要的发展基础。

通过梳理相关研究文献，结合本书中针对高端装备制造企业的实践调研可以发现，成熟阶段企业的 OI 和 TI 双边匹配特征是，OI 和 TI 保持平行且方向一致的发展状态。之所以出现成熟阶段企业 OI 与技术创匹配关系中的这种发展特征，主要有以下几个方面的原因：一方面，经过初创阶段和成长阶段的积累，企业的各个方面都已经发展到了一定的成熟高度，这也意味着企业的 OI 与 TI 水平和能力也都积累到了一定的高度[196]。正因为如此，企业也就形成了 OI 与 TI 都处于大体相当的较高发展水平。这种都是处于相对较高的水平的 OI 能力和 TI 能力都在不同程度上向对方相互的产生一种推动和促进作用，从而使得成长阶段的企业 OI 与 TI 活动匹配的相互协调，相互促进，从而形成一个更加积极地企业 OI 与 TI 综合匹配决策系统。另一方面，企业的 OI 和 TI 的目标一致，也促使了企业 OI 与 TI 的同方向发展与进步[197]。在成熟阶段的企业 OI 和 TI 发展的目标都是希望能够通过 OI 与 TI 的匹配进一步地推动企业的整体创新能力的提升，最终促进企业整体绩效的提升[198]。因此，在目标一致的前提下，企业的 OI 与 TI 也就变为方向一致了。由此可见，成熟阶段企业 OI 与 TI 匹配特征的形成有其企业自身深刻的根源。

综上所述，本节中针对处于不同发展阶段的企业 OI 与 TI 匹配特征方面的相关分析，能够为本章后文的相关仿真动态分析以及仿真运行结果的全面深入分析都能够奠定重要的研究基础。

4.2 高端装备制造企业 OI 与 TI 匹配决策仿真分析

4.2.1 系统因果反馈关系与系统流图

系统动力学理论是运用“凡系统必有结构，系统结构决定系统功能”的基本系统科学思想，依据系统内部的各个组成要素互为其因果关系的反馈的发展特点，从其系统内部结构上寻找所有问题发生根源，而非使用外部干扰或是随机的事件来说明其系统行为的基本性质。系统动力学的相关理论认为，任何系统性的动态行为都是通过不同的因果关系而逐渐引起的，即在一定的因果律范围中，事物所发生的任何变化都被因果关系决定[199]。系统动力学理论基于因果关系的探究而科学建立系统结构研究模型[200]。所以研究系统变量之间的因果关系，既能够确定出系统模型结构性的基本框架，还能够确定出系统模型具体边界[201]。同样，在高端装备制造企业 OI 与 TI 的匹配决策关系中，也存在着较为明显地因果反馈关系，因而本书针对当前在高端装备制造企业中所存在着的 OI 与 TI 的匹配决策现有关系，而进一步地勾勒出高端装备制造企业 OI 与 TI 的匹配决策系统流图，如图 4－1 所示。

基于系统动力学中的相关理论知识，结合本研究的基本研究目标以及各相关变量之间因果反馈关系，通过对高端装备制造企业的 OI 与 TI 匹配决策系统中各变量之间因果反馈关系的确定，从而构建出了本研究的 OI 与 TI 动态匹配决策模型因果反馈关系，如图 4－2 所示。

为了能够进一步地理清系统动力学仿真模型中各变量间变量关系，突出模型因果反馈关系，可以总结出以下 6 个相对较为关键的因果反馈回路。具体反馈回路内容如下：

（1）OI→TI→产品创新、工艺创新→创新能力→创新总产出→营业额→纯利润→资金规模→创新总投入→OI；

（2）TI→OI→战略创新、制度创新、结构创新、文化创新→创新能力→创新总产出→营业额→纯利润→资金规模→创新总投入→TI；

（3）OI→战略创新、制度创新、结构创新、文化创新→创新能力→创新总产出→营业额→纯利润→资金规模→创新总投入→OI；

（4）TI→产品创新、工艺创新→创新能力→创新总产出→营业额→纯利润→资金规模→创新总投入→TI；

（5）交互效应因子→创新能力→创新总产出→营业额→纯利润→资金规模→总投入→OI→交互效应因子；

（6）交互效应因子→创新能力→创新总产出→营业额→纯利润→资金规模→创新总投入→TI→交互效应因子。

在前文已经描绘出 OI 与 TI 匹配决策模型因果反馈关系的基础上，本书进一步构建出 OI 与 TI 匹配决策系统动力学仿真模型，描绘出系统动力学流图。这主要是由于在因果反馈关系图中并不能完全表达出匹配决策系统各个

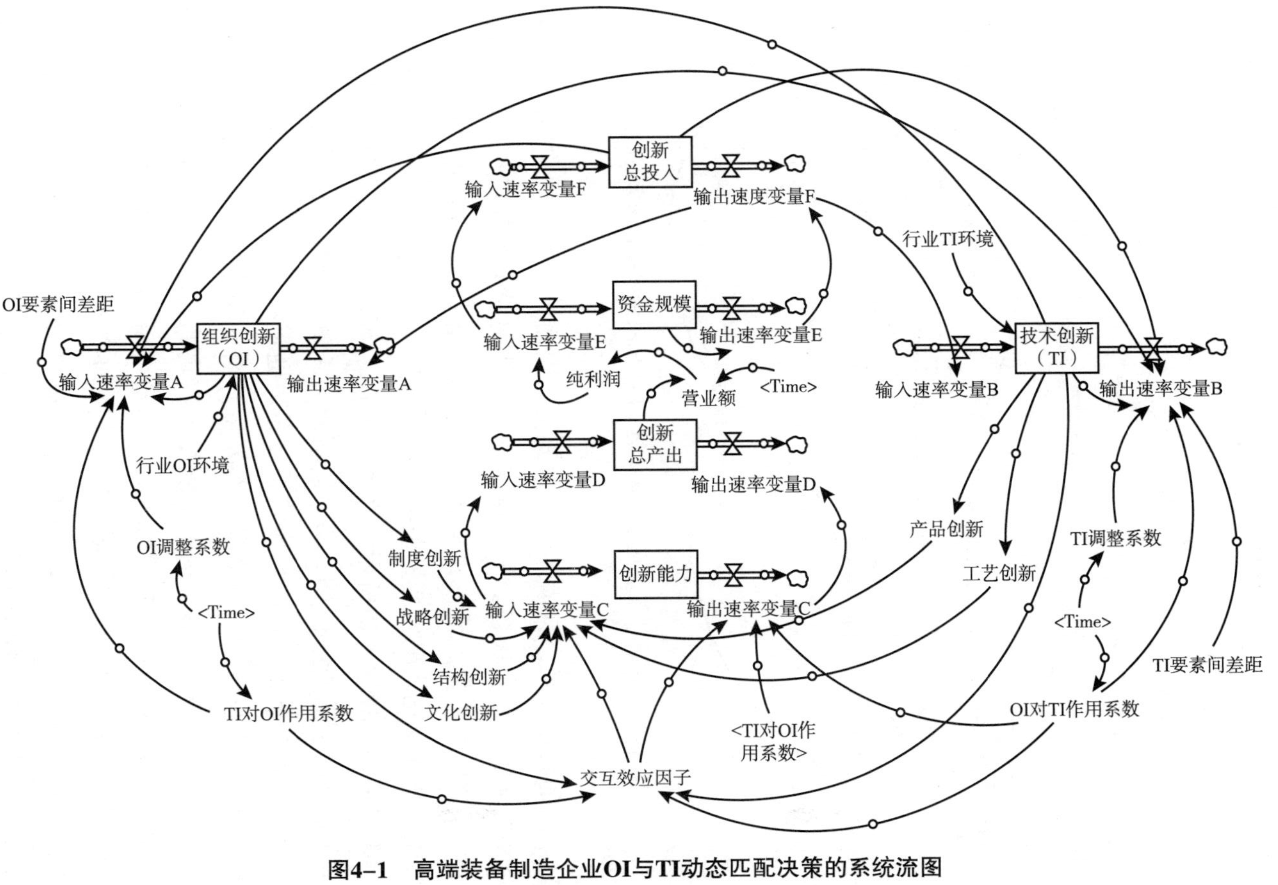

图4-1 高端装备制造企业OI与TI动态匹配决策的系统流图

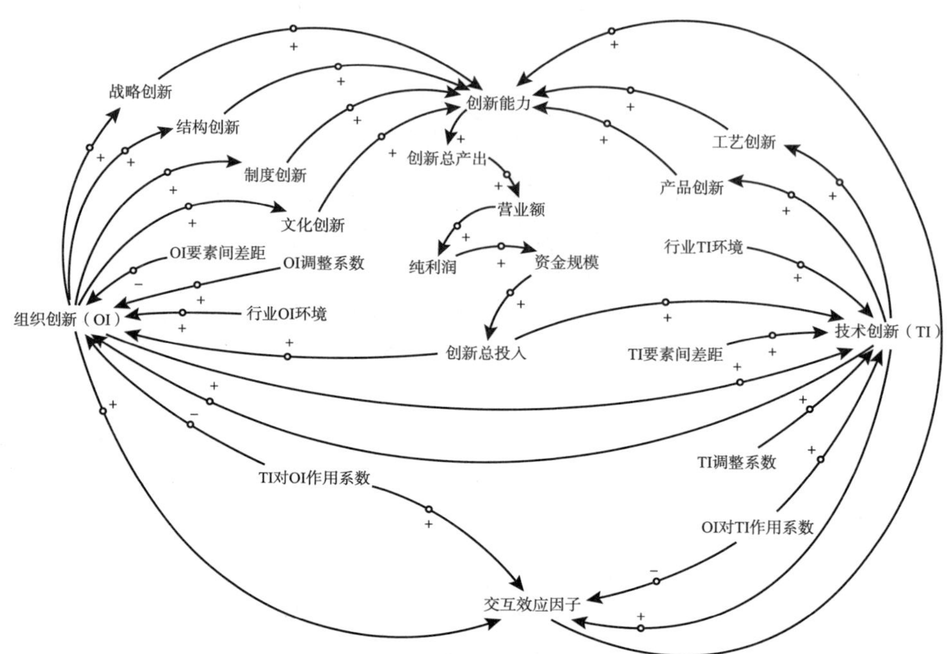

图 4－2　高端装备制造企业 OI 与 TI 匹配决策模型因果反馈关系

变量之间的数量关系，且描述的较为笼统。因而笔者通过构建 OI 与 TI 匹配决策系统流图，结合状态变量、速度变量、辅助变量等数据，明确系统内部各个变量之间的数量关系，并全面深入地描绘出 OI 与 TI 匹配决策系统的基本构成、系统变化状况、变量关系等内容。

如图 4－1 和图 4－2 所示，在 OI 与 TI 匹配决策系统流图中可以看出，其中所包含的水准变量有 OI、TI、创新能力、资金规模、创新总投入、创新总产出，这些变量也可以被称为状态变量。通过状态变量可以表达出匹配决策系统的时间累积效应。而每个状态变量都会有两个速率变量，即输出速率和输入速率，该变量能够表达出系统行为变化的速度快慢。调整参数变量主要有 OI 调整系数、TI 调整系数、OI 对 TI 作用系数、TI 对 OI 作用系数。其中，OI 调整系数和 TI 调整系数的取值范围均位于 0～1 之间；OI 对 TI 作用系数、TI 对 OI 作用系数的取值范围均位于 －0.5～0.5 之间。影子变量分别为 <Time> 和 <TI 对 OI 作用系数>。在该流图中其他的变量则为辅助变量，也叫中间变量。

4.2.2 系统仿真方程的确定

在系统仿真方程确定的过程中，笔者主要是基于高端装备制造业 OI 与 TI 动态匹配决策的基本特点，模型构建的主要目的，以及系统动力学仿真模型中的 INTEG 函数、IF THEN ELSE 条件函数、WITH LOOKUP 表函数。通过系统动力学仿真方程的确定也能够为后续的仿真结果分析奠定重要的研究基础。

4.2.2.1 INTEG 函数

使用 VENSIM 系统动力学仿真软件分析的系统动力学模型主要是围绕着状态变量而构建的模型方程[202]。而 INTEG 函数则主要是用作确定系统仿真方程中的状态变量函数[203]。而且该函数的内涵为状态变量在随着时间不断变化的过程中对流速变量的一个积分。具体表达式为：INTEG（输入变量 - 输出变量，变量初始值）。通过该函数的使用，能够确定出 OI 方程表达式为：INTEG（输入变量 A - 输出变量 A，OI 变量初始值）；也能够确定出 TI 方程表达式为：INTEG（输入变量 B - 输出变量 B，TI 变量初始值）。在此基础上，能够在下文模拟仿真研究中揭示出 OI 与 TI 在其双边动态匹配中的整体基本发展趋势。而且以此类推，运用以上方程式也能够进一步地确定出仿真模型中创新能力等状态变量的方程表达式。

4.2.2.2 IF THEN ELSE 条件函数

IF THEN ELSE 函数常用于系统仿真模型中的政策切换或变量的选择等领域[204]。该条件语句的运用为系统仿真模型的基本运算提供了重要的支撑。其具体的表达式为：IF THEN ELSE（a，b，c），其中如果变量符合假设条件 a，则相应取值就应当为 b；如果变量不符合假设条件 a，则相应取值就应当为 c。通过 IF THEN ELSE 条件函数的表达式，能够确定出创新能力变量中输出变量 C 的方程表达式，即输出变量 C = IF THEN ELSE（OI 对 TI 作用系数 × TI 对 OI 作用系数 <0，交互效应因子，0）[205]。

4.2.2.3 WITH LOOKUP 表函数

一般情况下，系统仿真模型中使用 WITH LOOKUP 表函数主要是用来表达模型中的非线性变量，以及无法精准描述复杂关系的变量[206]。其具体表达式为：WITH LOOKUP {自变量，[(最小值1，最小值2)-(最大值1，最大值2)]，(自变量与因变量数据点)}[207]。基于 WITH LOOKUP 表函数确定函数特点，本书在借助问卷调研、专家访谈等基础研究方式的基础上，还要在仿真研究的过程中灵活调整研究内容综合确定 WITH LOOKUP 函数。而且使用 WITH LOOKUP 表函数能够科学地确定输入速率变量 A 和输入速率变量 B[208]。在此基础上，还要能够进一步地确定出 TI、OI 等参变量，包括 OI 对 TI 作用系数，TI 对 OI 作用系数，OI 调整系数，TI 调整系数等。

4.2.3 系统仿真模型有效性检验

为了能够全面验证系统动力学仿真模型的有效性，建立出能够足够精确表达真实系统的仿真模型，本书使用系统仿真模型有效性检验来查验本书中 OI 与 TI 动态匹配仿真模型和现实情况的吻合度。而且通过有效性检验还能够进一步地修正模型中存在着的不合理情况，从而能够全面提升仿真模型结果的信度。在此，笔者主要选择了三个方面的有效性检验，分别为仿真模型的运行检验，历史检验以及模型参数灵敏度检验。

4.2.3.1 仿真模型的运行检验

为了考察系统动力学仿真模型的整体稳定性情况，本书选择运行检验方法。一般而言，社会系统中的模型相当较为繁杂，影响因素较多，而且这些影响因素之间的关联关系也是十分的复杂，从而导致整个系统对参数变动的敏感度等方面的内容稳定性较强，变化较小[209]。本书中的高端装备制造业 OI 与 TI 动态匹配决策系统也同样具备类似的稳定性。

为了能够进一步地核验出 OI 与 TI 动态匹配决策系统模型的运行稳定性，笔者选择以高端装备制造企业 K_1 企业为研究对象，通过选择不同的仿真时间间隔展开仿真分析。其中仿真步长分别选择了 1、0.5 和 0.25，从而观察 K_1 企业 OI 变量的整体仿真结果，如图 4-3 所示。从图中能够看出，三条线路基本上是处于大部分近似重合的状态，整体重合度极高，从而可以判定该模型的运行基本上较为稳定。

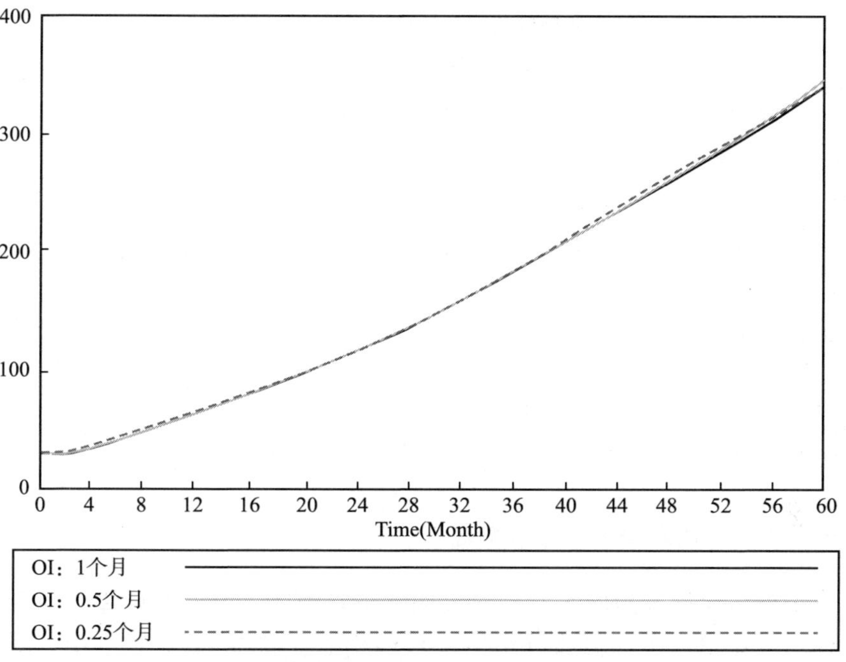

图 4－3　不同间隔时间下 K_1 企业 OI 运行检验结果

4.2.3.2　仿真模型的历史检验

为了全面核查研究模型中仿真结果是否符合历史数据，本书选择使用历史检验方法针对仿真模型进行检验。而且通过该检验方法的运用，能够进一步地强化对仿真模型的修正，提高拟合优度，进而能够综合保障仿真模型的整体有效性。本书基于企业 OI 与 TI 动态匹配决策仿真模型，主要检验和考察高端装备制造企业 K_2 企业在模型运行中的状态变量企业纯利润与企业资金规模。在历史检验中，主要是对比 K_2 企业的企业纯利润增长率与企业资金规模增长率，从而判断出其整体的相对误差情况，最终判定出模型的有效性[210]。如表 4－1 所示，笔者选取 2010～2016 年的 K_2 企业数据，并计算出 K_2 企业的纯利润与资金规模两项指标的仿真模拟结果，并与实际数据进行对比。可以看出，从 2010 年到 2016 年这 7 年的时间里，K_2 企业的企业纯利润与资金规模的仿真数据与实际数据的全部相对误差都低于 5%。由此可见，K_2 企业的纯利润与资金规模的仿真数据与实际数据的拟合度较优，在此基础上所构建出来的 OI 与 TI 动态匹配决策仿真模型的有效性整体较高。

表 4 -1 K_2 企业纯利润增长率和资金规模增长率的实际数值和模拟数值比较

单位:%

年份	实际纯利润	模拟纯利润	误差	实际资金规模	模拟资金规模	误差
2010	-0.91	-0.11	0.80	2.01	2.09	0.08
2011	0.52	0.83	0.31	7.35	8.62	1.27
2012	18.33	17.99	-0.34	90.14	88.34	-1.80
2013	29.05	30.06	1.01	33.90	34.05	0.15
2014	15.39	14.65	-0.74	13.28	12.83	-0.45
2015	10.85	11.09	0.24	12.50	13.75	1.25
2016	7.02	8.30	1.28	10.65	11.20	0.55

4.2.3.3 仿真模型参数的灵敏度检验

所谓参数灵敏度检验主要是通过调整仿真模型参数运行模型，从而比较仿真模型的输出结果，最终确定出参数影响变化状况[211]。本书中，高端装备制造企业的 OI 与 TI 动态匹配决策系统中的各类参数也会发生一定的变化，因此通过使用仿真模型参数灵敏度检验方法，可以验证出 OI 与 TI 动态匹配过程中各类参数变化而导致的整体匹配模型的变化，而且还能够确认出参数的细微变化导致模型呈现出的灵敏度情况。在本次检验中，笔者主要选取了本书中较具代表性的参数进行灵敏度检验，并选择案例企业高端装备制造企业 K_3 企业在 2016 年的企业创新能力增长情况作为观测数据。运用灵敏度函数公式计算出相应的参数数据结果，并且将各参数取值范围限定在 -3% ~ 3%之间，从而观察参数在这一范围内的变化情况以及创新能力的变化状况，最终计算出 -3% 和 3% 这两个端点间斜率当作参数的灵敏度。

如图 4 -4 所示，测试的参数灵敏度斜率的绝对值都小于 0.1，说明测试参数对企业整体创新能力变量所产生的灵敏度都是处于合理范围之中，可见模型行为模式并未由于参数的细微变化而导致异常变动，可见本书中所构建仿真模型可信度较高。一般情况下，灵敏度斜率绝对值越大，意味着参数灵敏度越强；反之则弱。如果参数灵敏度斜率为正数，则说明参数与企业创新能力正相关；反之，则是负相关[212]。所以，可以通过调整参数值来改变参数或创新变量对企业的创新能力影响变化状况。基于图 4 -4 中的数据可知，

OI 调整系数和 TI 调整系数灵敏性较强，也就是说调整 OI 系数和 TI 系数能够引起创新能力的变化程度最大，效果最为明显。该检验成果也能够为后续的研究以及 OI 与 TI 动态匹配决策系统的完善提供重要参考。

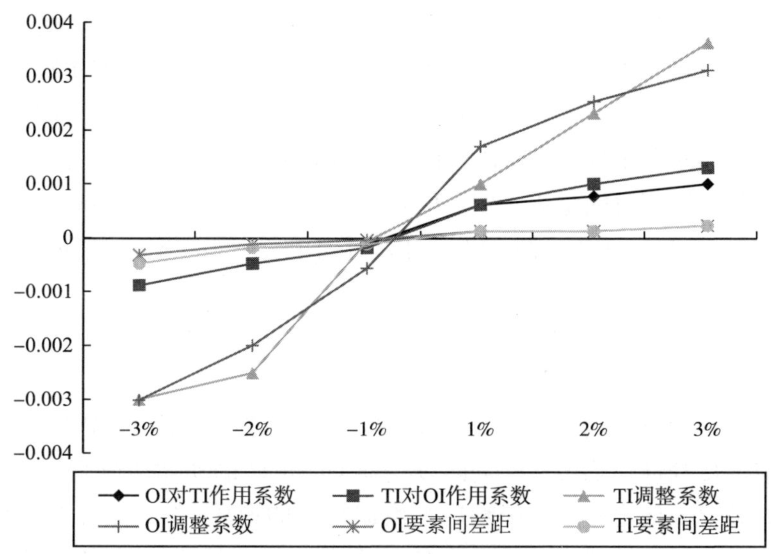

图 4－4　参数的灵敏度分析

4.3　高端装备制造企业 OI 与 TI 匹配决策系统运行仿真结果

基于前文针对高端装备制造企业 OI 与 TI 匹配决策系统流图与仿真方程的确定，以及对系统仿真模型进行有效性检验，本书使用 VENSIM 系统动力学仿真软件，对我国高端装备制造企业的不同发展阶段的 OI 与 TI 动态匹配决策情况，进行仿真模拟。通过该仿真系统的构建与分析，能够进一步地从动态的角度揭示出 OI 与 TI 动态匹配特征与路径，从而为高端装备制造企业管理者进行动态匹配决策提供重要的参考和依据。根据相关的管理学理论，将一般的企业发展阶段划分为企业初创阶段、成长阶段、成熟阶段以及衰退阶段。但是基于衰退阶段研究价值较低的特点，对于企业管理者而言没有过多的参考价值，因而本书不对该阶段进行研究。本研究主要针对企业的前三个发展阶段开展企业 OI 与 TI 动态匹配决策研究，从而体现出本书研究的现实意义。

关于不同发展阶段企业仿真模拟研究时间的确定，本书在参考了先前学者研究文献[213]的基础上，还进一步参考了本书中的问卷调研数据、专家访谈等方面的资料，也同时结合了高端装备制造企业的发展案例实践。通过总结可以发现，一般认定企业的初创阶段会持续 5 年左右的时间，而企业的成长阶段和成熟阶段则均会持续 10 年左右的时间[214]。因此，本书中将企业初创阶段的仿真模拟时间定为 5 年，即 60 个月；将企业成长阶段和成熟阶段的仿真模拟时间定位 10 年，即 120 个月。时间单位则为“Time（Month）”。

4.3.1 初创阶段企业 OI 与 TI 匹配决策仿真结果

针对初创阶段高端装备制造企业 OI 与 TI 动态匹配决策问题，为了强化仿真模拟的便利性，笔者将初创阶段企业 OI 和 TI 的初始值分别设定为 100。这一初始数值的设定并不会影响后续模拟结果的形成[209]。在模拟时间方面，基于前文的分析，笔者将其设定为 60 个月的时间。笔者使用 VENSIM 软件仿真模拟出初创阶段高端装备制造企业 OI 与 TI 动态匹配决策情况，如图 4 –5 所示。

在图 4 –5（a）中，OI 与 TI 的仿真曲线分别形成了不同的走势路径。从 TI 仿真曲线方面来看，整体曲线呈现出了上升的走势，而且在前 26 个月的时间里，TI 曲线的上升速度要明显高于后面 34 个月时间里的上升速度。从 OI 仿真曲线走势来看，OI 曲线的整体走势相对较为平稳，增长速度相对较慢，在第 36 个月至第 56 个月的时间里，出现了小幅度的波动。从 OI 与 TI 动态匹配决策系统过程来看，可以看出在企业的初创阶段，TI 一直都是持续性地高于 OI 的创新水平，而且 TI 的增长速度要明显地快于 OI，而且增长速度呈现出了逐渐扩大的趋势。

在图 4 –5（b）中，笔者主要是为了能够深入地分析出 OI、TI 以及 OI 与 TI 相互作用等状况对企业的整体创新能力方面的影响，从而展开了初创阶段的 OI 与 TI 动态匹配决策系统灵敏度分析。在该图中可以看出，从 TI 对企业创新能力的影响程度仿真曲线走势方面来看，从第 1 个月到第 28 个月的

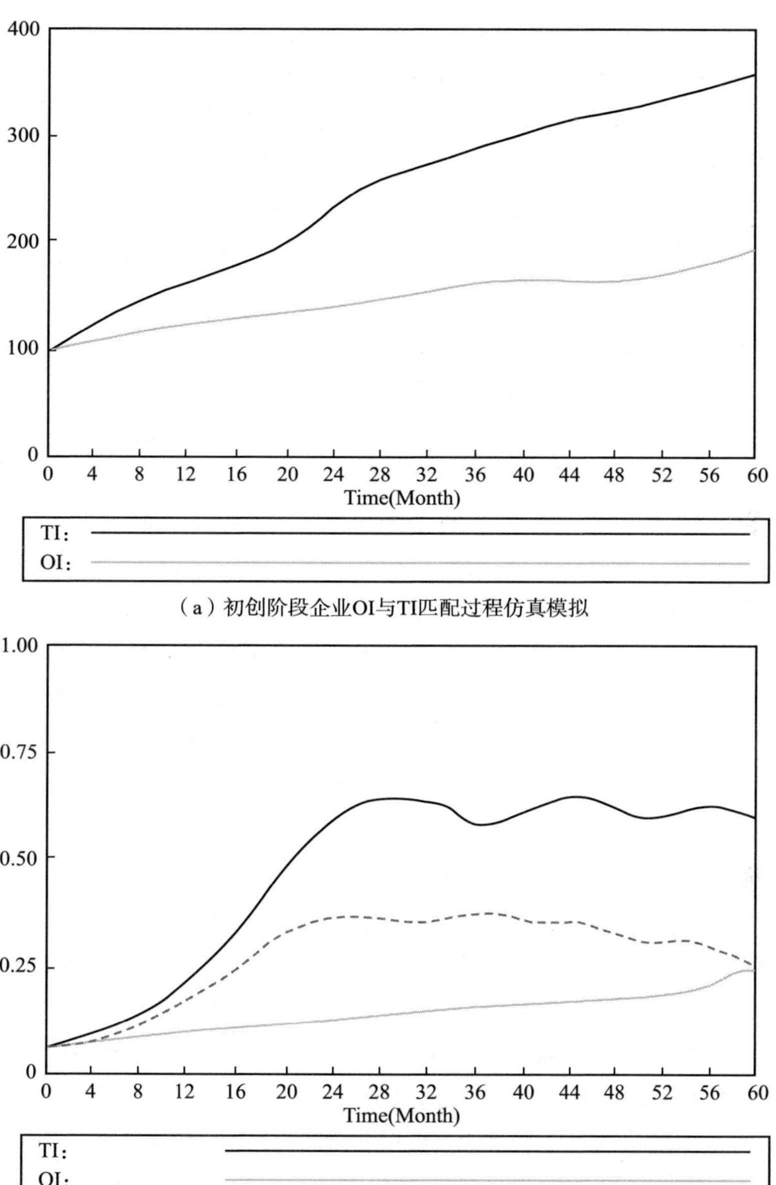

（a）初创阶段企业OI与TI匹配过程仿真模拟

（b）初创阶段企业OI与TI匹配过程对创新能力动态作用仿真模拟

图 4-5　初创阶段高端装备制造企业 OI 与 TI 动态匹配决策仿真模拟

时间内，这一影响程度是持续性的快速增加的，而从第 29 个月开始直到第 60 个月，IT 对企业创新能力的影响程度则是波动性小幅度下滑。从 OI 对企业创新能力影响程度来看，整个仿真曲线的走势都是匀速小幅度的提高。在以上双方面的共同作用下，促使 OI 与 TI 双边交互效应因子仿真曲线介于中间，而且在走势上与 TI 对创新能力影响的模拟曲线较为接近，但是与之相比波动幅度相对较小，这与 OI 对创新能力影响模拟曲线较为平稳有着一定的关系。

综合图 4 -5 的仿真结果可以看出，在高端装备制造企业初创阶段的前 30 个月时间里，OI 为 TI 的进步提供了较为坚实且稳定的基础；而在后 30 个月的时间里，由于 TI 仿真曲线的下滑导致了双边交互效应因子仿真曲线的下滑，可见这时的初创阶段企业 OI 已经无法满足 TI 的需求。通过 OI 与 TI 动态匹配决策系统仿真模拟图可以看出该阶段的双边匹配特征，从而为双边匹配决策提供重要的参考。以上初创阶段企业相关模拟仿真曲线的走势与企业的现实实际情况也是吻合的。因为企业处于初创阶段的时候，在企业建立之初势必会建立一个相对较为高效的组织形式，在较为高效稳定的组织框架下，企业开展 TI 的基础较为稳定和扎实，这种情况自然也就推动了企业 TI 的不断进步和快速发展，从而推动了企业整体创新能力的提升。而当 TI 发展到一定的水平的时候，对于 OI 的要求在不断提高，而 OI 水平的提升一般都是偏慢的，因此无法满足迅速提高的 TI 需求，进而导致 TI 与 OI 匹配满意度下滑，最终制约企业整体创新能力的提高。

综上所述，通过分析初创阶段高端装备制造企业 OI 与 TI 的匹配决策系统仿真模拟图走势状况，结合该类企业的自身发展特征，可以确定初创阶段的企业相关管理者在针对 OI 与 TI 动态匹配决策问题，制定相关决策的过程中，应当更加关注 OI 的能力与水平，适时优化 OI 能力，提高 OI 水平以达到满足 TI 的基本需求，特别是在企业位于初创阶段的第 25 个月前后，一定要强化 OI 的整体水平与状态，夯实 OI 对于推动 TI 进步的基础性作用，从而提高 TI 对企业创新能力的促进作用，最终实现 TI 与 OI 在匹配满意度相对较高的状况下，通过双边高质量匹配的交互效应促使双边匹配对企业创新能力的提升。初创阶段高端装备制造企业的 OI 与 TI 匹配决策路径如图 4 -6 所示。初创阶段企业管理者在制定双边匹配决策的时候，在判断出 OI 与 TI 出现不匹配的情况下，要最先优化企业 OI，进而再重新判断 OI 与 TI 的双边匹配满意度状况，直到满意度达标，最终促进企业绩效提升。

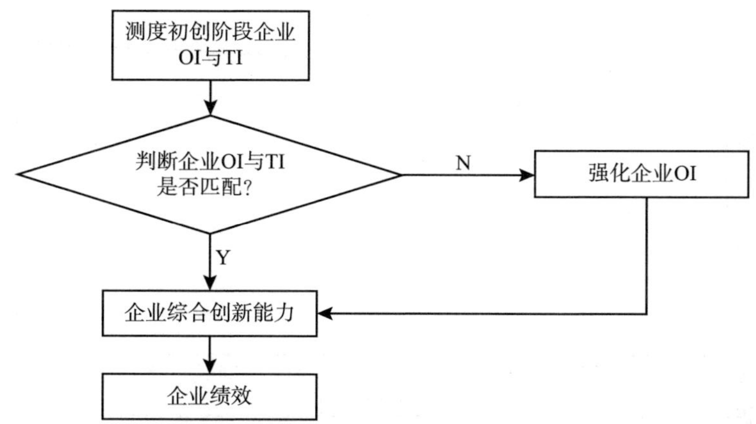

图 4－6　初创阶段高端装备制造企业 OI 与 TI 匹配决策路径

4.3.2　成长阶段企业 OI 与 TI 匹配决策仿真结果

基于初创阶段所形成的 OI 和 TI 仿真曲线值，可以确定成长阶段企业的 OI 初始值为 190，TI 初始值为 360。结合前文的相关分析，可以确定成长阶段的仿真模拟时间为 6 年，也就是 120 个月。使用 VENSIM 软件运行，可以得出成长阶段高端装备制造企业 OI 与 TI 动态匹配决策系统模拟仿真曲线，如图 4－7 所示。

在图 4－7（a）中可以看出，TI 的模拟仿真曲线较为平缓，在这 120 个月的时间里，TI 整体的提升水平不高，增长十分缓慢。而 OI 模拟仿真曲线则与 TI 仿真曲线变化趋势大不相同。在成长阶段的 120 个月的时间里，OI 的模拟仿真曲线则是呈现出了大幅度的稳定上升趋势。特别是在第 85 个月的时候，OI 模拟仿真曲线竟然超过了 TI 模拟仿真曲线，并且超出幅度还有继续扩大的发展趋势。最终 OI 和 TI 的模拟仿真曲线数值分别定格在 420 和 390。由此可见，成长阶段的高端装备制造企业 OI 能力明显要大于 TI，TI 的进步能力相对较小。

图 4－7（b）表示的是 OI、TI 以及双边相互作用对企业整体创新能力影响程度的灵敏度分析模拟仿真曲线。从这三条模拟仿真曲线的走势情况能够

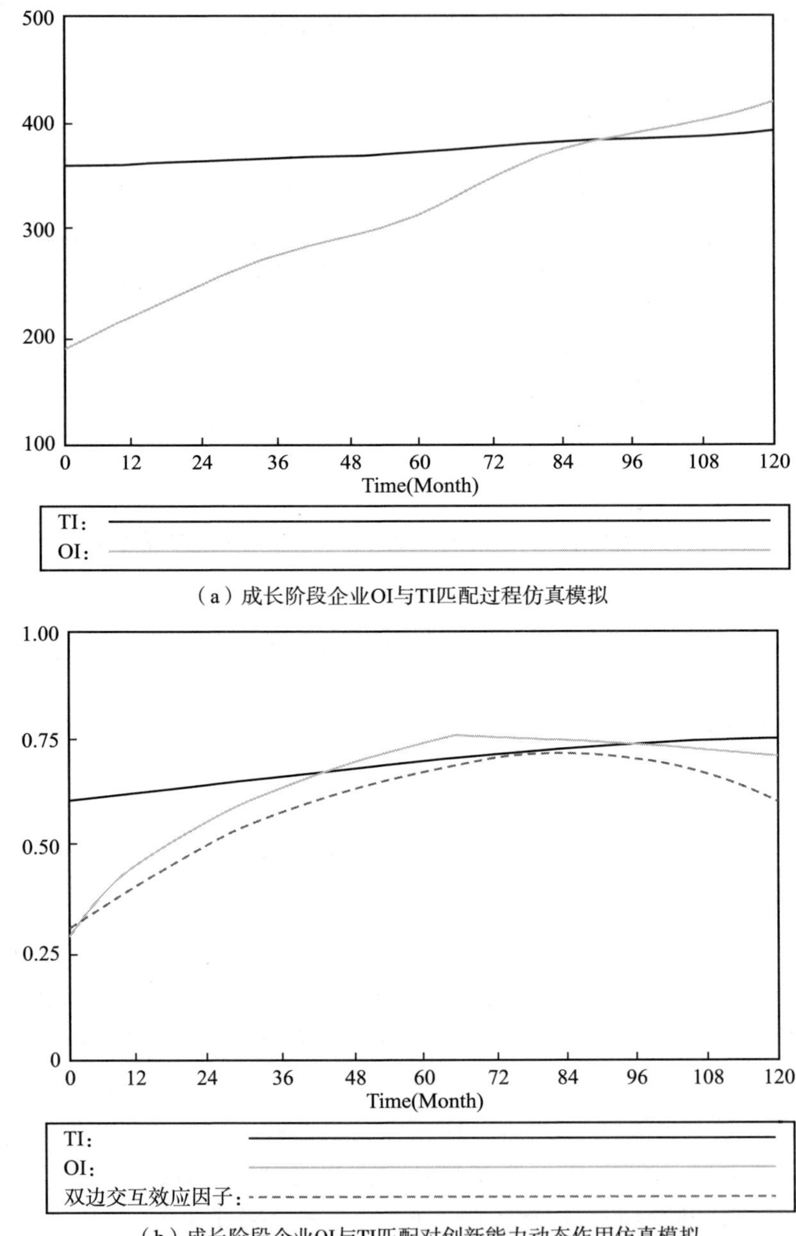

（a）成长阶段企业OI与TI匹配过程仿真模拟

（b）成长阶段企业OI与TI匹配对创新能力动态作用仿真模拟

图4－7　成长阶段高端装备制造企业 OI 与 TI 动态匹配决策的仿真模拟

看出，成长阶段 TI 对企业创新能力的影响程度相对较低，处于一个缓慢小幅度增长的发展状态，而成长阶段 OI 对企业创新能力的影响作用程度相对较大，特别是在第 66 个月之前，其作用程度一直都呈现出了大幅度上升的趋势。在第 66 个月之后，OI 对企业创新能力的影响程度出现了明显地下滑。直至第 92 个月之后 OI 对企业创新能力影响的程度还低于了 TI 对企业创新能力的影响程度。在此背景下，OI 与 TI 相互匹配状况对企业创新能力的影响程度也出现了先大幅度提高的现象，而后在第 80 个月开始出现了影响程度下滑的情况。成长阶段在部分时期的高端装备制造企业 TI 低于 OI 对企业创新能力提升的影响较为明显，从而降低了 OI 与 TI 的双边匹配满意度，从而制约了 OI 与 TI 双边匹配对企业创新能力的提升。

综合图 4 -7 中的仿真结果可以看出，高端装备制造企业在成长阶段的过程中，其 TI 能力进步相对较慢，而 OI 能力进步相对较快。从而导致 OI 在较大程度上推动了企业整体创新能力的提升，而 TI 在该阶段推动企业整体创新能力提升的影响力度偏小。而这种情况与现实中成长阶段高端装备制造企业的 OI 与 TI 匹配状态关系基本吻合。高端装备制造企业处于成长阶段，已经具备了一定的技术积累，技术水平已经达到了一定的高度，但是组织状况还没有完全跟上。因此在这个阶段企业的 OI 发展较快，能力提升速度也相对较快，包括组织人员、规模等方面得到了快速的发展。然后 OI 在快速的发展进程中，到了成长阶段的后期就非常容易超过了 TI，超出 OI 与 TI 匹配满意度较高的状态，进而在一定的程度上也就形成了成长阶段企业 OI 与 TI 匹配满意度下降的情况。因此，相关管理者在企业的成长阶段也要进一步地关注与调整 TI，促使 OI 与 TI 匹配满意度达标的状态保持的时间更长一些。

综上所述，基于成长阶段高端装备制造企业在 OI 与 TI 动态匹配决策系统模拟仿真图所揭示出来的动态匹配特征，并结合高端装备制造企业的基本特征可以判断出，在企业的成长阶段，企业相关决策者应当在针对 OI 与 TI 动态匹配过程中所存在着的主要问题，制定相关决策，特别是要更加关注 OI 的进步状况。在成长阶段的前 58 个月的时间里，TI 进步较小，运行平稳，而 OI 则是在大幅度地上升追赶 TI 的水平，直至达到 TI 的需求程度，实现 OI 与 TI 的较高匹配满意度。一旦 OI 超过 TI 时，相关决策管理者就要进一步地强化 TI，追赶 OI，从而实现二者匹配满意度的提升至达标状态。在成长阶段，企业的 OI 与 TI 匹配决策路径如图 4 -8 所示。在测度成长阶段企业 OI

与 TI 的基础上，进一步判断成长阶段企业 OI 与 TI 的匹配状况，如果匹配则会促进企业创新能力的提升，从而推动企业绩效的顺利实现；而如果不匹配则要求相关决策管理者要进一步地先观察 OI 与 TI 的发展状况，在必要时进一步强化 TI 能力，以提升 OI 与 TI 的匹配满意度。

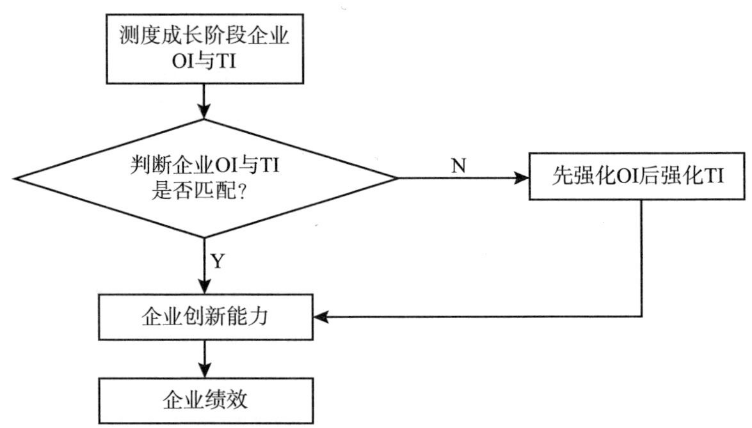

图 4－8　成长阶段高端装备制造企业 OI 与 TI 匹配决策路径

4.3.3　成熟阶段企业 OI 与 TI 匹配决策仿真结果

基于前文成长阶段企业模拟仿真数据，将高端装备制造企业成熟阶段的 OI 和 TI 模拟初始值分别确定为 420 和 390。该阶段的模拟仿真周期定位 10 年，即 120 个月。通过运行 VENSIM 系统动力学仿真软件，得出成熟阶段高端装备制造企业的 OI 与 TI 动态匹配决策的仿真模拟图。如图 4－9 所示。

在图 4－9（a）中可以看出，OI 与 TI 的各自系统动力学模拟仿真曲线的走势较为接近，在前半期曲线的走势上还存在着一定的差距，但是到了后半期，模拟仿真曲线基本上都是重合在了一起。成熟阶段的企业 OI 与 TI 的能力与水平基本上是比较接近的，基数水平以及增长速度都比较接近，在整个周期内都是匀速稳步提升的一个发展状态。其中在前 68 个月的时间里，OI 的水平相对而言要在一定程度上高于 TI 的水平一些，这种情况是在很大程度上是受到了成长阶段发展状态的影响。而在第 69 个月到第 120 个月之间，成熟阶段的高端装备制造企业的 OI 与 TI 能力与水平基本上都是持平的。由此

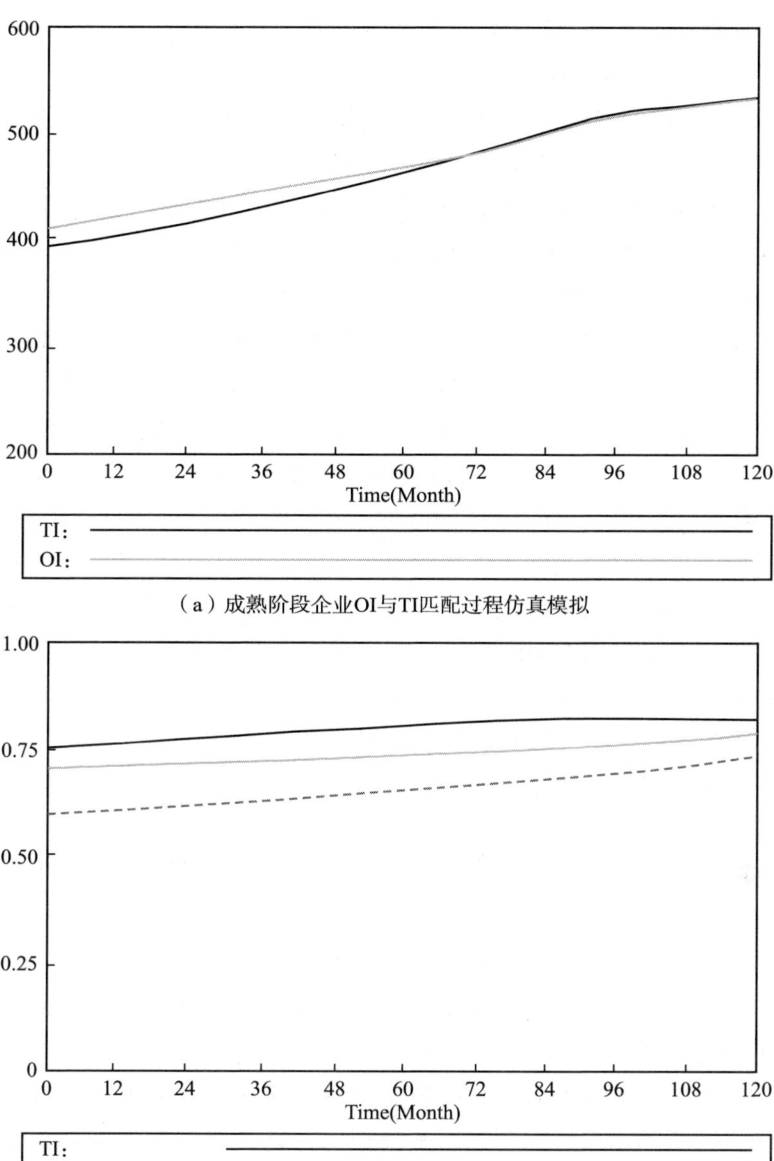

（a）成熟阶段企业OI与TI匹配过程仿真模拟

（b）成熟阶段企业OI与TI匹配对创新能力动态作用仿真模拟

图 4－9　成熟阶段高端装备制造企业 OI 与 TI 动态匹配决策仿真模拟

可见，在成熟阶段，企业的 OI 与 TI 的发展状态相似性很大，相对而言的 OI 与 TI 的匹配满意度也就自然偏高。

在图 4－9（b）中可以看出，TI 对企业创新能力影响的模拟仿真曲线要明显高于 OI 对企业创新能力影响的模拟仿真曲线一些。可见 TI 对企业整体创新能力的影响程度比 OI 对企业创新能力的影响程度相对要高一些，但是从模拟仿真曲线的差距情况来看，其高出的幅度并不大。而且 OI 与 TI 分别对企业创新能力影响程度的发展趋势也是非常接近的。这种情况的存在与 OI 和 TI 的自身发展状况较为接近有着密切的关系。在此基础上，通过图中三条模拟仿真曲线的走势非常相似可以看出，OI 与 TI 的相互作用与匹配关系对企业创新能力的影响也比较平稳，与 OI 和 TI 分别对企业创新能力影响的情况较为类似。

综合图 4－9 中的整体信息可以看出，在成熟阶段，高端装备制造企业的 OI 与 TI 能力较为接近，OI 与 TI 的匹配满意度相对较高，而且 OI 与 TI 相对较高的匹配满意度对企业整体创新能力水平的提升也产生了巨大的推动作用。而且 OI 与 TI 匹配水平的状态相对较差的时期，OI 与 TI 的匹配对企业的创新能力促进作用较小，而在 OI 与 TI 匹配水平状态相对较高的时期，二者的匹配对于企业的创新能力提升的促进作用较大。这种情况与成熟阶段的高端装备制造企业的 OI 与 TI 实际发展状况是基本相符的。在成熟阶段，企业的各个方面发展都已经经历了企业初创阶段和成长阶段的积累，企业资金、人力、管理经验、营销渠道等方方面面都已经得到了长足发展，特别是 OI 与 TI 的创新能力也都得到了较大程度上的提升。因而在成熟阶段企业的 OI 能力以及 TI 能力水平都是较为接近的。由此可见，通过系统动力学仿真曲线模型，能够较为科学合理地从动态角度揭示出成熟阶段企业 OI 与 TI 的动态匹配关系与特征，从而也就能够在一定程度上为企业的相关管理者制定相关决策的时候提供重要的参考与依据。

综上所述，基于成熟阶段高端装备制造企业在 OI 与 TI 动态匹配决策系统模拟仿真图所揭示出来的动态匹配特征，并结合高端装备制造企业的基本特征可以判断出，在企业的成熟阶段，企业相关决策者仍然应当针对 OI 与 TI 动态匹配过程中的基本特征，制定相关的管理决策。由于 OI 与 TI 只是在成熟阶段的前期有小幅度的差距，因此管理者在做决策时更多还是监管，采取小幅度的 TI 强化措施进行优化，而在后半期，由于 TI 与 OI 已经实现了完全的重合，匹配程度相对较高，这时企业的管理者在做决策时就更多的是侧重于 OI 与 TI 匹配状况的监控与观察了，而无须采取过多的优化或强化措施。成熟阶段高端装备制造企业的决策路径如图 4－10 所示，在测度成熟阶段企业 OI 与 TI 状态的基础上，进一步地判断企业 OI 与 TI 是否匹配。如果匹配则对企业的创新能力有一个促进作用，进而推动企业绩效提升；而如果不匹配，则意味着相关决策管理者要首先强化 TI 能力，提升 TI 水平，而后观察 OI 与 TI 的整体匹配状态。

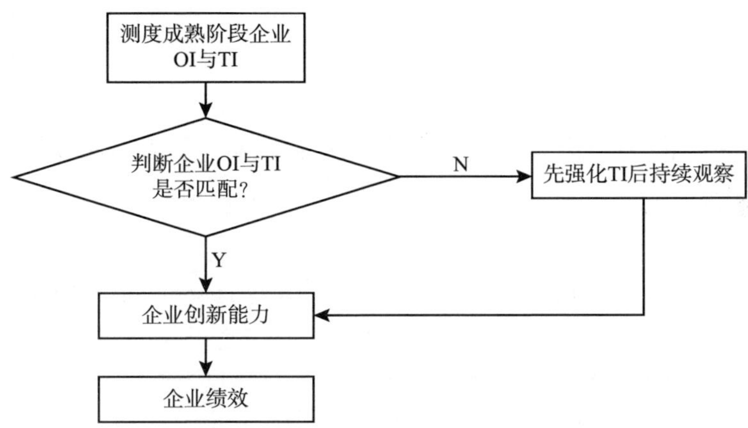

图 4－10　成熟阶段高端装备制造企业 OI 与 TI 匹配决策路径

4.4　不同发展阶段高端装备制造企业 OI 与 TI 匹配决策路径探讨

4.4.1　不同发展阶段企业 OI 与 TI 匹配决策仿真结果比较

基于前文分别针对企业初创阶段、成长阶段以及成熟阶段特征，对高端装备制造企业 OI 与 TI 的匹配状况展开的相关分析，笔者总结出在不同发展阶段下的企业 OI 与 TI 的匹配状况与特征，为相关决策提供了重要的支撑。在此将以上三个发展阶段的 OI 与 TI 动态匹配模型的仿真曲线进行整合，仿真模拟周期为 25 年，即 300 个月。进而得出模拟仿真结果如图 4－11 和图 4－12 所示。

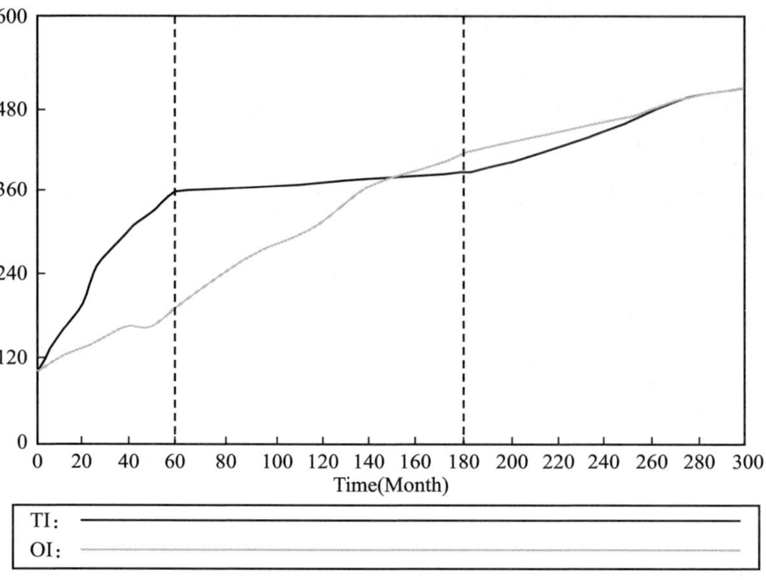

图 4-11　全发展阶段高端装备制造企业 OI 与 TI 动态匹配仿真模拟

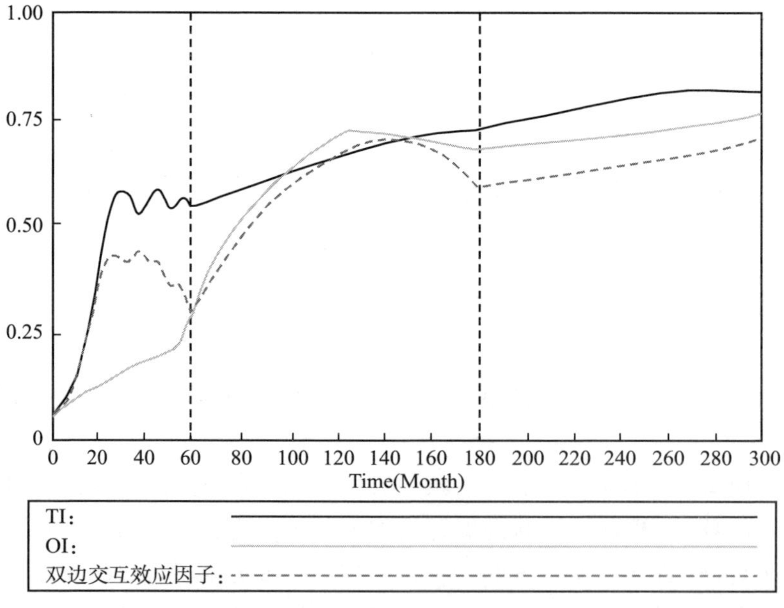

图 4-12　全发展阶段高端装备制造企业 OI 与 TI 匹配对企业创新能力影响仿真模拟

图 4-11 所表示的是在全发展阶段中 OI 和 TI 双边动态匹配中的基本特点与走势情况。图 4-12 则是表达了在全发展阶段中 OI、TI 以及 OI 与 TI 匹配情况分别对企业创新能力影响的基本状态。通过这两个图能够较为明确清晰地表达出高端装备制造企业在全发展阶段内 OI 与 TI 的整体匹配状况与发展趋势特征，从而企业相关的管理者在制定优化企业 OI 与 TI 的整体匹配状况，提高 OI 与 TI 整体匹配满意度，制定相关决策时提供了重要的参考依据。通过对比三个周期的整体模拟仿真状况，可以得到以下几个方面的结论：

4.4.1.1 初创阶段的企业 OI 与 TI 匹配状况整体水平偏低

从图 4-11 中可以看出，与成长阶段和成熟阶段企业的 OI 与 TI 发展状况相比较而言，初创阶段的企业整体发展实力较弱，从而导致 OI 与 TI 的基本能力较弱，进而导致 OI 与 TI 双边匹配的状况较差。而且初创阶段的企业更加重视企业 TI 的发展，从而导致企业在初创阶段 TI 进步较快，OI 进步较慢。初创阶段企业所形成的 OI 与 TI 匹配状况，为企业后续的 OI 与 TI 匹配发展奠定了重要的基础，特别是对于成长阶段企业 OI 和 TI 匹配的起点有着重要的影响。初创阶段企业如果能够实现 OI 与 TI 匹配优化相对发展速度较快、质量较高的发展目标，那么对于后续发展阶段中企业 OI 与 TI 匹配满意度的提升，能够起到较大的推动作用；反之，则会阻碍后续发展阶段中企业 OI 与 TI 匹配满意度的提升进程。结合图 4-12 可以看出，与成长阶段和成熟阶段的状况相比较而言，初创阶段的 OI 与 TI 分别对企业创新能力的影响程度波动较大，而且二者匹配对于企业创新能力的推动作用相对较小，并不明显。

4.4.1.2 成长阶段的企业 OI 与 TI 匹配状况相对较弱

虽然成长阶段企业 OI 与 TI 匹配状况相对较弱，但是与初创阶段匹配状况较差不同的是，成长阶段企业的 OI 与 TI 匹配对于企业的创新能力推动作用更强大，更为明显。而且初创阶段的 OI 和 TI 能力差距是逐渐拉大的，但是成长阶段的企业 OI 和 TI 能力差距则是从很大逐渐回缩到很小，甚至一致，也仅仅是到了成长阶段的最后阶段才出现了 OI 小幅度超于 TI 的现象。而且综合三个发展阶段来看，成长阶段的 OI 和 TI 能力进步最大，速度也最快，而且该发展阶段 OI 与 TI 匹配对于企业创新能力的提升促进作用最为明显，影响进步速度最快。由此可见，成长阶段是企业快速发展的重要发展阶段，而且企业成熟阶段的经营状况与基础，在很大程度上都是受制于企业成长阶段的影响。因此企业的管理者在开展企业 OI 与 TI 匹配决策的时候，要在较大程度上关注企业成长阶段的 OI 与 TI 匹配发展状况，以及要强化成长阶段的 OI 和 TI 各自的发展状况。

4.4.1.3 成熟阶段的企业 OI 与 TI 匹配状况最优

从图 4－11 中可以看出当前在全发展阶段中，成熟阶段企业的 OI 和 TI 自身发展状况最好，而且二者之间的匹配度也是相对最高的。而且从图 4－12 中可以看出，与其他两个发展阶段相比较而言，在成熟阶段企业的 OI 和 TI 对企业整体的创新能力影响最强，进步最为稳定；而且成熟阶段企业的 OI 与 TI 匹配作用对企业创新能力的提升也是最为稳定的，处于稳步上升的发展阶段。从企业的经营管理实际情况来看，成熟阶段的企业在企业发展的各个方面都是处于最为鼎盛的状态。在该阶段企业的 OI 和 TI 能力也都是最高水平，也是最为稳定的，从而促使 OI 与 TI 的匹配关系最为稳定，匹配的满意度也是最高的。当然，成熟阶段企业的全面发展与所取得的成绩，与初创阶段和成长阶段的企业积累有着密切的关系。如果没有企业初创阶段和成长阶段的丰富积累，那么企业的成熟阶段发展的也不会顺利。可见，三个发展阶段的企业发展有着重要的先后顺序，密切相关，缺一不可。因此，企业的相关管理者在制定企业 OI 与 TI 匹配决策的时候，要充分地看到高端装备制造企业在 OI 与 TI 匹配发展的过程中所应当具备的以上基本特征，从而为能够更好地做出管理决策提供重要的支撑和参考。

4.4.2 不同发展阶段企业 OI 与 TI 匹配决策路径确定

基于以上分析，高端装备制造企业的相关企业决策管理者则应当全面了解企业在不同发展阶段中 OI 与 TI 匹配状态与特征的，结合企业的基本资源状况，从而才能够制定出相对较为科学合理的有针对性地决策。基于决策理论、双边匹配等理论，笔者画出了全发展阶段下的 OI 与 TI 匹配决策路径，如图 4－13 所示。在确定了企业 OI 与 TI 匹配决策目标的基础上，判断企业所处的发展阶段。进而针对不同的发展阶段采取不同的 OI 与 TI 匹配优化对策。在确定完企业所处发展阶段后，再继续测度企业的 OI 与 TI 状态，从而

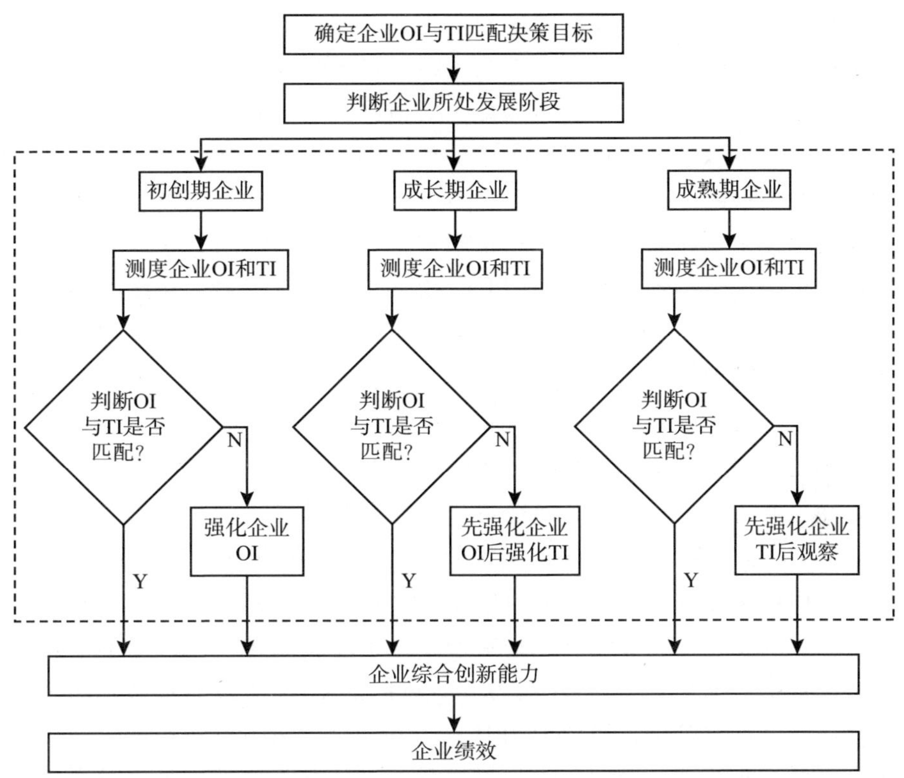

图 4－13　全生命周期下高端装备制造企业 OI 与 TI 动态匹配决策路径模型

判断企业 OI 与 TI 的匹配满意度状况是否达标，如果匹配满意度较高，则意味着当前的企业 OI 与 TI 的匹配状况是能够促进企业创新能力的提升，从而最终可以推动企业绩效的提升。但是如果在任何一个发展阶段，出现 OI 与 TI 匹配不达标的情况时，管理者所采取的优化措施却是完全不同的。在初创阶段，企业相关管理者则是要进一步地强化企业的 OI 能力，从而实现企业的 OI 与 TI 匹配满意度达标。在成长阶段，企业相关管理者则是要先强化 OI，后强化 TI。而在这个过程中，首先选择强化 OI 的时间长度，则是要看何时能够实现 OI 与 TI 的匹配满意度达标。如果二者双边匹配满意度达标了，则可以停止强化 OI；等到再次出现 OI 与 TI 双边匹配满意度再度不达标的时候，管理者则是要进一步地强化 TI。在成长阶段的前期，如果出现了企业 OI 与 TI 双边匹配满意度不达标的情况，则要进一步地强化 TI，以实现 OI 与 TI 的双边匹配满意度达标；而在成熟阶段企业 OI 与 TI 双边匹配满意度达标之后，相关管理者则要侧重于对 OI 与 TI 双边匹配状况的观察，或者是小幅度的调整，而无须大规模地强化任何创新能力。最终，通过相关有针对性的决策方案的实施，则可以进一步地提升企业的综合创新能力，从而推动企业整体绩效的可持续性提高。

通过构建全生命周期下高端装备制造企业 OI 与 TI 动态匹配决策路径模型，揭示出高端装备制造企业 OI 与 TI 动态匹配决策规律。在高端装备制造企业不同的发展阶段中，企业 OI 与 TI 的动态匹配决策规律，决定着企业管理者要采取不同的应对方案，实现企业 OI 与 TI 的科学匹配，推动企业整体创新水平的提升，最终为促进企业绩效提高奠定重要基础。这主要是基于企业在不同的发展阶段中，其 OI 与 TI 匹配的特点是不一样的。例如，在初创阶段，当企业的 OI 与 TI 匹配出现满意度较低的时候，企业的相关管理者在制定针对 OI 与 TI 匹配状态优化对策的时候，要相对更加重视对企业 OI 能力的强化。而在企业发展的成长阶段中，当企业的 OI 与 TI 匹配出现满意度较低时，企业的相关管理者在制定针对 OI 与 TI 匹配状态优化对策的时候，要相对更加重视先强化企业的 OI 能力，后强化企业 TI 能力的发展思路。而在企业发展的成熟阶段中，当企业的 OI 与 TI 匹配出现满意度较低时，企业的相关管理者在制定针对 OI 与 TI 匹配状态优化对策的时候，要相对更加重视先强化企业 TI 能力，然后持续性观察的发展思路。高端装备制造企业的管理者在全面了解了 OI 与 TI 动态匹配决策规律的基础上，也就能够在优化企业 OI 与 TI 匹配状态的过程中，工作的更加高效，从而能够在较大程度上推动企业综合创新能力的提升，从而能够进一步地实现企业绩效的提高。

4.5 本章小结

本章主要在研究不同发展阶段下的高端装备制造企业 OI 与 TI 匹配的基本特征基础上，还进一步地结合系统动力学理论，使用系统动力学仿真模型揭示了高端装备制造企业 OI 与 TI 动态匹配决策的过程，画出了企业 OI 与 TI 匹配系统动力学仿真流图，确定了企业 OI 与 TI 匹配系统动力学仿真方程，并对系统仿真模型进行了有效性检验。进而分别针对不同发展阶段下的高端装备制造企业 OI 与 TI 动态匹配决策系统运行仿真结果进行了较为全面深入地研究。而后得出了处于不同发展阶段的高端装备制造企业 OI 与 TI 的匹配决策仿真结果，并对这些结果进行对比研究，从而形成了不同发展阶段下的 OI 与 TI 动态匹配决策路径模型，确定了不同发展阶段高端装备制造企业 OI 与 TI 匹配决策路径。

| 第5章 |

M 企业 OI 与 TI 匹配决策案例研究

上一章从企业不同发展阶段的角度研究了高端装备制造企业 OI 与 TI 匹配决策机理。为了能够验证这一机理的有效性，本章选择一家已经处于成熟发展阶段的高端装备制造企业——M 企业，并将上一章的研究结论与研究方法应用到具体的案例中。而且还分别研究了在不同发展阶段的 M 企业 OI 与 TI 匹配决策的过程，进行相应地验证性研究。最终为了能够优化 M 企业当前所处的成熟阶段企业 OI 与 TI 匹配决策，提出了相应地匹配决策实施的对策建议。

为了能够更加全面和客观地了解 M 企业在每个发展阶段的实际创新状况，笔者深入企业，访谈企业各个层面的管理人员，尽最大努力，在最大的可能上对企业每个发展阶段的实际创新状况展开全面深入地了解。本章对该案例企业的 OI 状态和 TI 状态进行全面分析的基础上，还剖析了 M 企业的内外部创新环境，最终结合已经处于成熟阶段的 M 企业具体 OI 与 TI 匹配决策状况与特点，提出较为有针对性的改进对策与建议，从而能够进一步地优化处于成熟阶段的 M 企业的 OI 与 TI 匹配决策状况。

5.1 M 企业 OI 状态、TI 状态及其所处环境

5.1.1 M 企业基本概况

M 企业是依照我国国防工业整体部署而创立起来的，也是经国务院正式批准的国有超大型高技术装备制造企业。在公司具体的业务开展方面，M 企业主要的业务项目包括研发运载火箭、宇宙载人飞船、卫星、空间站建设、深空飞行器研发等航天产品，军事导弹等军工产品，以及信息技术产品、新材料或新能源等相关产品。截至目前，M 企业已经发展成为中国唯一的广播通信卫星服务商，国内最强的影像信息与相关技术产品供货商。而且 M 企业当前在载人航天技术以及月球探测技术等方面都已经取得了较为突出的成就。M 公司所涉及的相关产品均属于高端装备产品。M 企业也属于典型的高端装备制造企业。

M 企业当前的组织结构较为繁杂。企业下属 8 个研究院、11 家科技公司、12 家上市公司。其中有 10 余个国防科技重点试验室、1 个国家级实验室、5 个国家技术研发中心。而且 M 企业内部的不同发展部门也分别位于国内的不同地区与省份，如北京、成都、天津、上海、西安、深圳等地。在人力资源方面，M 企业现已有员工 17 万人，其中“两院”院士 33 位，国家级专家 97 位，享受中央政府特殊津贴专家有 2000 余位。M 企业的产品生产技术水平也处于一个相对较高的状态，但是从全球航天企业的生产技术发展水平来看，M 企业的生产技术并不是最高的，仍然存在着一定的技术发展与改进的空间。从当前 M 企业的组织与技术发展情况来看，企业的组织规模扩大较快，但是当前企业航天装备制造产品的生产技术进步相对较慢。当然航天装备产品生产技术发展相对较慢有其自身的原因导致的，如技术研发时间周期相对较长，资金投入规模相对较大，技术发展基础较为薄弱，与美国、俄罗斯等航天产品生产技术较为成熟的国家航天技术发展速度相较而言，仍然存在着一定的差距。

可见，经过长期发展，高端装备制造企业 M 企业分别在企业组织发展与

企业的技术研发等方面，积累了丰富的管理经验。这对于推动企业 OI 与 TI 起到了巨大的促进作用。但是越复杂的组织结构，越是难以管理；越是具备高水平技术的企业，越是难以实现 TI 与 OI 的长久匹配状态。而且随着 M 企业 TI 与 OI 各自水平与能力的不断快速变化与全面提升，也就在较大程度上导致了 M 企业 OI 与 TI 不匹配的情况经常发生。因而在 M 企业 OI 与 TI 匹配度相对较差的状态，自然也就会阻碍企业整体创新能力的提升。但是在此状况下，M 企业的相关管理者针对判断企业 OI 与 TI 匹配状况以及优化 OI 与 TI 匹配状态方面，仍然存在着经验不足，措施采取不当等方面的问题。因而本书针对 M 企业的 OI 与 TI 匹配决策问题，展开全面和透彻的深入研究，并在全方面提出较为有针对性地改进对策和建议，从而为 M 企业的 OI 与 TI 匹配决策管理方面的相关管理人员制定管理决策时提供重要的参考，最终为全面推动 M 企业创新能力的提升提供重要的支持，奠定夯实的发展基础。

5.1.2 M 企业 OI 状态与 TI 状态

5.1.2.1 M 企业的 OI 状态

随着 M 企业组织规模的不断扩大，OI 的水平与能力等方面都在发生着不同的变化，而且 M 企业分别在战略创新、制度创新、结构创新、文化创新等领域内都呈现出来了不同的发展状态，具体表现如下：

在组织战略创新方面，M 企业的战略内容主要是继承以往的企业发展战略规划，特别是在企业整体战略规划方面没有较多的创新能力，更多的还是要为了完成国家航天事业的进步而发展企业。但是在企业人员战略、产品战略、供应商管理战略方面，企业有着自己的独特发展方向。如企业在人员发展战略方面，M 企业对企业员工有着长远的人才培养计划，采取人员内部岗位调度的方式选拔最适合岗位的员工，实现员工内部的竞争机制，明确员工奖惩机制，为员工提供较为有效的国内外实习与培训机会，不断提升员工的基本素质，提高员工的工作效率。在产品战略上，M 企业更加重视产品生产技术的创新，这主要是为了能够满足航天产品的高技术要求，而且企业在航天技术研发方面投入了大量的精力。企业在积极开展独立自主研发的基础上，还进一步地与国内的科研院所展开深入的航天技术研发合作，此外还与国际上航天技术实力较强的企业也在积极开展研发合作，从而在很大程度上促进了 M 企业的航天技术研发水平与实力的提升。在供应商管理战略上，M 企业根据自身的发展与产品生产需求，形成了独具风格特色的供应商管理体系与流程，包括从供应商的选择、合作管理直到供应商的剔除等环节，M 企业都实行了较大程度上的创新，为企业的供应商管理水平的提高提供了较大的保障作用。但是 M 企业也在部分战略创新内容方面存在着有待进一步改进的地方，例如，营销战略中的营销渠道与营销管理方面、资金战略中的资金监管方面等。

在组织制度创新方面，M 企业的制度创新进程相对较为缓慢。作为一家发展时间较长，企业规模相对较大的航天企业，M 企业在制度的制定过程中经历了较长的时间考验，也在很大程度上得到了补充和完善。在此背景下，M 企业对于制度方面的改革相对较少。但是确实在 M 企业的实际发展过程中，面临着诸多的环境变化要素，这些变化的内外部环境给企业的制度发展带来了一定的挑战。从而导致部分的制度内容无法满足企业的实际发展需求。因此这些相关的制度内容也确实需要进一步地改善，但是由于 M 企业在制度改善方面，存在着程序繁杂，效率低下等方面的问题，最终导致企业制度创新效率低下，从而影响了企业 OI 的整体效率与进程。因此，未来 M 企业在优化企业 OI 能力的过程中，可以强化企业的制度创新内容。

在组织结构创新方面，虽然 M 企业的组织规模扩大速度较快，但是在组织结构的构建方面，更多的还是沿袭企业以往的组织架构，并没有实质性的组织结构创新。虽然企业在扩大组织规模的过程中，在不同的地区或部门会对企业的组织结构进行小幅度的调整，但是这并不影响企业的整体组织结构。当然这种情况的存在也与当前 M 企业规模过于庞大，一旦大规模地调整企业的组织结构，则会给企业的运营带来巨大的成本投入，也可能会在一定程度上影响当前企业的运营与管理效率，从而在一定程度上降低整个企业的创新效率与水平。可见，M 企业的结构创新对于企业 OI 具有重要的影响作用。而且 M 企业在后续的 OI 优化过程中，仍然要进一步地加大企业的组织结构优化力度，提高企业的组织结构方面的创新能力。

在组织文化创新方面，M 企业一直以来都秉持的组织文化内容为“以国为重、以人为本、以质取信、以新图强”，另外，还发展出了企业生产产品的质量文化、成本文化、廉洁文化、班组文化、保密文化、安全文化等专项文化内容。M 企业的组织文化内涵在最近的十余年的时间里，都没有得到过多的改进和完善。针对当前企业的发展进步与企业发展的基本需求变化较大的实际情况而言，当前企业的组织文化内涵确实有待进一步地提升和改进。可见，当前 M 企业在组织文化创新方面的滞后性，也给企业全面开展创新活动带来了一定程度上的阻碍。未来 M 企业的发展与进步，以及未来 M 企业的 OI 水平与能力优化，都需要强化企业的组织文化创新方面的改进与优化力度。

综上所述，M 企业在 OI 的各个方面的创新能力水平与进度都存在着巨大的差异，但是能够表现出来的是 M 企业 OI 能力正处在一个上升期，上升速度相对较快，而且确实还是有很多方面无法满足企业技术发展与创新的基本需求，亟待改进与优化。因此，为了能够进一步地满足 TI 对 OI 的基本需求，企业应当强化 OI 的整体效率与水平。

5.1.2.2 M 企业的 TI 状态

M 企业在 TI 方面，其产品创新与工艺创新中也存在着不同的具体表现，具体表现内容如下：

（1）在产品创新方面，M 企业当前所能够生产出来的航天产品在国内来看是十分领先的，种类较为全面，产品数量相对较多，产品生产规模相对较大，而且产品的技术含量相对较高，整体上当前 M 企业是处于一个相对较高的产品生产水平，创新能力相对较强。而且为了能更进一步地提升 M 企业的产品创新能力，企业还仍然在不断地引进先进地生产设备，扩大高水平产品的生产规模。但是从国际航天产品的生产情况来看，M 企业的产品生产能力，产品创新水平并不是最高的，仍然存在着诸多的竞争对手，甚至与竞争对手的差距十分巨大。而且在短期内这种差距很难能够得到有效的缩短，企业整体产品创新水平的提升相对较为缓慢。可见，当前 M 企业的产品创新能力已经处在了一定的高位水平上，但是仍然存在着一定的改进空间和进步潜力。所以 M 企业在强化 TI 能力方面，不能忽视产品创新的重要作用。

（2）在工艺创新方面，M 企业的航天产品工艺生产技术有着较高的水平。正是这种相对较高的工艺生产技术以及工艺创新能力，给 M 企业的整体技术水平与生产能力的提升都带来了巨大的推动作用。而且在工艺创新方面，企业更加注重对航天产品使用便利性的提升，强化对客户的服务水平和功能性，从而引进较高水平的生产工艺。特别是在人工智能等较为先进地领域方面，企业都投入了大量的资金与人员，持续性地开展相关生产工艺的研发力度，从而全面推动企业的工艺创新水平的不断提升。但是与此同时也能够看到当前企业在工艺创新的改进与更新速度方面，有所放缓。

综上所述，不论是从 M 企业的产品创新方面来看，还是从企业的工艺创新方面来看，企业的 TI 水平能力都是相对较高的，但是仍然存在着一定的进步空间，还未达到完全饱和的 TI 发展状况，而且 TI 能力在近期发展进步的速度存在着相对较为缓慢的发展迹象。

5.1.3 M 企业内外部创新环境

5.1.3.1 M 企业内部创新环境分析

在 M 企业的内部，OI 与 TI 活动的全面开展受到了多方面要素的共同作用与影响，主要包括有企业管理人员状况，企业组织发展状况以及企业技术水平状况等。

（1）企业管理人员状况。首先，从当前 M 企业的高层管理者的基本素质情况来看，其学历水平基本上都是以硕士学历为主，12 位高层管理者中有 10 位都是硕士研究生学历，占比 83.3%。从管理者的学历专业情况来看，工科背景的高层管理者有 9 位，占比达到了 75%。即使是一部分没有工科学历背景的管理者，也基本上都有着丰富的工业企业管理经验，对于 M 企业的日常管理工作非常熟练。其次，在日常的管理工作中，相关部门管理者针对问题的管理方法相对较为多样化，管理手段也是相对较为灵活，能够较为科学准确及时地解决好所有的航天产品生产与企业管理问题，有着相对较高的企业管理效率。而且从人员任期方面来看，当前 M 企业的所有高层管理者在 M 企业的任期均超过了 8 年，其平均的任期已经超过了 12 年。另外，针对企业的组织战略、组织制度、组织结构、组织文化以及企业的产品创新、工艺创新等方面的管理工作都进行了分类细化管理，明确责任人制度，优化这些方面的基本管理方法，在一定程度上提高了相关的管理效率。可见，M 企业高层管理者相对较高的基本素质，以及企业管理者对于企业内部的各类创新活动均持有正向的积极态度，这些利好要素对于企业开展 OI 与 TI 活动都具有重要的基础性保障作用。

（2）企业组织发展状况。基于笔者针对 M 企业的实地调研情况来看，M 企业有着组织集权性相对较强的基本特征，主要体现为 M 企业整体运营管理权基本上都是集中在几位高层管理者身上。这种集权形式一方面能够确保企业 OI 效率的提升，另一方面则也会出现一定的弊端和问题，从而影响组织运行效率。在企业的基本资源利用情况方面来看，M 企业更多的是依靠企业内部的资金资源、人力资源、信息资源、技术资源等，而从企业外部调度使用资源的能力较弱。与此同时，企业内部资源在个别方面也存在着一定的资源不足等问题，例如，企业技术人员流动性大、企业资金资源在个别生产制造环节也存在着一定的资金调配不足现象、对供应商的管理能力相对较弱等问题。而且从 M 企业当前的整体组织规模以及组织的结构情况来看，企业的整体组织状况还是相对较为繁杂的，从而导致组织沟通的效率仍然有待进一步地提升。可见，当前 M 企业的 OI 活动正处于一个上升期的阶段，仍然存在着诸多需要改进的问题。而且 M 企业也只有通过进一步地提升和改进 OI 水平，才能够进一步地满足企业 TI 需求，从而促进企业 TI 水平的不断提升与进步。

（3）企业技术水平状况。由于 M 企业已经经过了一个相对较为长期的发展阶段，在技术的积累方面已经具备一定的实力。截至 2016 年底，M 企业现有职工为 16 万人左右，专业的技术人员比例为 31%。其中，具有大学本科或以上学历专业性的技术人员中占到了 82%，专业技术人员中具有中级或中级以上职称的人数占到了 44%。M 企业当前拥有国家最高科学技术奖获得者 1 人，国防科技工业具备突出贡献的相关专家人数达到了 61 人。在 M 企业专业人才方面，技师及其以上的人员数量占到了 11.3%，国家高技能的人才楷模数量达到了 3 人，国家级技能大师工作室有 14 个之多，公司级技能大师工作室 33 个，“航天技能大奖”获得者和“航天技术能手”594 人。此外，在航天装备产品生产方面，M 企业已经在国内首屈一指，而在国际市场也占有较大的市场份额，并且与美国、俄罗斯、意大利、德国、英国等国家有着密切的技术研发合作。由此可见，当前 M 企业在技术水平的发展方面，具备一定的实力，但是在近些年里，受到技术研发瓶颈等方面因素的困扰，导致 M 企业的技术进步速度相对较慢，从而也就在一定程度上抑制了 M 企业的飞速进步。

由此可见，高端装备制造企业 M 企业的内部创新环境，已到达较为适宜企业开展包括 OI 和 TI 在内的各类创新活动的状态。该状态对于企业开展 OI 与 TI 实践活动十分有利。但是与此同时 M 企业的内部环境中仍然存在着一定的问题和障碍，阻碍着企业 OI 与 TI 活动的顺利可持续开展，如技术发展速度缓慢，组织规模迅速扩大的同事带来组织沟通效率低下、管理工作变得更加复杂等问题。

5.1.3.2 M 企业外部创新环境分析

在 M 企业的外部创新环境方面，M 企业的 OI 与 TI 活动仍然面临着一定的障碍因素，主要有以下两个方面的表现：

（1）M 企业所处外部市场企业竞争日益激烈。虽然 M 企业为国内最大的综合性航天产品生产制造企业，但是在国内仍然存在着诸多小规模的航天产品生产企业。这些小规模的企业多半不是生产综合性航天产品的企业，但是在局部零配件产品的生产方面，仍然具备很强的竞争实力。这些国内的小企业，在运作灵活性，产品生产的专注性等方面，都给 M 企业的发展带来了巨大的威胁，甚至在个别领域内还明显地超过了 M 企业的发展。另外，除了国内相关航天产品生产制造企业给 M 企业的发展带来一定的威胁外，国际航天产品市场上的生产制造企业也同样会给 M 企业的发展带来巨大的威胁。例如，来自航天生产技术本来就较为出色的美国、俄罗斯等国家的航天产品生产企业。这些企业所在国家在航天技术的发展历程中，历史较为悠久，自身航天产品生产制造技术经验积累也是相对较为丰富，综合竞争实力较强，从而其生产出来的航天产品在国际市场上也相当较为畅销。此外，还有在局部航天产品生产方面也具有重要地位的来自德国、日本、英国、意大利以及巴西的企业，也在个别航天产品生产方面具备自身的竞争实力，在国际航天产品市场上也仍然会给 M 企业的销售与发展带来巨大的挑战。而且随着智能技术在企业生产过程中的广泛运用，以及智能机器人等生产技术的出现，国际市场上的这些航天产品制造企业竞争激烈的程度也变得日益强烈。因此，在国际航天产品销售市场上，M 企业如果想进一步地扩大国际航天产品市场份额，就必须要能够强化自身竞争实力。

（2）M 企业所处外部市场需求变化较快，行业标准迅速提升。随着国内外航天产品市场上相关产品丰富性的增加，以及产品技术含量要求的不断提升，国内外的航天产品需求市场对于产品的需求变化日益加快，而且航天产品生产的整个行业标准也在迅速提升。出现这种情况主要是由于我国航天事业起步较晚，在航天技术的各个领域中，明显落后于俄罗斯、美国等起步较早的国家。甚至在很多的航天产品生产领域，M 企业要落后于其他国家数十年的时间。在此背景下，M 企业并不是国际市场上航天产品生产与销售的领导者，也不是航天产品行业标准的制定者。这就使得 M 企业的产品营销变得较为被动。特别是当整个行业标准出现提升的时候，很容易就会大规模淘汰一些 M 企业的生产产品、生产设备乃至生产人员和技术等，从而给 M 企业的发展带来巨大损失。由此可见，在航天产品的买方市场中，M 企业所处的外部市场环境变化性较大，给 M 企业的生产经营管理都在不同程度上带来了一定的威胁和挑战。

综上所述，竞争较为激烈和变化性较大的外部环境，给 M 企业的发展带来了一定的阻碍。加之航天产品生产企业所具备的高技术性要求，同样给 M 企业的发展在技术层面带来了巨大的挑战。因而为了能够进一步地提升企业的综合竞争力，满足市场的高要求，M 企业必须要进一步地强化企业内部的 TI 活动能力，在优化 OI 与 TI 匹配的基础上，相关管理者做出二者重要的双边匹配决策，从而为推动 M 企业整体创新能力的提升奠定重要的基础，进而实现企业综合绩效水平的提高。

5.2 M 企业不同发展阶段 OI 与 TI 匹配决策过程

5.2.1 初创阶段 M 企业 OI 与 TI 匹配决策过程

基于本书针对 M 企业的全面调研访谈结果数据与相关背景资料，结合第 4.3 节中的相关研究内容，使用系统动力学模拟仿真方法，能够描述出 M 企业初创阶段的 OI 与 TI 的发展状态，并将 M 企业 OI 和 TI 的初始值均设为 100，仿真的模拟期定位 5 年，即 60 个月。在此基础上，将针对 M 企业初创阶段的相关调研数值带入到 VENSIM 软件中运行，从而得到 M 企业初创阶段的 OI 与 TI 匹配过程仿真模拟图以及初创阶段 OI 与 TI 动态匹配过程对 M 企业创新能力的影响仿真模拟图，如图 5－1 和图 5－2 所示。这两个模拟图能够从动态上表达出初创阶段的 M 企业的 OI 和 TI 发展状态以及双边的匹配关系对企业创新绩效的作用和影响。

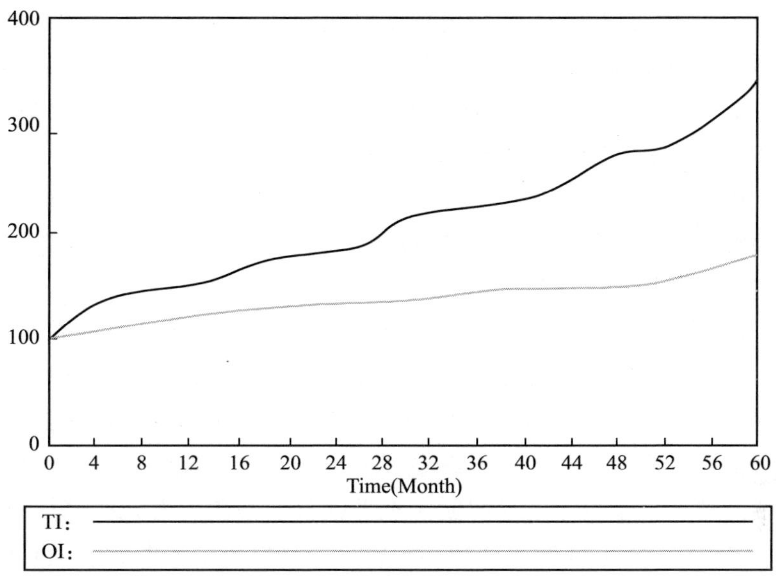

图 5-1　M 企业初创阶段 OI 与 TI 匹配过程仿真模拟

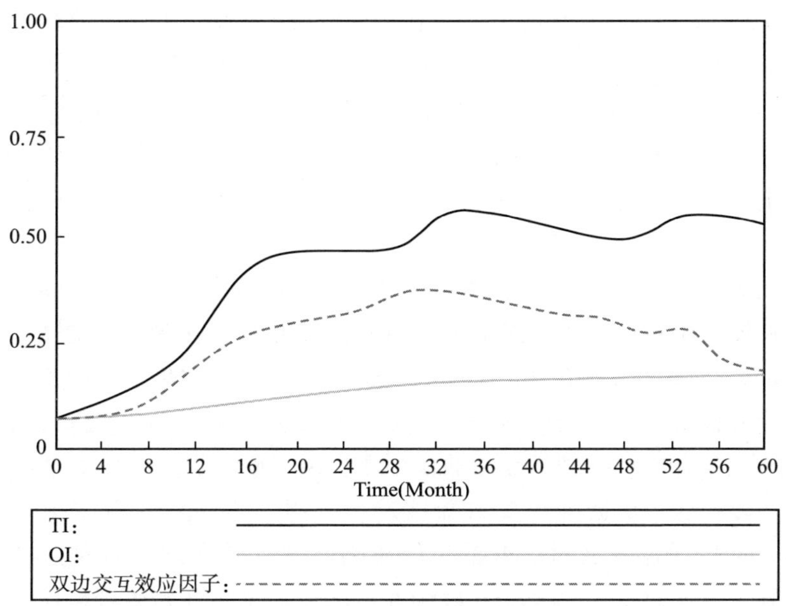

图 5-2　M 企业初创阶段 OI 与 TI 动态匹配过程对创新能力动态影响仿真模拟

在图5－1中可以观察到，初创阶段M企业的OI与TI的发展趋势分别呈现出了不同的发展特征。其中，M企业初创阶段发展阶段的TI虽然在个别时间内出现了一定的波动，但是整体上是呈现出了稳步快速上升的发展趋势，而且其整体上升幅度较大。而OI则是呈现出了与TI发展趋势不同的发展状况。整个初创阶段，M企业的OI都是处于一个较为缓慢的上升阶段，进步速度相对较慢。特别是在TI快速大幅度进步的背景下，导致M企业初创阶段的TI水平与OI水平的差距越拉越大。

M企业在初创阶段所表现出来的OI与TI的发展走势，有多方面的原因。首先，在初创发展阶段，作为典型的高端装备制造企业，M企业对企业在技术方面的创新较为重视。因而在M企业创立之初，企业的管理者都是将企业整体的资金、人力以及企业发展重心都投入企业技术领域的创新，在此状况下，也就促进了企业整体技术的创新水平以及创新能力得到快速提升。而且基于TI的特点，通过TI能够在短期内较为明显地推动企业创新绩效的实现。在企业创新绩效明显提升的基础上，企业的管理者也就自然更加重视对TI的投入力度。其次，由于M企业整体的生产要素和资源是有限的，导致企业在扩大对TI领域的投资力度情况下，必然会导致企业在OI领域的要素投入力度，从而导致企业OI发展动力严重不足。而且由于OI的发展特点，在企业强化OI发展的过程中，也不能够在短期内明显促进企业创新绩效的提升，从而也就导致了初创阶段的M企业的管理者忽视企业OI的发展力度。基于以上种种原因，也就形成了图5－1中的初创阶段M企业OI与TI发展趋势。

如图5－2所示，初创阶段M企业的TI在自身水平快速提升的背景下，对企业整体创新能力的推动作用十分明显，表现出了较强的带动性。而与此同时，由于初创阶段M企业的OI水平进步较慢，导致OI水平的提升对企业的创新能力影响和促进程度较弱。同时，初创阶段发展阶段，M企业OI与TI的匹配对企业的综合创新能力的作用表现出了前期提升，而后期明显下滑的发展态势。这主要是由于在M企业发展前期，受到企业TI水平快速提升的带动，OI的缓速发展对企业的负面影响还没有得到充分体现。但是当TI水平达到了一定的高度之后，OI缓慢发展的负面影响开始体现，从而导致了后期M企业OI与TI的匹配效果不佳程度日益明显，从而导致了企业综合创新能力的下滑。

综上所述，M 企业在初创阶段中 OI 与 TI 的匹配状况所表现出来的问题，也是由于企业在发展初期资源和要素不充分，管理不科学，决策不合理等方面的原因共同作用而成的。因而，初创阶段 M 企业的管理者在制定企业 OI 与 TI 匹配决策时，应当全面了解企业当时的 OI 与 TI 的匹配状况，从而采取较为有针对性的决策。如图 5 –3 所示，M 企业的管理者在企业发展的初创阶段，在使用实证方法判断出企业已经出现了 TI 与 OI 不匹配的状态时，应当及时采取措施，优化 OI 中的组织结构、文化、制度以及战略等方面的内容，从而力争促进和实现企业 OI 与 TI 的匹配目标。这是 M 企业在初创阶段针对企业 OI 与 TI 的匹配管理问题，应当采取的有效决策路径。

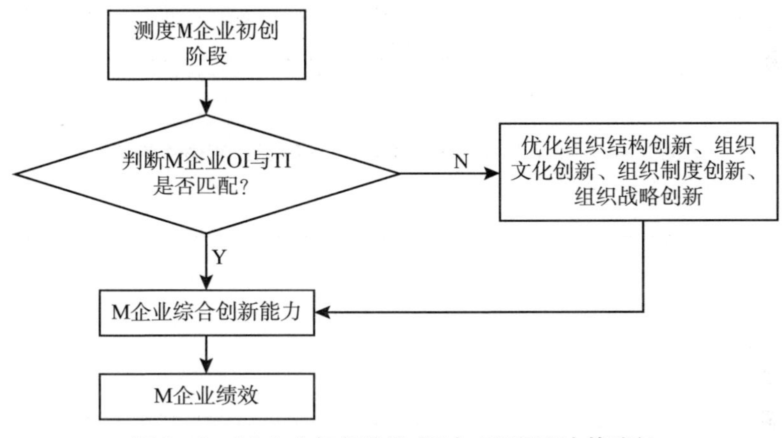

图 5 –3　M 企业初创阶段 OI 与 TI 匹配决策路径

5.2.2　成长阶段 M 企业 OI 与 TI 匹配决策过程

基于前文针对不同发展阶段企业的发展特征等方面内容的研究，以及针对初创阶段 M 企业 OI 与 TI 匹配决策的研究，为了能够描述出 M 企业成长阶段的 OI 与 TI 的发展状态，并将 M 企业 OI 和 TI 的初始值分别确定为 178 和 344，仿真的模拟期定位 10 年，即 120 个月。结合系统动力仿真研究方法，使用 VENSIM 软件，得出图 5 –4 和图 5 –5 的运行结果。

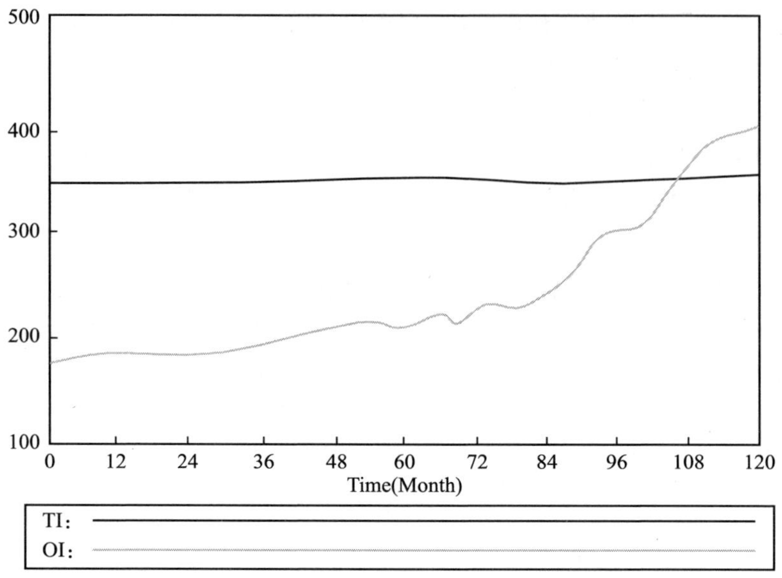

图 5-4　M 企业成长阶段 OI 与 TI 匹配过程仿真模拟

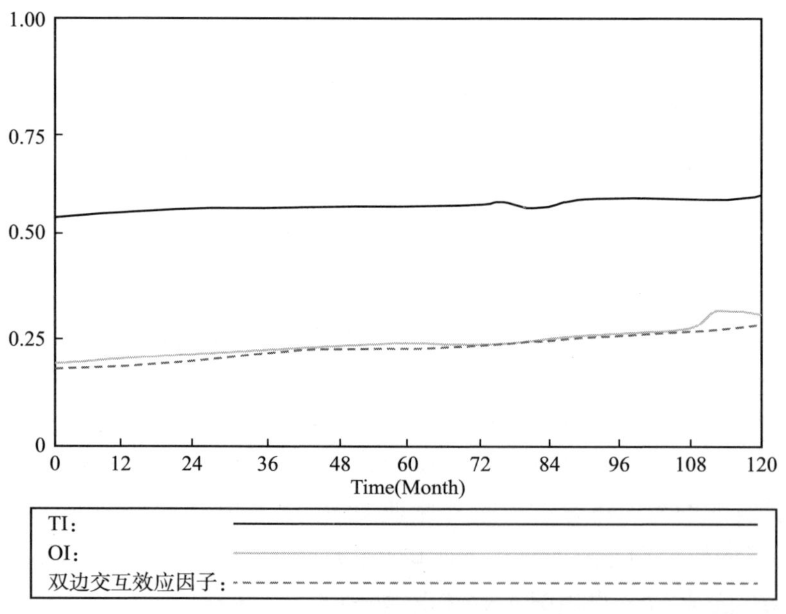

图 5-5　M 企业成长阶段 OI 与 TI 动态匹配过程对创新能力动态影响仿真模拟

如图 5 -4 所示，在成长阶段发展阶段，M 企业的 TI 水平进步速度相对较为缓慢，整体进步空间也相对较小。而与此同时，M 企业的 OI 进步速度相对较快，进步空间较大。甚至在成长阶段的第 106 个月时，M 企业的 OI 水平超过了 TI 的水平，而且这种超出的水平差距还在逐渐拉大。从该阶段 M 企业 OI 与 TI 发展水平整体上来看，从成长阶段的 0 ~ 105 个月时，企业保持着较高的 TI 水平，但是进步较小，而 OI 虽然起步水平较低，但是进步速度较快；在第 106 个月时，企业的 OI 与 TI 出现了水平相当的状况；在第 107 个月开始，则是出现了企业 OI 水平超过 TI 水平的情况。

在成长阶段，M 企业之所以能够出现图 5 -4 中企业 OI 与 TI 发展趋势和现象的原因，有以下两个方面的表现。首先，在成长阶段 M 企业的 TI 水平已经达到了一定的高度，甚至在同行业中也已经处于领先地位了，因而 M 企业的管理者已经开始减弱对 TI 的重视，甚至会减少对企业 TI 的整体投入力度。其次，在成长阶段 M 企业 OI 水平偏低的情况越来越明显，甚至无法满足企业 TI 的发展需求，从而限制了 TI 的进一步发展。因而在此阶段，M 企业的管理者开始加大对企业 OI 的重视和投入力度。这也就在很大程度上推动了成长阶段的 M 企业 OI 水平的进步速度，甚至促使企业 OI 水平超过了 TI 的水平。

如图 5 -5 所示，成长阶段 M 企业的高水平的 TI 创新对企业创新能力的推动较为明显，但是成长阶段 M 企业的 OI 对企业的创新能力带动水平偏低。因而成长阶段 M 企业 OI 与 TI 匹配的状态对企业整体创新能力的带动程度也是偏弱的。可见，在成长阶段 M 企业由于受到 OI 水平长期大幅度落后 TI，从而导致成长阶段的 M 企业的 OI 与 TI 匹配状况较差。这种相对较差的匹配状况，也就再进一步地抑制了 M 企业在成长阶段全面提升企业整体创新能力的发展势头。在此背景下，成长阶段的 M 企业管理者就应当做出更加科学合理有效地企业 OI 与 TI 匹配决策，如图 5 -6 所示。成长阶段的 M 企业管理者在制定企业 OI 与 TI 匹配决策时，当判断出企业的 OI 与 TI 出现了不匹配状况，应当进一步地确认企业所处的时间点，如果 M 企业在成长阶段发展中，处于第 0 ~ 106 个月期间内容，企业的管理者则应当重点强化企业的 OI，优化企业的组织结构创新、文化创新、战略创新以及制度创新等内容。否则，当 M 企业处于成长阶段的第 106 个月以后时，企业的管理者就应当强力优化企业的 TI，即产品创新和工艺创新。

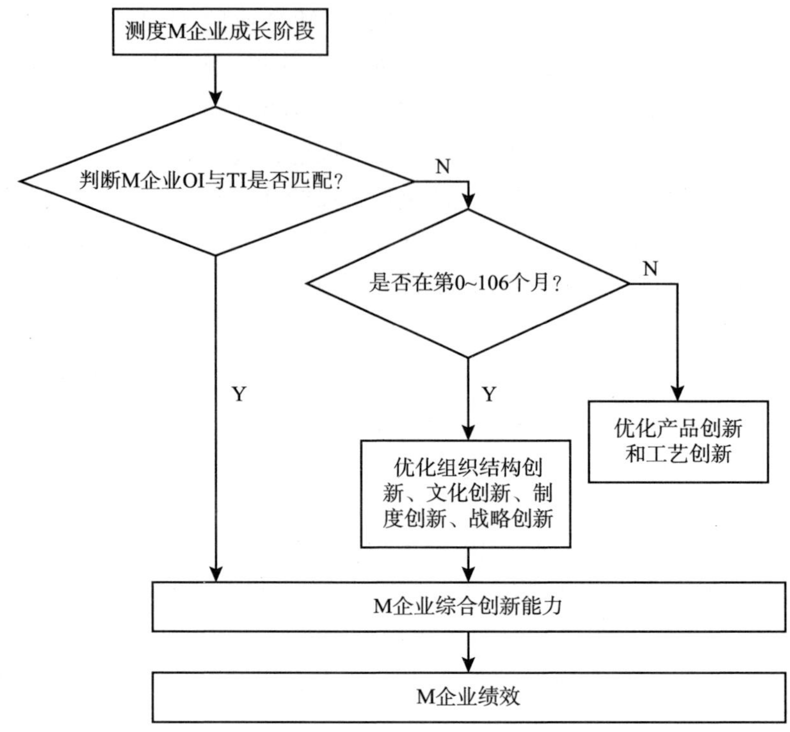

图5-6 M企业成长阶段OI与TI匹配决策路径

5.2.3 成熟阶段M企业OI与TI匹配决策过程

5.2.3.1 M企业成熟阶段OI与TI静态匹配决策

根据本书第3.3.1节中基于匹配性评价矩阵的企业OI与TI匹配决策的相关实证分析步骤，将本案例中调研的M企业成熟阶段的OI与TI及其匹配决策方面的相关调研数据带入到满意度公式中，经过相关数据的调整与公式转换，从而得出M企业成熟阶段的OI与TI匹配决策单目标优化模型：

$$\max F = 0.5\sum_{i=1}^{4}\sum_{j=1}^{2}\theta_{ij}y_{ij} + 0.5\sum_{i=1}^{4}\sum_{j=1}^{2}\Psi_{ij}y_{ij} = \sum_{i=1}^{4}\sum_{j=1}^{2}f_{ij}y_{ij}$$

$$\text{s.t.}\ \sum_{j=1}^{2}y_{ij} = 1,\ (i = 1, 2, \cdots, 4)$$

$$\sum_{i=1}^{4} y_{ij} \leqslant 1,\ (j=1,2)$$

$$y_{ij}=0 \text{ 或 } 1,\ (i=1,2,\cdots,4;\ j=1,2)$$

其中，$f_{ij}=0.5\theta_{ij}+0.5\psi_{ij}$，系数矩阵 $[f_{ij}]_{4\times2}$，如表 5－1 所示。

表 5－1　　系数矩阵 $[f_{ij}]_{4\times2}$

f_{ij}	B_1	B_2
A_1	0.841	0.702
A_2	0.957	$-K'$
A_3	$-K'$	$-K'$
A_4	0.7125	$-K'$

通过 Lingo 9.0 优化软件包编程求解单目标优化模型可得如下结果：

$$Y_M^*=[y_{ij}^*]_{4\times2}=\begin{bmatrix}1&1\\1&0\\1&0\\0&1\end{bmatrix}$$

可见，M 企业的 OI 与 TI 的双边匹配决策方案为 $\mu_M^*=\mu_{M_t^*}\cup\mu_{M_S^*}$，其中，

$$\mu_{M_t^*}=\{(A_1,B_1),(A_1,B_2),(A_2,B_1),(A_3,B_1),(A_4,B_2)\}$$

$$\mu_{M_S^*}=\{(A_2,B_2),(A_3,B_2),(A_4,B_1)\}$$

该结果意味着在 M 企业的所有 OI 与 TI 的构成要素中，A_1 与 B_1 匹配，A_1 与 B_2 匹配，A_2 与 B_1 匹配，A_3 与 B_1 匹配，A_4 与 B_2 匹配；而 A_2 与 B_2 不匹配，A_3 与 B_2 不匹配，A_4 与 B_1 不匹配。

以上实证分析结果说明，当前 M 企业在开展 OI 与 TI 匹配决策的过程中，企业管理决策者应当看到企业组织战略创新与产品创新、工艺创新均匹配，组织结构创新只与产品创新匹配，组织文化创新与产品创新匹配，组织制度创新只与工艺创新匹配。而不匹配的要素则包括有组织结构创新与工艺创新，组织文化创新与工艺创新，组织制度创新与产品创新。因此，M 企业的相关管理决策者在制定优化企业 OI 与 TI 匹配决策的过程中，要强化对不匹配要素的优化力度，针对已经匹配的要素组则是要密切关注，一旦出现不匹配的

情况，则要立即采取有针对性的优化措施。

基于以上要素组中所表现的不同要素间的匹配与不匹配关系，结合当前M企业的组织创新与技术创新发展现状，以及M企业所处的高端装备制造产业创新环境来看，可以分析出其中具体的表现与原因。

（1）M企业在重视生产管理的过程中，强化了部分要素组的匹配关系。在M企业的组织战略创新与产品创新、工艺创新均匹配方面，可以看出其匹配关系主要具体表现为M企业的产品战略、生产战略分别与企业的产品创新活动、工艺生产活动是比较匹配的。出现这种匹配关系也主要是由于M企业比较重视产品和生产环节，从而制定出较为符合产品与生产需求的组织战略。这种匹配关系非常有利于企业的产品战略和生产战略的全面落实，更加有利于企业TI活动的全面开展。

（2）M企业的TI发展速度快于OI。在M企业的组织结构创新只与产品创新匹配，组织文化创新与产品创新匹配，组织制度创新只与工艺创新匹配方面，可以看出M企业的组织结构、组织文化以及组织制度创新与企业的TI活动需求有着一定的差距，都是存在着部分的匹配关系，而非完全的匹配关系。出现这种情况的原因主要是企业在TI方面的发展速度要明显快于OI的速度，从而导致企业的OI活动无法全面跟得上TI活动。因此M企业的管理者要充分重视这些部分存在匹配关系的情况，对未能实现匹配关系的要素进行全面的优化和管理。

（3）M企业在组织结构优化，组织文化更新以及组织制度管理方面存在明显不足。M企业的OI和TI匹配关系中仍然存在着一些不匹配的要素组，组织结构创新与工艺创新，组织文化创新与工艺创新，组织制度创新与产品创新。这些不匹配的要素组的存在，说明M企业在组织结构优化，组织文化更新以及组织制度完善方面仍然存在着一定的问题和改进的空间，因此为了能够全面实现企业OI和TI的匹配关系，M企业的相关管理者在制定相关管理决策的时候，要明确针对这些不匹配要素组的优化力度，从而实现OI与TI的全面匹配，最终为提高企业发展综合绩效注入强劲的发展动力。

5.2.3.2 M企业成熟阶段OI与TI动态匹配决策

基于本章针对M企业的全面调研数据与资料，结合本书第3.3节中的相关研究内容，能够描述出M企业的OI与TI的发展状态，从而可以判断出M

企业当前应当处于企业的成长阶段。可以将 M 企业 OI 和 TI 的初始值分别设为 190 和 360，仿真的模拟期定位 10 年，即 120 个月。在此基础上，将 M 企业的相关数值代入 VENSIM 软件中，从而得到成熟阶段的 M 企业的 OI 与 TI 匹配过程仿真模拟图以及 OI 与 TI 动态匹配过程对 M 企业创新能力的影响仿真模拟图，如图 5－1 和图 5－2 所示。这两个模拟图能够在较大程度上表达出当前成熟阶段 M 企业的 OI 和 TI 发展状态以及双边的匹配关系。

如图 5－7 所示，从整体上来看，TI 和 OI 的仿真模拟曲线都呈现出了不同程度的上升发展趋势。其中 TI 仿真模拟曲线是在一定程度上的波动情况下不断上升，上升幅度相对较大。而 OI 仿真模拟曲线则是一直处于相对较为小幅度上升阶段。这主要是由于 M 企业当前是处于一个组织发展水平相对较高的状态，而企业的技术发展以及 TI 能力都是相对偏弱的情况，从而导致在前期出现了企业 TI 明显无法全面满足 OI 的状况的出现。如果这种不匹配状况长期存在，将不利于成熟阶段 M 企业的整体可持续发展。所以在此背景下，M 企业的管理者在制定企业 OI 与 TI 匹配方面的相关决策时，应当进一步地强调 TI 方面的相关优化与管理。在第 84 个月的时间点上，OI 仿真模拟曲线

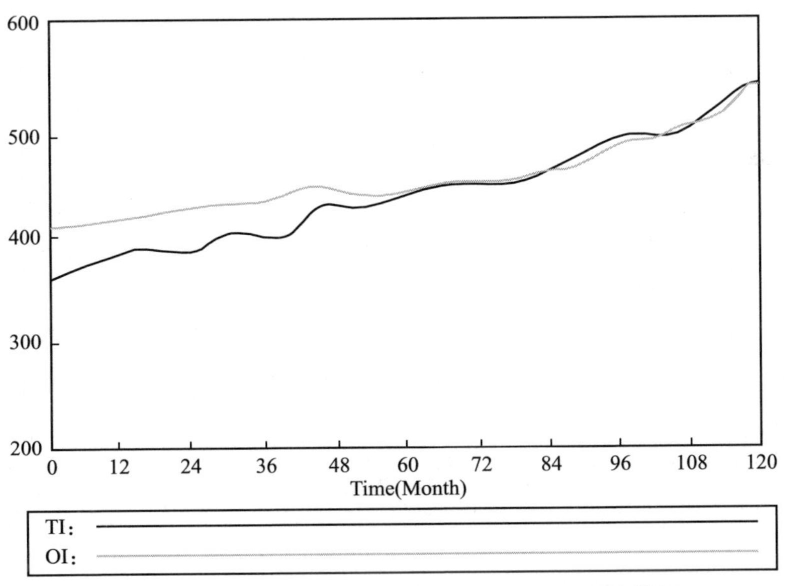

图 5－7　M 企业成熟阶段 OI 与 TI 匹配过程仿真模拟

与 TI 仿真模拟曲线出现了交差。在第 84 个月之前，TI 的仿真模拟曲线整体所处的水平要明显低于 OI 的模拟仿真曲线水平。从第 85 个月到第 120 个月期间，则是 TI 的仿真模拟曲线所处水平与 OI 仿真模拟曲线所处的水平接替上升，并且水平十分接近。这主要是由于 M 企业的管理者意识到了企业在 TI 和 OI 之间存在着的巨大差距，从而加大对 TI 方面的资源投入，因而提升了企业的 TI 水平，使得 TI 能力在短时间内得到了快速进步，从而能够满足企业的 OI 需求，甚至实现了企业 OI 与 TI 的匹配关系。另外，从 OI 与 TI 的匹配发展过程与趋势上来看，OI 与 TI 的匹配关系从双边差距较大向双边差距缩小的方向发展。这也在一定程度上说明了 M 企业的 OI 与 TI 匹配状况日益好转，这种匹配关系也在逐渐走向成熟。

如图 5 -8 所示，通过 TI 对企业创新能力的影响与作用仿真模拟曲线可以看出，TI 对企业的创新能力有着巨大的影响，正向作用明显，且该影响程度缓慢上升。这主要是由于在此阶段，M 企业的技术发展水平已经达到了一定的高度，因而对企业绩效的高水平促进和推动效果较为平稳。OI 对企业创新能力的影响程度先上升，上升幅度相对较大，到第 80 个月开始缓慢地下滑。

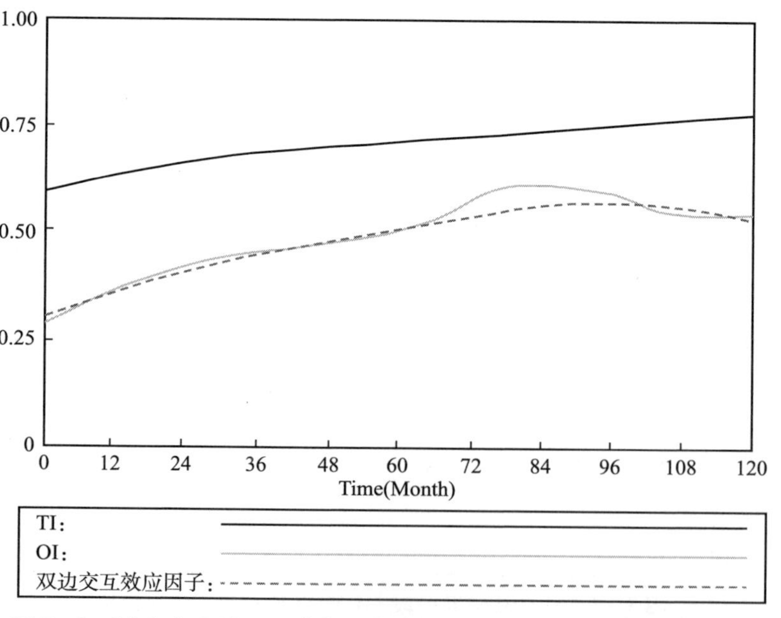

图 5 -8 M 企业 OI 与 TI 动态匹配过程对创新能力动态影响仿真模拟

这主要是由于在此阶段，M 企业的 OI 进步速度较快，从而在此期间对企业整体绩效推动作用与表现较为明显。OI 与 TI 匹配对 M 企业创新能力的影响程度和 OI 对企业创新能力的影响程度相对较为接近，其影响程度的变化走势较为接近，但是并不完全相同。由此可见，在当前 M 企业的发展阶段中，M 企业的 OI 发展对于企业创新能力的影响与企业 TI 能力和水平均有着较为密切的关联关系。

综上所述，通过以上 M 企业 OI 与 TI 动态匹配仿真模拟曲线可以看出当前 M 企业的 OI 与 TI 动态匹配状况，M 企业管理层面的决策者，面对企业 OI 与 TI 动态匹配中存在着的主要问题，可以此为决策参考，从而画出 M 企业 OI 与 TI 动态匹配决策路径图，如图 5－9 所示。M 企业的 OI 与 TI 匹配决策路径应当如下：首先，根据 M 企业的 OI 和 TI 实际情况以及相关的调研数据，测度 M 企业的 OI 与 TI 状况，进而使用矩阵式双边匹配决策评价方法，判断 M 企业当前已经匹配的要素组和不匹配的要素组。从而可以判断出匹配的要素组能够在不同的程度上对企业的创新能力乃至企业绩效产生一定的促进作用。而针对已经不匹配的要素组，则是要进一步地分别优化组织结构创新与工艺创新匹配状况，组织文化创新与工艺创新匹配状况，组织制度创新与产品创新匹配关系。从而在优化完成后的基础上，再次地测度 M 企业的 OI 与 TI 状况，并判断出 M 企业的 OI 与 TI 匹配状况。

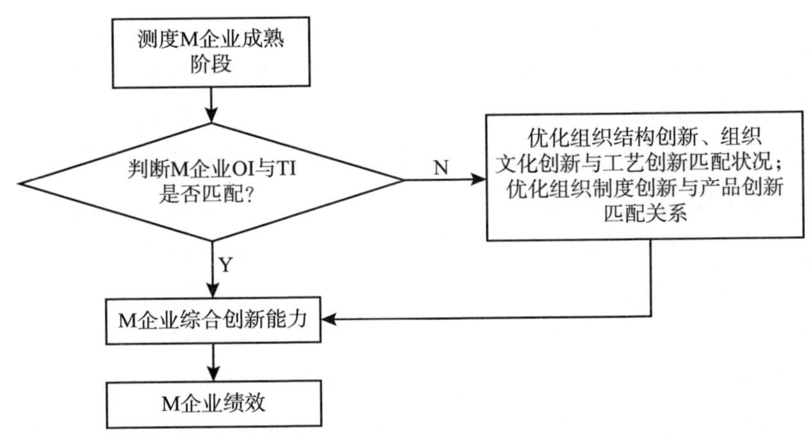

图 5－9　M 企业成熟阶段 OI 与 TI 匹配决策路径

5.3 M企业OI与TI匹配决策实施建议

基于本章前文对不同发展阶段M企业的OI与TI状态以及二者双边匹配状况等方面的系统动态仿真分析，为了能够进一步地强化当前处于成熟发展阶段M企业OI与TI匹配决策的科学性与有效性，笔者分别从影响因素视角和创新管理视角有针对性地提出现阶段成熟阶段M企业OI与TI匹配决策实施的对策建议。这些对策建议的提出也能够在较大程度上保障M企业OI与TI匹配决策的顺利开展。

5.3.1 影响因素视角的决策实施建议

5.3.1.1 管理者视角的决策实施建议

在企业的管理实践中，管理主体还仍然是企业的管理者。那么管理者的个人素质、决策方式，以及管理者对创新活动的支持力度等方面的内容都会在较大程度上影响到企业管理者的管理能力。在M企业中也是如此，M企业的管理者基本状况对于企业开展OI与TI匹配决策活动而言都是有着较为重要的影响，甚至在一定的程度上会产生决定性的影响。所以本章基于M企业的创新管理实践现状，基于M企业的综合管理者视角提出企业OI与TI匹配决策实施的对策建议，以期能够在一定程度上提升企业管理者的管理能力。

（1）全面提升M企业管理者的基本管理素质。企业管理者的个人基本素质会在根本上决定着企业管理者的个人管理能力。M企业开展OI与TI匹配决策的过程中，仍然需要基本素质相对较高的管理者参与其中。所以在提升M企业管理者的管理能力方面，必须要最先提升企业管理者的基本管理素质。对于M企业较高水平的管理者而言，提升管理者的管理素质，通过简单的培训课程是较难以实现的。而且相关的培训教师也是相对较少的[218]。但是在一些水平较高的高等院校有开设高级工商管理课程。通过参加有专职教授授课的高级工商管理课程，比较能够真正地在根本上提升企业高级管理者的基本管理能力与管理素质[219]。而且一直以来，高水平院校的高级工商管理课程也确实是受到了很多大型企业高层管理者的青睐，参加该课程的企业高层管理者人数日益增多。此外，由于 M 企业还仍然是一个以技术发展为主的生产制造型企业，所以相关的高层管理者还是要在一定程度上了解 M 企业的技术发展现状，如当前 M 企业自身技术优势、技术劣势、核心技术、技术发展瓶颈以及航天产业的整体技术发展走向等内容。可见，也只有在进一步强化了 M 企业管理者的自身基本素质的基础上，才可以进一步地提升企业管理者的整体管理能力。

（2）进一步强化 M 企业管理决策方式的科学化。M 企业作为一家发展历史较长的国有航天企业，确实存在着一部分的企业管理者在制定企业管理决策的时候，有时仍然会采取经验主义的决策方法，缺少了管理决策的科学化手段。这样的管理决策方式出现失误的风险较大，且不利于企业的可持续发展与提升管理决策科学化的发展趋势。因此，在提升企业管理者能力的过程中，还是要能够进一步地强化企业管理决策方式的科学化水平。相关企业管理者在制定决策的时候，还是要能够采取较为科学合理的决策方式，基于 M 企业 OI 与 TI 的实际发展情况，调研相关的数据信息，从而通过构建实证模型，进行模型分析与预测，进而在最大程度上来提高企业管理决策的科学化水平，降低决策的失误率。由此可见，通过提升企业管理决策方式科学化的水平，还是能够在一定程度促成 M 企业 OI 与 TI 匹配决策活动实践的顺利开展。

（3）强化 M 企业管理者对企业创新活动的支持力度。从根本上而言，所谓创新也就意味着变革，变革势必会伴随着不同程度上的风险。然而在企业中难免会存在着一些风险厌恶者类型的企业管理者，M 企业也不例外。因此，在 M 企业内部开展企业创新的过程中，势必会遇到一定的阻碍，特别是来自高层领导者的阻碍最大。于是，为了能过促使 M 企业 OI 与 TI 匹配决策的顺利实现，最大程度上降低创新阻力，企业应当强化管理者对企业创新活动的整体支持力度[220]。逐渐培养高层管理者对创新活动的支持意识，促成保守者的思想意识的转变。当然这是一项就较为艰难的工作，需要相对较长的时间过度。也需要企业的管理者充分认识企业发展实际的基本需求，接受更多的高水平管理培训，从而意识到企业创新的重要性。也只有在此背景下才能够强化 M 企业管理者对企业创新活动的整体支持力度。

5.3.1.2 组织视角的决策实施建议

M 企业在完成 OI 与 TI 匹配决策管理实践的过程中，仍然要强化组织层面的管理内容。特别是在前文第 5.2.2 节中从静态的角度分析了 M 企业在 OI 与 TI 匹配决策管理实践中，在 OI 方面的组织层面确实存在着一定的问题。因此，笔者从组织的视角提出了 M 企业 OI 与 TI 匹配决策实施的对策建议，以期能够在一定程度上促成 M 企业 OI 与 TI 匹配决策活动的顺利开展，夯实企业管理决策基础，强化企业管理决策功效。

（1）进一步地完善 M 企业组织结构，组织制度与文化。由于当前 M 企业在组织结构创新，组织制度以及组织文化方面仍然存在着一定的缺失与不足，因此 M 企业为了能够进一步保证企业 OI 与 TI 匹配决策的顺利实现，应当强化以上这三个方面组织内容的全面优化。在组织结构完善方面，要根据 M 企业的组织规模以及发展速度较快等方面的实际情况，进一步地精简组织结构，强化组织结构的功能性，促进组织扁平化模式的发展，提高组织结构运行的整体效率。在组织制度完善方面，要根据 M 企业在发展速度较快，各种新情况和问题出现的发展势头，而逐步地完善组织的制度内容，充分发挥组织制度的管理作用，完善组织制度的基本功能。在组织文化方面，则是要进一步地强化 M 企业组织文化中的创新内涵，丰富组织文化的基本创新内容，通过创新型的组织文化来进一步地强化企业的组织文化应当具备的指引作用。

（2）优化企业整体的组织资源配置与协调。在规模庞大的 M 企业整体创新活动与日常经营管理过程中，需要大量的人、财、物以及信息等方面的基本资源。然而在企业的内部这些资源配置与协调的有效性也是一个较为重要的管理内容，而且这也对企业的 OI 与 TI 匹配决策效果具有一定的影响作用。因此，M 企业的相关管理人员构建企业资源调配机制，强化企业资源使用的信息化管理措施。在丰富企业整体组织资源的基础上，进一步地优化企业资源的利用效率。另外，在资源充分有效利用的基础上，相关管理者还应当强化组织内部沟通的有效性，构建较为有效地信息沟通机制，提高沟通效率。特别是在信息资源的传送与接收环节中，企业沟通的有效性就显得尤为重要。

5.3.1.3 外部环境视角的决策实施建议

基于当前 M 企业外部环境的多样性与变化性等特征，M 企业在开展 OI 与 TI 匹配决策管理过程中，仍然需要不断地完善和强化企业自身的创新能力，从而在最大程度上不断适应企业的外部环境。M 企业为了能够进一步地提升企业 OI 与 TI 匹配决策管理的科学性，强化企业综合创新能力和效率，企业要全面地适应企业的外部环境特征，具体有如下表现。

（1）适应企业外部环境的多样性。由于当前 M 企业在开展企业 OI 与 TI 匹配决策管理过程中所面临的外部环境存在着多样性特征，因而 M 企业的管理者就要针对外部环境多样性复杂特征，针对不同性质和类别环境采取有针对性地适应对策。而且针对不同类别的企业外部创新环境，管理者应当全面完善企业各类资源优化配置。通过强化企业 OI 或 TI 方面各类资源优化配置，也能够在较大程度上推动企业 OI 与 TI 匹配水平的提升，近而能够强化企业 OI 与 TI 匹配决策管理科学性，最终实现企业综合创新能力提升。

（2）适应企业外部环境的变化性。M 企业在发展的过程中，其所处外部环境也都是一直处于动态的变化过程中。因而企业所处外部环境的变化性，也在一定程度上决定了 M 企业管理者要针对企业外部环境变化，才能有针对性地优化措施。如 M 企业外部的政府政策、社会技术水平、同业竞争激烈程度等外部因素都会从不同角度影响到 M 企业的创新管理。因而 M 企业管理者在优化企业 OI 与 TI 匹配决策管理过程中，应当在努力适应企业外部环境变化性的基本前提下，不断优化 OI 与 TI 构成要素，从而实现 M 企业 OI 与 TI 更高水平的匹配结果，并为企业综合创新实力的提升奠定重要的发展基础。

5.3.2 创新管理视角的决策实施建议

M 企业的管理者在开展 OI 与 TI 匹配决策的过程中，其最终目的仍然是为了促进企业整体综合创新能力的提升与进步，从而通过企业综合创新能力的进步来全面促进企业绩效的实现。同时 M 企业开展 OI 与 TI 的双边匹配决策活动也需要科学的创新管理予以配合。因此，笔者充分结合 M 企业 OI 与 TI 及其双边匹配决策的实际发展情况，较为有针对性地从企业创新管理视角提出了 M 企业 OI 与 TI 匹配决策实施的对策建议。

5.3.2.1 明确 M 企业 OI 与 TI 的创新目标，制定切实可行的企业创新战略

基于当前 M 企业在 OI 与 TI 及其双边匹配决策在整体创新目标方面的模糊性，以及创新战略的不完善性等方面的缺陷。笔者认为 M 企业的相关管理者最先要结合企业的创新实际情况，制定切实可行的 OI 与 TI 的创新目标。而且创新目标仍然是要以企业的整体利益为出发点，根据企业不同发展阶段，结合企业发展实际状况，全面科学合理的调整。而且企业的创新行为以较为科学合理的创新目标为前提，优化 OI 与 TI 的创新行为，调整 OI 与 TI 的构成要素。可见较为明确和清晰的创新目标，对于 M 企业科学地开展 OI 与 TI 匹配决策管理，具有重要的指引作用，不可或缺。在明确了 M 企业创新的基本目标基础上，企业的管理者还要能够进一步地制定企业的创新发展战略。作为一家规模庞大、实力雄厚的航天企业，在创新方面执行较为长远且科学的创新发展战略尤为必要。而且在制定切实可行的企业创新战略之前，相关的战略制定参与者必须要能够较为全面地充分了解整个企业的创新状况以及整个行业的创新状况[215]，经过全面科学地实地调研，才能够制定出符合 M 企业实际创新发展需求的创新战略。

5.3.2.2 积极优化 M 企业 OI 与 TI 的创新构成要素与双边匹配创新影响要素

对于 M 企业而言，不论是 OI 与 TI 的创新构成要素，还是其双边匹配创新的影响要素，都是 M 企业的管理需要重点关注的管理内容。由于 OI 和 TI 各自都有着不同的创新构成要素，所以 M 企业在开展 OI 与 TI 匹配决策的过程中，应当能够结合企业创新的实际发展情况，优化其中发展相对较弱的一些创新构成要素，侧重于企业创新实践的开展，以满足企业开展 OI 和 TI 的发展需求，提高企业 OI 与 TI 的匹配满意度，从而在较大程度上促成企业 OI 与 TI 匹配决策的顺利实现。此外，在 M 企业的 OI 与 TI 匹配决策影响要素方面，不论是在个人层面的创新影响要素，还是在组织层面或环境层面的创新影响要素，对于 M 企业开展 OI 与 TI 的匹配决策活动而言，都是尤为重要的影响因素。因为这些要素一定会在企业的内部和外部同时影响和作用企业 OI 与 TI 匹配决策活动。也只有全面优化了这些要素和影响因素的基础上，才能

够进一步地促成企业 OI 与 TI 匹配决策活动的顺利实现。

5.3.2.3 提升 M 企业 OI 与 TI 匹配过程中创新的动态管控效率

由于企业的发展是处于一个动态变化之中，因此对于 M 企业 OI 与 TI 匹配决策过程管理也要通过一个动态的视角展开。相对于静态管理活动而言，动态企业 OI 与 TI 匹配决策管理显得更加复杂，管理难度更大[216]。所以 M 企业在提升 OI 与 TI 匹配过程中创新的动态管控效率方面，应当进一步地提高创新管理的针对性，强化管理决策的实证化。企业动态创新管理的效率也是要与企业的创新成本和创新收益紧密结合。为了能够在较大程度上进一步地提高企业的 OI 与 TI 匹配过程中创新的动态管控效率，相关的管理者则是要能够在一定程度上逐渐降低企业的创新成本[217]。这种创新成本的降低不能是盲目的，要以 M 企业的实际创新成本需求为基础，在科学化管理的前提下降低创新成本。M 企业创新效益实现，也是要在企业整体创新能力增强基础上全面实现。

5.4 本章小结

本章主要是针对案例企业 M 企业在不同发展阶段的 OI 与 TI 匹配决策状况，展开了全面研究。首先，介绍了高端装备制造企业 M 企业的基本概况，梳理了 M 企业 OI 状态与 TI 状态，并综合性解析了 M 企业的内部外环境状况。而后，研究了 M 企业在不同发展阶段的 OI 与 TI 匹配决策过程。最后，笔者分别从两个方面提出了 M 企业成熟阶段 OI 与 TI 匹配决策实施的对策建议，包括影响因素视角和创新管理视角实施建议。

第6章
结　论

6.1 创新点与研究结论

在我国高端装备制造产业发展动力日益强化的背景下，在对高端装备制造企业 OI 与 TI 匹配问题相关文献梳理的基础上，本书针对高端装备制造企业的 OI 与 TI 匹配决策问题展开全面且深入的研究，从而得出以下创新点和研究结论，具体内容如下：

（1）构建了高端装备制造企业 OI 与 TI 匹配决策理论模型，揭示了高端装备制造企业 OI 与 TI 匹配决策的理论路径，并设计相应研究框架。首先界定高端装备制造企业的相关概念，包括高端装备制造企业及其特征，高端装备制造企业 OI 与 TI 构成要素与特征等内容。近而设计高端装备制造企业 OI 量表和 TI 量表，并进行实证检验。然后进一步地整理出双边匹配决策研究的理论支撑，包括双边匹配决策的基础内涵，相关理论和方法等内容。最后构建出高端装备制造企业 OI 与 TI 匹配决策的理论模型，揭示出了高端装备制造企业 OI 与 TI 匹配决策的理论路径，并设计出了高端装备制造企业 OI 与 TI 的匹配决策的研究框架。

（2）构建了高端装备制造企业 OI 与 TI 静态匹配决策机理模型，揭示了高端装备制造企业 OI 与 TI 匹配决策机理。在解析了高端装备制造企业的 OI 决策子系统，TI 决策子系统以及 OI 与 TI 综合匹配决策系统的基础上，总结出高端装备制造企业 OI 与 TI 匹配决策的影响因素，并分别从管理者视角，组织视角以及外部环境视角分析了 OI 与 TI 匹配决策的不同影响因素。在此基础之上，又进一步使用匹配性评价矩阵方法，对高端装备制造企业 OI 与 TI 的匹配决策过程展开了相关的实证研究，最终构建出了高端装备制造企业 OI 与 TI 综合匹配决策机理模型，揭示了高端装备制造企业 OI 与 TI 一般性匹配决策的机理和规律。

（3）构建了基于模型参数设定的不同发展阶段高端装备制造企业 OI 与 TI 匹配决策路径的系统动力学模型，揭示了不同发展阶段高端装备制造企业 OI 与 TI 动态匹配决策路径。首先，分别从企业的初创阶段、成长阶段以及成熟阶段解析了 OI 与 TI 的匹配特征，明确了其中存在着的规律性内容。进而采用系统动力学仿真的方法，描绘出 OI 与 TI 匹配决策系统流图，并对系统仿真模型展开有效性检验。而后得出不同发展阶段 OI 与 TI 动态匹配决策系统运行仿真结果。并在不同发展阶段的基础上，确定企业 OI 与 TI 的匹配过程，以及企业 OI 对企业创新能力的影响，TI 对企业创新能力的影响和 OI 与 TI 动态匹配对企业创新能力的影响等仿真模拟曲线走势。通过对这些模拟仿真结果的研究，揭示出了不同发展阶段高端装备制造企业 OI 与 TI 动态匹配决策路径模型，总结出了不同发展阶段中企业 OI 与 TI 动态匹配决策的路径模型，最终揭示了不同发展阶段高端装备制造企业 OI 与 TI 动态匹配决策路径。

（4）解析了 M 企业在不同发展阶段的 OI 与 TI 匹配决策过程，提出了优化 M 企业成熟阶段 OI 与 TI 匹配决策实施的对策建议。在介绍 M 企业基本发展状况的基础上，分别揭示出 M 企业 OI 的状态以及 TI 的基本状态，全面解析了 M 企业在开展创新活动中所处的内外部发展环境。运用系统动力学仿真方法分别在不同发展阶段，解析了 M 企业 OI 与 TI 匹配决策的过程。基于以上的相关分析内容，最后针对正处于成熟阶段的 M 企业在开展 OI 与 TI 匹配决策管理过程，分别从影响因素视角和创新管理视角，提出了 M 企业开展成熟阶段 OI 与 TI 匹配决策管理的对策建议，从而为优化 M 企业创新能力提供重要的参考和借鉴。

6.2 研究不足

此外，受到多方面的因素所限，本书研究中仍存在着一定的不足，未来针对企业 OI 与 TI 匹配决策的相关研究可以选择从以下几个方面强化：

（1）在本书的研究中，笔者主要是选择了针对高端装备制造产业展开了 OI 与 TI 匹配决策问题研究，并没有涉及其他产业的 OI 与 TI 匹配决策问题研究。因此，未来的相关研究与学术活动可以从高端装备制造产业扩展到其他产业的 OI 与 TI 匹配决策问题的研究。

（2）由于受到笔者个人的研究时间与精力等方面资源的限制，本书研究的样本数量相对较小。因此未来的研究工作在样本规模的选择上还可以进一步扩大样本容量。

（3）在本书的研究中，针对 OI 具体包含的构成要素确定方面，没有选择更加细化的构成要素，而且也没有涉及高端装备制造企业组织激励协调机制的创新，特别是该机制对企业 OI 与 TI 匹配关系的调节作用没有展开深入地实证研究，未来后续的研究可以强化这方面的研究工作。

附　　录

高端装备制造企业组织创新与技术创新及创新效率实践调查

尊敬的先生/女士：

您好！

郑重感谢您抽出宝贵时间填写此调研问卷，此问卷是为了调研企业组织创新与技术创新及创新效率实践状况。请您根据自己所在企业现实创新状况作答。本问卷仅供学术研究之用，绝对保密，请放心填写。

敬祝

工作顺利，万事如意！

第一部分　企业基本情况

1. 企业所属行业是（　　）

A. 航空、航天装备制造业　B. 轨道交通装备制造业　C. 智能制造装备制造业　D. 卫星及应用制造业　E. 海洋工程装备制造业

2. 您的职务为____________________

3. 企业总部所在地____________________

4. 您所在部门____________________

5. 您在企业工作时间已有________年

6. 企业年销售收入____________________

7. 企业资产总额____________________

8. 企业近三年均销售收入增长率________

9. 企业近三年均收益率________

第二部分 企业组织创新与技术创新情况实践调查（请根据企业整体情况，在相应的选项上打钩“√”）

维度	题项描述	完全不同意	基本同意	同意	比较同意	非常同意
战略创新	X1 企业针对环境变化而不断完善企业发展战略能力在增强	1	2	3	4	5
	X2 企业对内部创新资源状况以及企业自身的创新能力有着全面的认识	1	2	3	4	5
	X3 企业拥有创新水平较高的核心产品和服务	1	2	3	4	5
	X4 企业将发展重点置于中长期创新发展战略与目标上	1	2	3	4	5
	X5 企业将综合创新视为企业最重要的发展战略	1	2	3	4	5
结构创新	X6 企业组织逐渐朝着扁平化、灵活性目标发展	1	2	3	4	5
	X7 企业内部上下级人员间沟通效率以及信息传递速度都在稳步提升	1	2	3	4	5
	X8 企业内部各部门间人员自主权与决策权范围逐步扩大	1	2	3	4	5
	X9 企业不同部门人员间沟通频率与效率都在提升	1	2	3	4	5
文化创新	X10 企业有明确的“创新型文化”建设愿景	1	2	3	4	5
	X11 企业重视鼓励员工开展创新活动且能够全面接受创新失败	1	2	3	4	5
	X12 企业强化营造浓厚的创新组织学习氛围	1	2	3	4	5
	X13 企业强化培养员工整体创新的精神	1	2	3	4	5
制度创新	X14 企业制定且能够实施较为灵活的知识产权管理方面的相关制度	1	2	3	4	5
	X15 企业能够建立且在不断地完善与调整员工激励方面的相关管理机制	1	2	3	4	5
	X16 企业在保障创新活动时对管理制度进行完善和优化	1	2	3	4	5

续表

维度	题项描述	完全不同意	基本同意	同意	比较同意	非常同意
工艺创新	Y1　企业采购先进生产设备来提升企业的整体生产效率	1	2	3	4	5
	Y2　员工时常提出改善产品生产工艺或者作业流程方面的建议	1	2	3	4	5
	Y3　企业频繁引进能够优化现有生产工艺或作业流程的新技术	1	2	3	4	5
	Y4　企业在生产中取消非价值性活动，从而降低企业的整体生产成本	1	2	3	4	5
产品创新	Y5　企业对当前产品或生产技术进行改造，以提升客户整体满意度	1	2	3	4	5
	Y6　企业时常能够开发出被市场广泛接受的新产品或新的服务	1	2	3	4	5
	Y7　企业加大整体技术研发投入，提升企业自主的创新能力	1	2	3	4	5
	Y8　企业对新产品生产技术的吸收与充分利用能力较强	1	2	3	4	5
	Y9　与同行业企业相比较，企业新产品和专利数量、技术含量在稳步提升	1	2	3	4	5

第三部分　企业创新效率情况实践调查（请根据企业整体情况，在相应的选项上打钩“√”）

维度	题项描述	完全不同意	基本同意	同意	比较同意	非常同意
创新投入	Z1　企业研发整体投入力度要明显高于所在行业的平均投入水平	1	2	3	4	5
	Z2　企业生产技术与生产工艺改进的费用要明显高于所在行业的平均水平	1	2	3	4	5
	Z3　企业开展企业战略合作活动投入水平明显高于所在行业的平均水平	1	2	3	4	5

续表

维度	题项描述	完全不同意	基本同意	同意	比较同意	非常同意
创新投入	Z4 企业员工培训费用的投入规模要明显高于所在行业平均投入水平	1	2	3	4	5
	Z5 企业研发人员整体素质与过往相比有显著提升	1	2	3	4	5
	Z6 企业流程改进与精益管理等非研发活动经费支出，高于企业所在行业的平均水平	1	2	3	4	5
创新产出	Z7 企业对新产品以及专利申请的总数量的满意度	1	2	3	4	5
	Z8 企业对新产品任务的完成率满意度	1	2	3	4	5
	Z9 企业对新产品引入市场成功率的整体满意度	1	2	3	4	5
	Z10 企业对新产品销售情况的整体满意程度	1	2	3	4	5
	Z11 顾客对企业产品的整体满意度	1	2	3	4	5

参考文献

[1] Trapero J R, Horcajada L, Linares J J, et al. Is Microbial Fuel Cell Technology Ready? An Economic Answer Towards Industrial Commerciali-Zation [J]. Applied Energy, 2017, 185 (2): 698 – 707.

[2] Mudambi R. Hierarchy, Coordination, and Innovation in the Multinational Enterprise [J]. Global Strategy Journal, 2011, 1 (3 – 4): 317 – 323.

[3] Schumpeter M J, Birkinshaw J. Organizational Innovation: Indicidual, Organizational, and Environment Impacts [J]. Administrative Science Quarterly, 1975 (1): 165 – 176.

[4] 谢章澍，许庆瑞．论全面创新管理发展及模式 [J]．科研管理，2004，25 (4): 70 – 72.

[5] Kim S K. Three Essays on Innovation and Entrepreneurship: Diversification, Boundary Expansion, and Differentiation [J]. Dissertations & Theses-Gradworks, 2010, 19 (5): 115 – 119.

[6] Abernathy W J, Utterback J M. Patterns of Industrial Innovation [J]. Technology Review, 1978, 80 (7): 40 – 47.

[7] De Visser M, Weerd-Nederhof P D, Faems D, et al. Structural Ambidexterity in NPD Processes: A Firm-Level Assessment of The Impact of Differentiated Structures on Innovation Performance [J]. Technovation, 2010, 30 (5 – 6): 291 – 299.

[8] Howell J M, Higgins C A. Champions of Technological Innovation [J]. Ad-

ministrative Science Quarterly, 1990, 35 (2): 317 - 341.
[9] Blundell R, Griffith R, Reenen J V. Dynamic Count Data Models of Technological Innovation [J]. Economic Journal, 1995, 105 (429): 333 - 344.
[10] 毕克新，艾明晔，李柏洲．产品创新与工艺创新协同发展分析模型与方法的研究 [J]. 中国管理科学，2007，15 (4)：138 - 146.
[11] 宋东风．技术能力对企业创新绩效的影响——基于创新战略中介作用的分析 [J]. 科技进步与对策，2012，29 (15)：85 - 91.
[12] Damanpour F, Szabat K A, Evan W M. The Relationship between Types of Innovation and Organizational Performance [J]. Journal of Management Studies, 1989, 26 (6): 587 - 602.
[13] Zahra S A. Organizational Strategy, Innovation, and Performance [J]. British Journal of Management, 2011, 19: 349 - 353.
[14] 苏敬勤，林海芬．管理创新研究视角评述及展望 [J]. 管理学报，2010 (9)：1343 - 1349.
[15] 房泓旭．高技术企业组织创新模式及其对创新绩效的影响研究 [D]. 哈尔滨：哈尔滨工业大学，2013.
[16] 陶洪，徐福缘．任务技术匹配模型研究综述 [J]. 研究与发展管理，2012，24 (4)：24 - 31.
[17] 李靖，石春生，刘微微．装备制造企业制造创新状态的表征和测度研究 [J]. 科技管理研究，2014 (23)：49 - 52.
[18] 张美丽，石春生，朱志标，等．不同生命周期阶段企业 OI 与 TI 的匹配机制研究 [J]. 科学学研究，2015，33 (8)：1261 - 1270.
[19] 吴际，石春生．企业组织跟风创新的动因研究 [J]. 科学学研究，2009，27 (12)：1900 - 1906.
[20] Haned N, Bas C L, Mothe C, Nguyen V. Firm Technological Innovation Persistence: Organizational Innovation Matters [J]. Economics of Innovation and New Technology, 2012 (6): 1 - 28.
[21] 何乔，温菁．管理创新与技术创新匹配性对企业绩效的影响 [J]. 华东经济管理，2018 (7)：31 - 39.
[22] 苏敬勤，林海芬，李晓昂．产品创新过程与管理创新关系探索性案例研究 [J]. 科研管理，2013，34 (1)：70 - 77.

[23] Ortega-Jimenez, Garrido-Vega P, Machuca J A D. Analysis of Interaction Fit between Manufacturing Strategy and Technology Management and Its Impact on Performance [J]. International Journal of Operations & Production Management, 2012, 32 (8): 958-981.

[24] Huang L H, Chen S K, Han S B. The Effect of Business Reorganization and Technical Innovation on Firm Performance [J]. Journal of Business & Economic Studies, 2011, 12 (1): 29-35.

[25] Battisti G, Stoneman P. How Innovative Are UK Firms? Evidence from the Fourth UK Community Innovation Survey on Synergies between Technological and Organizational Innovations [J]. British Journal of Management, 2010, 21: 187-206.

[26] Freeman C. Japan: A New National System of Innovation? [M]. Technical Change and Economic Theory, 1988: 330-348.

[27] 汪丁丁. 制度创新的一般理论 [J]. 经济研究, 1992 (5): 71-82.

[28] 许庆瑞, 刘景江, 赵晓庆. 技术创新的组合及其与组织、文化的集成 [J]. 科研管理, 2002, 23 (6): 38-42.

[29] 张美丽, 郝莉娜, 杨艳芳, 等. 组织创新、技术创新及二者交互匹配对企业绩效的动态影响研究——以高技术企业为例 [J]. 科技和产业, 2018 (5): 56-68.

[30] Daft R L. A Dual-Core Model of Organizational Innovation [J]. Academy of Management Journal, 1978, 21 (2): 193-210.

[31] Kima D Y, Kumarb V, Kumarb U. Relationship between Quality Management Practices and Innovation [J]. Journal of Operations Management, 2012, 30 (4): 295-315.

[32] Shipton H, West M A, Dawson J F, et al. HRM as a Predictor of Innovation [J]. Human Resource Management Journal, 2006, 16 (1): 3-27.

[33] Jiménez-Jiménez D, Sanz-Valle R. Could HRM Support Organizational Innovation? [J]. The International Journal of Human Resource Management, 2008, 19 (7): 1209-1221.

[34] Lopez-Cabrales A, Pérez-Luño A, Cabrera R V. Knowledge as a Mediator between HRM Practices and Innovation Activity [J]. Human Resource Man-

agement, 2009, 48 (4): 485 - 503.

[35] Wang D S, Shyu C L. The Longitudinal Effect of HRM Effectiveness and Dynamic Innovation Performance on Organizational Performance in Taiwan [J]. The International Journal of Human Resource Management, 2009, 20 (8): 1790 - 1809.

[36] Mello J E, Stank T P. Linking Firm Culture and Orientation to Supply Chain Success [J]. International Journal of Physical Distribution & Logistics Management, 2005, 35 (8): 542 - 554.

[37] Han J K, Kim N, Srivastava R K. Market Orientation and Organizational Performance: Is Innovation a Missing Link [J]. Journal of Marketing, 1998, 62 (4): 30 - 45.

[38] Valencia J C N, Valle R S, Jiménez-Jiménez D. Organizational Culture as Determinant of Product Innovation [J]. European Journal of Innovation Management, 2010, 13 (4): 466 - 480.

[39] Valle R S, Valencia J C N, Jiménez-Jiménez D, et al. Linking Organizational Learning with Technical Innovation and Organizational Culture [J]. Jouranal of Knowledge Management, 2011, 15 (6): 997 - 1005.

[40] 杨建君，吴春鹏．公司治理结构对企业技术创新选择的影响 [J]. 西安交通大学学报，2007，27 (1): 34 - 37.

[41] Gale D, Shapley L. College Admissions and the Stability of Marriage [J]. American Mathematical Monthly, 1962, 69 (1): 9 - 15.

[42] Roth A E. New Physicians: a Natural Experiment in Market Organization [J]. Science, 1990, 250 (4): 1524 - 1528.

[43] Van Raalte C, Webers H. Spatial Competition with Intermediated Fitting [J]. Journal of Economic Behavior & Organization, 1998, 34 (3): 477 - 488.

[44] Bloch F, Ryder H. Two-Sided Search, Marriage and Matchmakers [J]. International Economic Review, 2000, 41 (1): 93 - 115.

[45] McVitie D G, Wilson L B. The Stable Marriage Problem [J]. Communications of the Association for Computing Machinery, 1971, 14 (7): 486 - 492.

[46] Teo C P, Sethuraman J, Tan W P. Gale-Shapley Stable Marriage Problem Revisited: Strategic Issues and Applications [J]. Management Science, 2001, 47 (9): 1252 – 1267.

[47] Korkmaz I, Gökçen H, Çetinyokuş T. An Analytic: Hierarchy Process and Two-sided Fitting Based Decision Support System for Military Personnel Assignment [J]. Information Sciences, 2008, 178 (14): 2915 – 2927.

[48] Rothblum U G. Characterization of Stable Fitting Extreme Points of a Polytope [J]. Mathematical Programming, 1992, 54 (1): 57 – 67.

[49] Teo C P, Sethuraman J. The Geometry of Fractional Stable Fitting and Its Applications [J]. Mathematics of Operations Research, 1998, 23 (4): 874 – 891.

[50] Ehlers L. Von Neumann: Morgenstern Stable Sets in Fitting Problems [J]. Journal of Economic Theory, 2007, 134 (1): 537 – 547.

[51] Knoblauch V. Marriage Fitting and Gender Satisfaction [J]. Social Choice and Welfare, 2009, 32 (1): 15 – 27.

[52] Manlove D F, Irving R W, Iwama K, Miyazaki S, Morita Y. Hard Variants of Stable Marriage [J]. Theoretical Computer Science, 2002, 276 (1/2): 261 – 279.

[53] Halldiorsson M M, Iwama K, Miyazaki S, Yanagisawa H. Randomized Approximation of the Stable Marriage Problem [J]. Theoretical Computer Science, 2004, 325 (3): 439 – 465.

[54] Iwama K, Miyazaki S, Yamauchi N. An Approximation Algorithm for the Stable Marriage Problem [J]. Algorithmica, 2008, 51 (3): 342 – 356.

[55] 陈希,樊治平. 双边匹配决策的研究现状与展望 [J]. 管理评论, 2012, 24 (1): 169 – 176.

[56] 张莉莉,胡祥培. 基于人力资本竞优结构的"团队 – 作业对象"匹配决策模型 [J]. 管理工程学报, 2015 (1): 1 – 7.

[57] Liu X, Ma H. A Two-Sided Fitting Decision Model Based on Uncertain Preference Sequences [J]. Mathematical Problems in Engineering, 2015, (5): 1 – 10.

[58] Cardinal L B. Technological Innovation in the Pharmaceutical Industry: The

Use of Organizational Control in Managing Research and Development [J]. Organization Science, 2001, 12 (1): 19 –36.

[59] Damanpour F, Schneider M. The Organization of Exteroceptive Information from the Uropod to Ascending Interneurones of the Crayfish [J]. Materials Science & Engineering A, 2001, s304 –306 (3): 515 –519.

[60] Garcia-Morales V J, Ruiz-Moreno A, Llorens-Montes F J. Effects of Technology Absorptive Capacity and Technology Proactivity on Organizational Learning, Innovation and Performance: An Empirical Examination [J]. Technology Analysis & Strategic Management, 2007, 19 (4): 527 –558.

[61] 许庆瑞，郭斌．中国企业技术创新——基于核心能力的组合创新 [J]. 管理工程学报，2000，14 (B12)：1 –9.

[62] Song M, Dyer B. Innovation Strategy and the R&D-Marketing Interface in Japanese Firms: A Contingency Perspective [J]. IEEE Transactions on Engineering Management, 1995, 42 (4): 360 –370.

[63] Song M, Swink M. Marketing—Manufacturing Integration Across Stages of New Product Development: Effects on the Success of High-and Low-innovativeness Products [J]. IEEE Transactions on Engineering Management, 2009, 56 (1): 31 –42.

[64] Spanjol J, Qualls W J, Rosa J A. How Many and What Kind? The Role of Strategic Orientation in New Product Ideation [J]. Journal of Product Innocation Management, 2011, 28: 236 –250.

[65] 陈建勋，凌媛媛，王涛．组织结构对 TI 影响作用的实证研究 [J]. 管理评论，2011，23 (7)：62 –70.

[66] Jansen J J P, Van Den Bosch F A J, Volberda H W. Exploratory Innovation, Exploitative Innovation, and Performance: Effects of Organizational Antecedents and Environmental Moderators [J]. Management Science, 2006, 52 (11): 1661 –1674.

[67] 程源，杨湘玉．微电子产业演化创新模式的分布规律——改进的 A-U 模型 [J]. 科研管理，2003，24 (3)：19 –24.

[68] 毕克新，黄平，李婉红．产品创新与工艺创新知识流耦合影响因素研究——基于制造企业的实证研究 [J]. 科研管理，2012，33 (8)：

16 – 18.

[69] 张永胜，刘新梅，张蕊莉．产品创新战略导向与 R&D/市场接口关系实证研究 [J]. 科技进步与对策，2010，27 (2)：15 – 18.

[70] Whittinghill C. An Evaluation of the Perceived Organizational Culture and Innovative Climate of a Department of Defense Community of Organizations [J]. Dissertations & Theses-Gradworks，2011，36 (7)：89 – 97.

[71] Esworthy D G. Subcultures in a Flat Organizational Structure [J]. Dissertations & Theses-Gradworks，2011 (7)：56 – 71.

[72] 辛冲，石春生，吴正刚．结构导向组织创新、技术创新与组织绩效的牵引效应 [J]. 研究与发展管理，2008，20 (1)：45 – 51.

[73] 王成刚，石春生，李坤．企业组织创新与技术创新匹配决策关系研究 [J]. 科研管理，2018 (s1)：245 – 253.

[74] Borisova L F，Syuntyurenko O V. Problems of Information Support of Scientific Innovation and Industrial Spheres：New Conceptual Approaches [J]. Scientific & Technical Information Processing，2009，36 (2)：81 – 84.

[75] Schmidt T，Rammer，C. Non-technological and Technological Innovation：Strange Bedfellows? [J]. Discussion Paper，2007，42 (9)：7 – 52.

[76] Camisón C，Villar-López A. Organizational Innovation as an Enabler of Technological Innovation Capabilities and Firm Performance [J]. Journal of Business Research，2012，6 (4)：1 – 12.

[77] 苏敬勤，崔淼．核心技术创新与管理创新的适配演化 [J]. 管理科学，2010，23 (1)：28 – 32.

[78] 苏敬勤，崔淼，洪勇．基于能力适配演化的企业多元化：理论与案例 [J]. 技术经济，2009，28 (6)：102 – 104.

[79] 苏敬勤，王鹤春．第三方物流匹配模式创新研究——基于中远公司案例 [J]. 科技管理研究，2009，69 (7)：307 – 309.

[80] Butler R J，Coates P D，Pike R H，Price D H R，et al. Competitive Strategies and New Technology：An Empirical Investigation in the UK Polymer Processing Industry [J]. R&D Management，1996，26 (4)：335 – 342.

[81] Zatzick C D，Moliterno T P，Fang T. Strategic (MIS) FIT：The Implementation of TQM in Manufacturing Organizations [J]. Strategic Management

Journal, 2012, 33 (11): 1321 – 1330.

[82] 周玉良，窦雪梅. 企业文化对技术创新过程的影响研究 [J]. 技术与创新管理，2005，26 (4)：78 – 80.

[83] 孙爱英，李恒，任峰. 企业文化与组合创新之间的关系研究 [J]. 科研管理，2006，27 (2)：15 – 20.

[84] Soda G, Zaheer A. A Network Perspective on Organizational Architecture: Performance Effects of the Interplay of Formal and Informal Organization [J]. Strategic Management Journal, 2012, 33 (5): 751 – 771.

[85] Damanpour F, Gopalakrishnan S. Theories of Organizational Structure and Innovation Adoption: The Role of Environmental Change [J]. Journal of Engineering and Technology, 1998, 15 (9): 1 – 24.

[86] Vaccaro I G, Jansen J J P, Van Den Bosch F A J. Management Innovation and Leadership: The Moderating role of Organizational Size [J]. Journal of Management Studies, 2012, 49 (1): 28 – 47.

[87] 石盛林，陈圻，张静. 高管团队认知风格对技术创新的影响——基于中国制造企业的实证研究 [J]. 科学学研究，2011，29 (8)：1252 – 1255.

[88] Un C A. An Empirical Multi-Level Analysis for Achieving Balance between Incremental and Radical Innovations [J]. Journal of Engineering and Technology Management, 2010, 27 (4): 1 – 19.

[89] Vadi M, Kask T. Strategic Decisions as Drivers of Innovation: The Case of MicroLink [J]. Baltic Journal of Management, 2011, 6 (3): 300 – 319.

[90] Menguc B, Auh S. Development and Return on Execution of Product Innovation Capabilities: The Role of Organizational Structure [J]. Industrial Marketing Management, 2010, 39 (10): 820 – 831.

[91] Ettlie J E, Bridges W P, O'Keefe R D. Organization Strategy and Structural Differences for Radical Versus Incremental Innovation [J]. Management Science, 1984, 30 (6): 682 – 695.

[92] 孙永风，李恒，廖貅武. 基于不同战略导向的创新选择与控制方式研究 [J]. 管理工程学报，2007，21 (4)：24 – 29.

[93] 庞长伟，李恒. 基于组织学习的战略导向对技术创新的影响 [J]. 软科

学，2011，25（7）：1-4.

[94] 冯米，路江涌，林道谧．战略与结构匹配的影响因素——以我国台湾地区企业集团为例［J］．管理世界，2012（2）：73-80.

[95] Mothe C, Nguyen-Thi U T, Nguyen-Van P. Complement Arities in Organizational Innovation Practices: Empirical Evidence from Luxembourg [J]. Journal of Magnesium and Alloys, 2013, 45 (2): 1-37.

[96] Pereira C, Romero F. Non-Technological Innovation: Conceptual Approaches, Impacts and Measurement Issues [C]. International Conference on Industrial Engineering and Operations Management, 2012 (8) 9-11: 1-9.

[97] Cassiman B, Veugelers R. In Search of Complementarity in Innovation Strategy: Internal R&D and External Knowledge Acquisition [J]. Management Science, 2006, 52 (1): 68-82.

[98] Miravete E J, Pernias J C. Innovation Complementarity and Scale of Production [J]. Journal of Industrial Economics, 2006, 85 (1): 1-24.

[99] 李靖，石春生，刘微微．高技术企业组织创新与技术创新匹配状态的测度研究［J］．管理工程学报，2011，25（4）：172-177.

[100] 张美丽，石春生，贾云庆．装备制造企业组织创新与技术创新的匹配量化研究［J］．中国管理科学，2013（s2）：758-763.

[101] Chen F H. Monotonic Fitting in Search Equilibrium [J]. Journal of Mathematical Economics, 2005, 41 (6): 705-721.

[102] Alpern S, Katrantzi I. Equilibria of Two-sided Fitting Games with Common Preferences [J]. European Journal of Operational Research, 2009, 196 (3): 1214.

[103] Kotsogiannis C, Serfes K. Public Goods and Tax Competition in a Two-Sided Market [J]. Journal of Public Economic Theory, 2010, 12 (2): 281-321.

[104] 李燕，李应博．高端装备制造企业海外并购的财富效应及影响因素研究——基于2001~2014年数据的实证分析［J］．对外经济贸易大学学报，2016（1）：139-149.

[105] 连志巍，袁翠欣．高端装备制造业创新团队胜任特征与企业绩效关系研究［J］．科学学与科学技术管理，2016，37（2）：99-112.

[106] 国家发展计划委员会产业发展司. 中国装备制造业发展研究总报告(上)[Z]. 北京：国家发展计划委员会产业发展司，2002：4.

[107] 原毅军，耿殿贺. 中国装备制造业技术研发效率的实证研究[J]. 中国软科学，2010（3）：51－57.

[108] 沈青. 高端装备制造企业TI能力提升的演进路径研究——以杭州汽轮动力集团公司为例[J]. 科技管理研究，2014（2）：170－173.

[109] 胡耀辉. 产业TI链：我国企业从模仿到自主创新的路径突破——以高端装备制造企业为例[J]. 科技进步与对策，2013，30（5）：66－69.

[110] 何施，黄科舫，吕鹏辉. 我国高端装备制造业关键材料科技成果计量分析[J]. 情报杂志，2013，32（2）：57－61.

[111] 张国宝. 装备制造业的自主创新问题[J]. 求是，2008（8）：18－21.

[112] 陈伟，刘强. 基于DEA方法的高端装备制造业企业经营绩效研究[J]. 工业技术经济，2017，36（3）：56－63.

[113] 王越，费艳颖，刘琳琳. 产业TI联盟组织模式研究——以高端装备制造业为例[J]. 科技进步与对策，2011，28（24）：70－73.

[114] Van Raalte C，Vdebers H. Spatial Competition with Intermediated Fitting[J]. Journal of Economic Behavior & Organization，1998，34（3）：477－488.

[115] Narayanan S L，Vinukiran S. E-Vision Decision Support System Implementation to Match Donors and Recipients Based on Gale-Shapely Algorithm for Cornea Transplantation Surgery[J]. Procedia Computer Science，2016，87（4）：74－79.

[116] 乐琦，樊治平. 一种具有序值信息的双边匹配决策方法[J]. 系统工程学报，2012，27（2）：185－192.

[117] Dubins L E，Freedman D A. Machiavelli and the Gale-Shapley Algorithm[J]. American Mathematical Monthly，1981，88（7）：485－494.

[118] 刘璇华. 企业核心能力与组织创新及组织学习互动模式[J]. 工业工程，2006，9（5）：53－56.

[119] 唐方成. 新技术商业化的风险要素及其作用机理：基于社会技术系统理论的实证研究[J]. 系统工程理论与实践，2013，33（3）：623－630.

[120] Sahay Y P，Gupta M. Role of Organization Structure in Innovation in the

Bulk-Drug Industry [J]. Indian Journal of Industrial Relations, 2011, 46 (3): 450 -464.

[121] Williamson P J, Zeng M. Value-for-Money Strategies for Recessionary Times [J]. Harvard Business Review, 2017, 87 (3): 66 -74.

[122] 徐红涛, 吴秋明. 资源约束下技术创新、组织学习和企业创新绩效关系研究 [J]. 福州大学学报 (哲学社会科学版), 2018 (2): 27 -34.

[123] 吴际, 石春生, 刘明霞. 基于企业生命周期的组织创新要素与技术创新要素协同模式研究 [J]. 管理工程学报, 2011, 25 (4): 129 -135.

[124] 石春生, 杨翠兰, 梁洪松. 组织创新的动力与创新模式研究 [J]. 管理科学, 2004, 17 (6): 18 -23.

[125] Wolfe R A. Organizational innovation: Review, Critique and Suggested Research Directions [J]. Journal of Management Studies, 1994, 31 (3): 405 -431.

[126] Damanpour F, Aravind D. Managerial innovation: Conceptions, Processes, and Antecedents [J]. Management and Organization Review, 2012, 8 (2): 423 -454.

[127] 汪应洛. 支持快速产品创新的先进制造模式及其管理研究 [J]. 中国机械工程, 2000, 11 (1 -2): 86 -89.

[128] Berdie D R. Reassessing the Value of High Response Rates to Mail Surveys [J]. Marketing Research, 1989, 1 (3): 52 -64.

[129] Nunnally J C. Psychometric Theory [M]. 2nd ed. New York: McGraw-Hill, 1978.

[130] DeVellis R F. Scale Development: Theory and Applications [M]. Sage, Newbury Park, 1991.

[131] 陈晓萍, 徐淑英, 樊景立. 组织与管理研究的实证方法 [M]. 第二版. 北京: 北京大学出版社, 2012: 339.

[132] Abernathy T K. A Brief Tutorial on The Development of Measures for Use in Survey questIonnaires [J]. Organizational Research Methos, 1998, 1 (1): 104 -121.

[133] OECD. The Measurement of Scientific and Technological ActivIties Oslo Manual. Guidelines for Collecting and Interpreting Innovation Data [M].

3rd ed. Paris: OECD Eurostat, 2005: 47 -52.

[134] Camisón C, Villar-López A. On How Firms Located In an Industrial District Profit from Knowledge Spillovers: Adoption of an Organic Structure and Innovation Capabilities [J]. British Journal of Management, 2012, 23 (3): 361 -382.

[135] Nakadate M. OECD: Organization for Economic Co-operation and Development [J]. Journal of Japan Society on Water Environment, 2013, 14 (7): 437 -443.

[136] Porter M E. What is Strategy [J]. Harvard Business Review, 1996, 74 (6): 61 -78.

[137] 詹也,吴晓波. 企业联盟组合配置战略与组织创新的关系研究 [J]. 科学学研究, 2012, 30 (3): 467 -473.

[138] 郭名顺,许红丹,温馨. 基于有序度的区域科技创新组织网络运行机制研究 [J]. 科技与管理, 2018 (1): 1 -10.

[139] Butler R J, Coates P D, Pike R H, et al. Competitive Strategies and New Technology: An Empirical Investigation in the UK Polymer Processing Industry [J]. R&D Management, 1996, 26 (4): 335 -343.

[140] Tallon P P. A Process-Oriented Assessment of the Alignment of Information Systems and Business Strategy: Implications for IT Business Value [D]. University of California, Irvine, 2000: 18 -29.

[141] Alexander J W, Randolph W A. The Fit between Technology and Structure as a Predictor of Performance in Nursing Subunits [J]. Academy of Management Journal, 1985, 28 (4): 844 -859.

[142] Koufteros X, Vonderembse M, Jayaram J. Internal and External Integration for Product Development: The Contingency Effects of Uncertainty, Equivocality, and Platform Strategy [J]. Decision Sciences, 2005, 36 (1): 97 -133.

[143] Damanpour F, Evan W M. Organizational Innovation and Performance: The Problem of "Organizational Lag" [J]. Administrative Science Quarterly, 1984: 392 -409.

[144] Kimberly J R. Preparing Leaders in Public Health for Success in a Flatter,

More Distributed and Collaborative World [J]. Public Health Reviews, 2011, 33 (1): 55 -72.

[145] Jaskyte K. Predictors of Administrative and Technological Innovations in Nonprofit Organizations [J]. Public Administration Review, 2011, 71 (1): 77 -86.

[146] Subramanian A, Nilakanta S. Organizational Innovativeness: Exploring the Relationship between Organizational Determinants of Innovation, Types of Innovations, and Measures of Organizational Performance [J]. Omega, 1996, 24 (6): 631 -647.

[147] Tian X, Wang T Y Tolerance for faIlure and Corporate Innovation [J]. Review of Financial Studies, 2014, 27 (1): 211 -255.

[148] Baldridge J V, Urnham R A. Organizational Innovation: Individual, Rganizational, and Environmental Impacts [J]. Administrative Science Quarterly, 1975: 165 -176.

[149] Kimberly J R, Evanisko M J. Organizational Innovation: The Influence of Individual, Organizational, and Contextual Factors on Hospital Adoption of Technological and Administrative Innovations [J]. Academy of Management Journal, 1981, 24 (4): 689 -713.

[150] Lawrence B S. Perspective—The Black Box of Organizational Demography [J]. Organization Science, 1997, 8 (1): 1 -22.

[151] Balta M E, Woods A, Dickson K. Strategic Decision-Making Processes as a Mediator of The Effect of Board Characteristics on Company Innovation: A Study of Publicly-Listed Firms in Greece [J]. International Journal, 2013: 1 -16.

[152] Hambrick D C, Mason P A. Upper Echelons: The Organization as a Reflection of Its Top Managers [J]. Academy of Management Review, 1984, 9 (2): 193 -206.

[153] Crossand M M, Apaydin M. A Multi-Dimensional Framework of Organizational Innovation: A Systematic Review of the Literature [J]. Journal of Management Studies, 2010, 47 (6): 1154 -1191.

[154] 谢荷锋，曾鹏婷．三重网络嵌入、中层管理者与企业创新绩效 [J].

南华大学学报（社科版），2017，18（3）：70－77.

［155］陈华东．管理者任期、股权激励与企业创新研究［J］．中国软科学，2016（8）：112－126.

［156］许玲玲．高新技术企业认定、制度环境与企业技术创新［J］．科技进步与对策，2018，35（7）：82－87.

［157］王一鸣，杨梅．核心管理者特征对中国上市公司技术创新投入影响的实证研究［J］．现代管理科学，2017（6）：3－5.

［158］李海燕．管理者特质、TI 与企业价值［J］．经济问题，2017（6）：91－97.

［159］Chen J，Li W. The Relationship between Flexible Human Resource Management and Enterprise Innovation Performance：A Study from Organizational Learning Capability Perspective［J］. Management Science，2015（8）：1－49.

［160］刘璇华，夏洪胜，惠青山．技术创新与组织创新互动模式研究［J］．工业工程，2003，6（1）：25－28.

［161］Shao D，Jian L I，Pan Z. Will Market Valuation Affect Enterprise TechnoLogy Innovation? Research on the Perspective of Manager's Short-Sightedness［J］. Scientific Decision Making，2017（2）：45－49.

［162］Badii A，Sharif A. Information Management and Knowledge Integration for Enterprise Innovation［J］. Logistics Information Management，2003，16（2）：145－155.

［163］Newth J. Social Enterprise Innovation in Context：Stakeholder Influence through Contestation［J］. Entrepreneurship Research Journal，2016，6（4）：369－399.

［164］Crossland C，Hambrick D C. How National Systems Differ in Their Constraints on Corporate Executives：A Study of CEO Effects in Three Countries［J］. Strategic Management Journal，2007，28（8）：767－789.

［165］Uhl-Bien M，Marion R，McKelvey B. Complexity Leadership Theory：Shifting Leadership from the Industrial Age to the Knowledge Era［J］. The Leadership Quarterly，2007，18（4）：298－318.

［166］Mumford M D，Licuanan B. Leading for Innovation：Conclusions，Issues， and Directions [J]. The Leadership Quarterly, 2004, 15 (1): 163 –171.

[167] Kitchen S. CEO Characteristics and Technological Innovativeness: A Canadian Perspective [J]. Canadian Journal of Administrative Sciences/ Revue Canadienne des Sciences de l'administration, 1997, 14 (2): 111 –121.

[168] Bantel K A, Jackson S E. Top Management and Innovations in Banking: Does the Composition of the Top Team Make a Difference? [J]. Strategic Management Journal, 1989, 10 (S1): 107 –124.

[169] Huang S K. The Impact of CEO Characteristics on Corporate Sustainable Development [J]. Corporate Social Responsibility and Environmental Management, 2013, 20 (4): 234 –244.

[170] Miller D, Toulouse J M. Strategy, Structure, CEO Personality and Performance in Small Firms [J]. American Journal of Small Business, 1986, 10 (3): 47 –62.

[171] Sosik J J, Gentry W A, Chun J U. The Value of Virtue in the Upper Echelons: A Multisource Examination of Executive Character Strengths and Performance [J]. The Leadership Quarterly, 2012, 23 (3): 367 –382.

[172] Ahn J M, Mortara L, Minshall T. Linkages between CEO Characteristics and Open Innovation Adoption in Innovative Manufacturing SMEs [J]. Available, 2013 (5): 752 –756.

[173] Swan J A, Clark P. Organizational Decision-Making in the Appropriation of Technological Innovation: Cognitive and Political Dimensions [J]. European Journal of Work & Organizational Psychology, 1992, 2 (2): 103 –127.

[174] Su J-Q. Fit Evolution between Core Technological Innovation and Management Innovation [J]. Journal of Management Science, 2010, 23 (1): 27 –37.

[175] Jia Y, Zhang M, Shi C. Research on the Measurement Model of Fit Degree Between Organizational Innovation and Technological Innovation in High-End Equipment Manufacturing Enterprises [J]. Journal of Industrial Technological Economics, 2014.

[176] Wang Y, Zhao Y. Study on the Relathionship of Technological Innovation and Organizational Culture [C]. International Conference on Information Management, Innovation Management and Industrial Engineering. IEEE,

2013: 292 – 295.

[177] Czepiel J A. Patterns of Interorganizational Communications and the Diffusion of a Major Technological Innovation in a Competitive Industrial Community [J]. Academy of Management Journal, 1975, 18 (1): 6 – 24.

[178] Shi C S, Xin C. The Impact of Structure-oriented Organizational Innovation on Technological Innovation [C]. International Conference on Management Science and Engineering. IEEE, 2007: 1749 – 1754.

[179] Dstergaard C R, Timmermans B, Kristinsson K. Does a Different View Create Something New? The Effect of Employee Diversity on Innovation [J]. Research Policy, 2011, 40 (3): 500 – 509.

[180] Young G J, Charns M P, Shorten S M. Top Manager and Network Effects on the Adoption of Innovative Management Practices: A Study of TQM in a Public Hospital System [J]. Strategic Management Journal, 2001, 22 (10): 935 – 951.

[181] Edquist C. Systems of Innovation Perspectives and Challenges [J]. African Journal of Science, Technology, Innovation and Development, 2010, 2 (3): 14 – 45.

[182] Ng T W H, Feldman D C. A Meta-Analysis of the Relationships of Age and Tenure with Innovation-Related Behavior [J]. Journal of Occupational and Organizational Psychology, 2013, 86 (4): 585 – 616.

[183] Damanpour F. The Adoption of Technological, Administrative, and Ancillary Innovations: Impact of Organizational Factors [J]. Journal of Management, 1987, 13 (4): 675 – 691.

[184] Damanpour F, Schneider M. Phases of The Adoption of Innovation in Organizations: Effects of Environment, Organization and Top Managers [J]. British Journal of Management, 2006, 17 (3): 215 – 236.

[185] Deshpande R, Farley J U. Organizational Culture, Market Orientation, Innovativeness, and Firm Performance: An International Research Odyssey [J]. International Journal of Research in Marketing, 2004, 21 (1): 3 – 22.

[186] Chen H L. CEO Tenure, Independent Directors and Corporate Innovation

[J]. Journal of Applied Finance & Banking, 2013, 3 (5): 187 – 197.

[187] Zhou J, Oldham G R. Enhancing Creative Performance: Effects of Expected Developmental Assessment Strategies and Creative Personality [J]. The Journal of Creative Behavior, 2001, 35 (3): 151 – 167.

[188] 吴际，石春生，金勇. 制造企业组织创新与技术创新协同演化适应性评价研究 [C]. 中国工程科技论坛第 123 场——2011 国防科技工业科学发展论坛，2011 – 09 – 01: 302 – 306.

[189] 辛冲，石春生. 组织创新与技术创新思辨 [J]. 企业管理，2008 (2): 14 – 16.

[190] 谭莹，李大胜. 企业自主创新：技术创新和组织创新——基于企业创新能力理论的文献回顾 [J]. 科技管理研究，2009，29 (2): 201 – 203.

[191] 李靖，石春生，刘微微. 装备制造企业组织创新状态的表征和测度研究 [J]. 科技管理研究，2014，23 (10): 49 – 52.

[192] 石春生，辛冲. 学习导向型组织创新与技术创新的关联关系研究 [J]. 管理科学，2007，20 (4): 2 – 9.

[193] 张芳洁，滕焕钦. 企业组织创新是技术创新的实现条件 [J]. 河北工程大学学报（社会科学版），2002，19 (3): 3 – 6.

[194] 王喜刚. 组织创新、技术创新能力对企业绩效的影响研究 [J]. 科研管理，2016，37 (2): 107 – 115.

[195] 曹洲涛，段淳林. 企业组织结构与技术创新战略 [J]. 经济问题，2004 (1): 49 – 51.

[196] Zhang M, Shi C. Research on Fitting Effect of Market-Oriented Organizational Innovation and Technological Innovation [J]. International Journal of Digital Content Technology & Its Applications, 2013, 7 (1): 204 – 212.

[197] Hung K P, Chou C. The Impact of Open Innovation on Firm Performance: The Moderating Effects of Internal R&D and Environmental Turbulence [J]. Technovation, 2013, 33 (10): 368 – 380.

[198] 肖利. 日本著名企业的技术与管理创新及对我国现代企业的启示 [J]. 科研管理，2008，29 (5): 30 – 34.

[199] 刘秀生，齐中英. 管理创新对技术创新匹配的研究进展 [J]. 哈尔滨工业大学学报（社会科学版），2006，8 (5): 113 – 118.

[200] 张美丽. 高技术制造企业组织创新与技术创新的匹配机制研究 [D]. 哈尔滨：哈尔滨工业大学，2015.

[201] Westerman G，McFarlan F W，Iansiti M. Organization Design and Effectiveness over the Innovation Life Cycle [J]. Organization Science，2006，17 (2)：230 -238.

[202] Iyer B，Davenport T H. Reverse Engineering Google's Innovation Machine [J]. Harvard Business Review，2008，86 (4)：58 -68.

[203] Tellis G J，Prabhu J C，Chandy R K. Radical Innovation Across Nations：The Preeminence of Corporate Culture [J]. Journal of Marketing，2009，73 (1)：3 -23.

[204] Yannopoulos P，Auh S，Menguc B. Achieving Fit between Learning and Market Orientation：Implications for New Product Performance [J]. Journal of Product Innovation Management，2012，29 (4)：531 -545.

[205] 沈小平，孙东川，徐咏梅等. 技术创新与管理创新的互动模式研究 [J]. 科学学与科学技术管理，2001 (10)：74 -76.

[206] Saunila M，Pekkola S，Ukko J. The Relationship between Innovation Capability and Performance [J]. International Journal of Productivity and Performance Management，2014，63 (2)：234 -249.

[207] Chenggang Wang，Chunsheng Shi，Xiaoran Li. Fitting Relationship Decision between Organizational Innovation and Technical Innovation [J]. Technical Bulletin，2017，55 (12)：511 -519.

[208] 王其藩. 系统动力学理论与方法的新进展 [J]. 系统管理学报，1995 (2)：6 -12.

[209] 王幼松，田克顺，李弘扬. 基于系统动力学的公共投资项目绩效评价实证 [J]. 工程管理学报，2017，31 (2)：64 -68.

[210] 于海瀛，姜明辉，许佩. 基于系统动力学的产业集群对企业绩效的影响机制分析 [J]. 运筹与管理，2017 (9)：166 -175.

[211] 罗宏伟，张建刚，杜文举，等. 基于 MATLAB 软件的周期符号纠缠函数构造的新混沌系统动力学分析 [J]. 数字技术与应用，2017 (3)：54 -57.

[212] 范建红，陈怀超，蒋念. 制度差异对集团企业母子公司知识转移的影

响研究——基于系统动力学的建模与仿真［J］. 科技进步与对策，2016，33（10）：140－147.

［213］杨瑛哲，黄光球. 基于系统动力学的企业转型的技术变迁路径分析仿真模型［J］. 系统工程理论与实践，2017，37（10）：2649－2659.

［214］罗政，李玉纳. 企业价值链协同知识创新影响因素的系统动力学建模与仿真［J］. 现代图书情报技术，2016，32（5）：80－90.

［215］Gong E H. Study on International References of High-End Equipment Manufacture Industry［J］. Key Engineering Materials，2014，584：293－297.

［216］Leem C S，Kim B W，Yu E J，et al. Information Technology Maturity Stages and Enterprise Benchmarking：An Empirical Study［J］. Industrial Management & Data Systems，2008，108（9）：1200－1218.

［217］Dwyer L，Edwards D，Mistilis N，et al. Destination and Enterprise Management for a Tourism Future［J］. Tourism Management，2009，30（1）：63－74.

［218］Binder M，Clegg B. Enterprise Management：A New Frontier for Organisations［J］. International Journal of Production Economics，2007，106（2）：409－430.

［219］Pingping S. Research on the Innovation of Enterprise Employee Incentive WAY Management Based on Big Data Background［J］. Agro Food Industry Hi Tech，2017，28（1）：1434－1438.

［220］Vasilyev K A. The Current State of Resource Planning and Enterprise Management Information Systems［J］. Management Science，2017，20（4）：95－101.